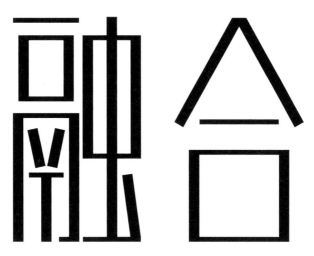

融合

产业数字化转型的十大关键技术

山金孝 李琦 ◎ 著

MERGENCE

中国出版集团
中译出版社

图书在版编目（CIP）数据

融合：产业数字化转型的十大关键技术 / 山金孝，李琦著 . -- 北京：中译出版社，2023.6
ISBN 978-7-5001-7399-1

Ⅰ．①融… Ⅱ．①山… ②李… Ⅲ．①产业经济—转型经济—数字化—研究—中国 Ⅳ．① F269.2

中国国家版本馆 CIP 数据核字（2023）第 063712 号

融合：产业数字化转型的十大关键技术
RONGHE：CHANYE SHUZIHUA ZHUANXING DE SHIDA GUANJIAN JISHU

著　　者：山金孝　李 琦
策划编辑：于　宇　黄亚超
责任编辑：黄亚超
文字编辑：纪菁菁
营销编辑：马　萱　钟筱童
出版发行：中译出版社
地　　址：北京市西城区新街口外大街 28 号普天德胜大厦主楼 4 层
电　　话：（010）68002494（编辑部）
邮　　编：100088
电子邮箱：book@ctph.com.cn
网　　址：http://www.ctph.com.cn

印　　刷：北京中科印刷有限公司
经　　销：新华书店
规　　格：710 mm×1000 mm　1/16
印　　张：27
字　　数：311 千字
版　　次：2023 年 6 月第 1 版
印　　次：2023 年 6 月第 1 次印刷

ISBN 978-7-5001-7399-1　　　　　定价：79.00 元

版权所有　侵权必究
中 译 出 版 社

序 一

党的二十大报告指出:"坚持把发展经济的着力点放在实体经济上,推进新型工业化,加快建设制造强国、质量强国、航天强国、交通强国、网络强国、数字中国。加快发展数字经济,促进数字经济和实体经济深度融合,打造具有国际竞争力的数字产业集群。"把发展经济的着力点放在实体经济上,是我国应对新的全球竞争格局的前瞻性战略。在过去十年,与我们许多人的想象不同,美国GDP从相当于日本的2.6倍扩大到4.5倍,从相当于德国的4.6倍扩大到5.4倍;而其制造业GDP则从相当于日本的1.5倍扩大到2.4倍,从相当于德国的2.5倍扩大到3.1倍,并且德日GDP和制造业规模与美国的差距仍在扩大。作为新实体经济的风向标,美国正是通过数字技术的创新和溢出,推动与第一、第二、第三产业实体经济的深度融合;通过数字技术的进步,不断增强传统产业竞争力,并催生出众多新兴产业,从而保持了其在全球产业竞争中的优势。当下,我们加快产业数字化转型,就是利用数字技术赋能产业创新升级和高质量发展,提升我国实体经济发展水平和国际竞争力。

中共中央、国务院印发的《数字中国建设整体布局规划》强调:"以数字化驱动生产生活和治理方式变革,为以中国式现代化全面推进中华民族伟大复兴注入强大动力。"发展数字经济是把握新一轮科技革命和产业变革新机遇的战略选择，而应用数字新技术去变革传统实体经济和产业则是新一轮产业革命的核心，也是数字经济的内涵。人类的现代史就是一部科学技术进步史，新的科学技术首先被发明，随后被应用到不同的产业和企业，并在其中被不断地迭代优化，由此循环推动着不同国家和产业的兴衰。无论是19世纪蒸汽机的发明、20世纪电气化的应用、21世纪互联网带来的全球大联结，还是今天的人工智能新突破、新技术，特别是近40年信息技术的进步，从根本上影响了一个企业和国家的兴衰。

招商局集团是一家有着150年历史的大型多元化中央企业，历经时代沧桑，业务广泛布局于交通物流、综合金融，以及城市和园区综合开发领域，产业板块涉及银行、证券、保险、直投等金融行业，以及地产、港口、物流、航运、公路、贸易和海工制造等实体行业。可以说招商局每个业务板块的规模和影响力都在所处行业中位居前列，我们的数字化建设拥有丰富的行业场景，同时也面临着大型多元化综合集团如何在产业差异化较大，特别是在金融科技领先而实业数字化落后的情况下，全面推进集团数字化转型的难题。对我们而言，全球企业都没有成功经验可供借鉴，面临的管理、技术和业务转型的困难与挑战是可想而知的。因此需要我们探索出一条适合大型多元化企业集团整体推进的数字化转型之路。

招商局秉持着"以商业成功推动时代进步"的经营理念，重视技术和敢于创新，近年来更是高度重视数字技术变革，并将创新战略和数字化战略列为集团两大核心战略。150年来，招商局能薪火相传、基业长青，靠的正是持续不断的创新求变。2015年，我们提出要顺应"互联网+",进行产业转型；2018年集团明确了"数字化招商局"的建设目标和重点,以规模庞大且数字化程度较低的实业板块为建设重点,正式启动集团层面的全面数字化转型；2022年,在招商局创立150周年之际,我们实现了"初步建成数字化招商局"的第一阶段目标,各项数字化指标达到行业先进水平。

自集团数字化转型战略启动以来,我们构体系、建平台、育文化、促转型。我们建立了由上至下的首席数字官治理体系；加大数字化投入,设立了数字化创新资助基金；我们贯彻自主可控和自立自强的科技创新精神,以"自主研发+生态合作"为建设模式,打造了招商云、数据湖、物联网（IoT）、人工智能（AI）、区块链和自动驾驶等技术平台；我们增强数字化科技队伍,培育了数字化文化体系；我们通过自有科技队伍,研究和利用各类前沿数字技术,在总部构建了强大的数字技术赋能平台；我们全面启动"上云入湖"专项行动,实现了全集团应用系统的迁移上云、数据汇聚及治理工作,构建了全集团统一的云原生技术体系,实现了传统分布式数字化基础设施的一体化集中管控；我们启动"云网物联,用数赋智"等一系列专项工作,全面推动前沿数字技术在一线业务场景中的创新应用,以数字技术平台和标杆工程为抓手,采取"一企一策,对标一流"的策略,深入一线推动数字技术与业务场景的深度融合,推动各产业板块通过数字技术的创新应用,实现生产运营、客户服务、内部管理、生态模式的"四提升"。同时,我们也积极推进集团的数字产业化工作,探索以数字科技为核心的集团增长"马利克曲线"。

在数字时代,大国博弈的背后正是数字科技的竞争。数字技术的创新应用是企业应对市场环境不确定性的唯一手段。企业数字化转型就是利用数字技术，将生产经营、业务流程和管理经验进行信息化、线上化转型，通过软件算法赋能企业，构筑企业生存韧性，增强企业市场竞争力。传统企业的数字化转型是一个需长期奋斗的过程，需要不断投入、试错，才能成功，而数字技术的长期投入、持续攻关，以及对数字技术的自主掌控和融入场景的创新应用则是其中的关键。对数字新技术的敏感性和想象力使得我们不断加大对新技术的研发投入，并融入业务场景推动创新应用，而这正是"数字化招商局"取得成功的关键。

《融合：产业数字化转型的十大关键技术》这本专著，正是我们在数字化招商局建设过程中，对诸多核心数字技术的认知思考、架构设计和应用实践的高度归纳与经验总结，是对传统产业如何通过前沿数字技术的集群式创新应用，实现业务场景转型升级，践行数实融合数字经济发展理念的理论指导和架构实践，也是我们数字化技术团队多年来亲身经历并探索出来的数字技术架构之道。本书的两位作者山金孝和李琦都是招商局集团数字化中心的技术专家，其中主要作者山金孝是业内知名度很高的年轻云计算专家，著有多本云计算专著，目前是集团技术底座平台规划建设的主要负责人，两位作者在数字技术赋能传统产业转型升级方面均具有丰富的理论与实践经验。

本书从技术思考、架构设计到落地路径均进行了全方位的描述，是一本不仅"授人以鱼"且"授人以渔"的专著。其中，既讲述了我们站在大型多元化企业角度，对诸多前沿数字技术的认知思考，也论证了数字技术如何与实业场景融合应用的架构设计，同时也从传统产业所面临的实际问题出发，根据我们的自身经验，阐述了前沿数字技术在传统产业数字化转型建设中最合理的建设路径和应用阶段，以及数字技术与业务场景融合创新的心得体会。

  在此,很荣幸通过这本书,将招商局集团在数字化转型过程中的一些思考和经验分享给大家,也为行业数字化转型和数字中国的建设做出招商局应有的贡献。同时,也想分享两点我们的体会。一是数字技术是全球科技竞争中最重要的领域,革命性技术的不断涌现会颠覆已有的技术投入和经营定势,我们必须不断保持对新技术迭代的敏感和前瞻性认知。最近以大型语言模型(LLM)技术为代表的人工智能革命性突破就可能对传统数字化技术和体系产生颠覆性影响,打破现有企业的生存和竞争格局。二是任何企业的数字化转型模式都是与企业本身所处的行业特点、管理实践和人员文化特色密切相关的,数字化转型的具体路径、方法和技术无法完全复制,但是对数字信息技术将会不断进步并改变我们这个世界的坚信让我们坚定地走上数字化转型和融合创新的探索之路。最后,我们也衷心地希望业界各类朋友能够对招商局的数字化建设给予更多的支持和帮助。

张　健
招商局集团首席数字官

序 二

数字化转型要支撑企业主业的成功，要以实现客户满意、业务持续增长、企业运营运行效率大幅改善为目标。在这个过程中企业对技术的掌握至关重要，包括对技术的成熟应用和自主掌控能力，也包括对传统技术的继承和对未来技术趋势的把握。通过技术的广泛深度应用，加速企业生产经营各个环节的数字化，从而构建企业的信息优势、决策优势，进而形成行动优势，带来企业根本上的改变。

华为在推进数字化的过程中一直贯彻业务和技术"双轮驱动"的战略，通过重构用户体验、重构作业模式、重构运营模式，在追求客户满意的同时，追求效率效益的提升，最终目标是实现全连接的智能华为。平台赋能转型，华为在推进数字化过程中总结了一种"平台＋服务"的模式，上层是可拆可合的应用现代化，形成可组合的应用能力；中间构建一个强大的平台，是数字化能力的集中体现，向上使能应用，向下连接硬件；底层是向下管理多云和企业生产办公智能装备，构建新型数字化基础设施，形成面向未来的数字化信息高速公路，这些都需要依赖各项数字技术所构建的数字化能力。本书对企业构建数字化能力过程中可能涉及的关键技术进行了洞察和分析，并阐述了每项技术在企业中落地的适用场景、路径阶段和架构实现，对企业尤其是非数字原生企业有很好的借鉴意义。

最后，正如本书所言，概念并不重要，是不是领先的、正确的方法路径目前仍无定论，企业数字化转型还需要从企业自身具体需求出发，突破数字技术和组织管理的障碍，研究符合企业自身的、更具体、更有操作性的路线图。"独行快，众行远"，数字化转型是个系统工程，应集众智，聚众力，集合行业智慧，共建数字化平台，共筑繁荣数字生态，成就数字化转型的中国方案，共筑全球高质量竞争力。

陶景文

华为技术有限公司董事、质量与流程 IT 部总裁

序　三

近年来，我国加速经济换挡升级，以创新引领发展，培育经济新动能。产业经济要素面临与此前截然不同的现实环境：全球化竞争加剧，只有持续创新才能应对市场变化；中国实体经济正在从"高速度增长"转向"高质量发展"；产业体系向更高品质、更高效率的产出转变。

我们看到，产业互联网已经从新兴概念快速演变为普遍共识，数实融合的趋势持续强劲，产业升级的方法和路径也与过往全然不同。在社会层面，新技术、新应用为增加国民收入、提升生活幸福感和便利度发挥了巨大作用。在企业层面，更多的企业愿意用数字技术"度量"与"优化"生产流程，降本提质增效；用数字化工具"连接"产业链上下游，以大数据洞察机会，以人工智能改造生产模式，捕捉和挖掘市场需求。而具备行业先发优势和锐意进取的行业领军者，则再次肩负起践行数字变革、引领产业升级的重任。

一年多以前，我参加了招商局妈湾智慧港的开港仪式。现场一名岸桥司机，坐在办公室里，通过智能操作中心，远程就可以操作岸桥，将集装箱精准装载到无人集卡上，顺利运到堆场。这个场景令我印象深刻，让我对数实融合的未来充满期待，也对招商局集团在前沿数字技术领域的创新应用充满敬意。

腾讯和招商局集团的合作始于2017年，随后双方在多个业务板块，共同探索数字技术和实体产业相融合的创新实践，深化产业场景，挖掘新价值与新机会，取得丰硕成果，也很好地诠释了数实融合的内涵。例如，我们联袂打造出央企首个信创区块链平台，共建物流联盟链，通过区块链技术的应用，极大提升了粤港澳大湾区集装箱的流转效率；招商蛇口引入数字营销技术与企业微信为一线城市的销售拓展赋能，销量在全球公共卫生事件暴发期间逆势增长；招商轮船采用成熟的线上展会方案，让线上世界航商大会成为行业最大规模的展会。

着眼未来，数实融合的序幕刚刚开启，路漫漫其修远兮；时间是优秀企业的朋友，机会总是留给长期主义的坚守者。在招商局集团，我们已经看到更多领先技术在渐次落地，生根发芽；更多创新场景在渐次展开，纵深演进。回顾招商局集团150多年的商业历程，创新与变革一直是招商局基业长青的基因。

招商局的智能化创新之路，也印证了数字技术的产业价值。如果把数字化企业视作一个有机生命体，那么数字技术始终是牵引肌体有效运转的神经中枢，支撑肌体向前行走的坚实骨架。由招商局集团数字化中心技术专家撰写的这本专著，以数实融合背景下的产业数字化为出发点，以自身多年的数字化转型建设和实践经验为基础，对产业数字化所必需的各项数字技术进行了深入的理论认知分析、架构设计讲解和实践路径介绍，抽象并构建了行业领先的数字化企业应具备的数字技术认知体系和建设框架，对于产业数字化，尤其是传统企业的数字化建设，具有重要的指导和参考意义。更难能可贵的是，这本书还梳理和总结了"数字化招商局"的一系列数字化实践和成果，是一本真正来自一线大型数字化企业的技术实战和创新应用的经验集，对于即将开启或正在进行数字化转型的企业，都有很好的指导和借鉴意义。在此，我很高兴能将这本专著推荐给大家，希望大家开卷有益，从中取到各自所需的"真经"。

汤道生

腾讯集团高级执行副总裁、云与智慧产业事业群 CEO

前　言

"计算不再只和计算机有关，它决定我们的生存。"

——尼古拉斯·尼葛洛庞帝（Nicholas Negroponte）

《数字化生存》（*Being Digital*）

为什么要写这样的一本书

近年来，我国数字经济取得了举世瞩目的发展成就，数字经济整体规模已数年稳居世界前列，对经济社会发展的引领支撑作用日益凸显。产业数字化是数字经济的重要特征，也是数字经济的主要组成部分，更是数字经济高速发展的核心引擎。数字技术作为驱动数字经济发展和产业数字化演进的内核动能，正在加速对社会各产业的渗透和赋能，同时也在加速颠覆传统商业模式。现阶段，以预训练大型语言模型为代表的 AI 技术正在推动人工智能的范式变革，数字技术革命再次将人类社会推向全新的 AIGC（AI Generated Content，人工智能生成内容）时代，同时也正在重塑全新的商业格局。未来，包括数字原生企业在内的所有产业，都必须通过数字技术进行持续的转型与升级，才能在充满挑战和不确定性的商业环境中，描绘出企业第二增长的"马利克曲线"。

数字定义世界，软件定义未来。正如尼古拉斯·尼葛洛庞帝在《数字化生存》一书中所言："计算不再只和计算机有关，它决定我们的生存。"人类文明正在经历从"原子世界"向"比特世界"的跃迁，而产业数字化正是人类文明大跃迁背景下的主要表现。具体而言，产业数字化是在新一代数字科技的支撑和引领下，以数据为关键要素，以推动数字技术与实体经济深度融合为主线，以协同推进数字产业化和产业数字化、赋能传统产业转型升级为重点，以加强数字基础设施建设为基础，以价值释放为核心，对传统产业进行全方位、全角度、全链条的改造，对传统产业链上下游全要素进行数字化升级、转型和再造的过程。

现阶段，与产业数字化转型相关的理论概念和方法路线层出不穷，市面上关于数字化转型方法论的书籍更是百花齐放。而以产业互联网、工业互联网、智能制造等为代表的数字化转型技术范式，在经历多年的实践探索后，似乎也并未形成真正意义上的转型成功示范效应。当前大多数的数字化转型方法论仅是"以己为例"的一家之言，或者仅是学界提出的愿景性发展思路，普遍缺乏对企业现实特殊性与转型实践难题的关注与理解。事实上，数字化转型的路径"因企而变"，并不存在普适通用的万能药方。但是，正如古语有云："万变不离其宗"，我们认为数字化转型的"其宗"，正是"数字技术与实体经济的深度融合"，更进一步，则是"数字技术"。因企而异的转型路径仅是上层表象，体现的是数字技术与垂直产业多样化的融合方式；数字技术的掌控与运用能力才是企业的内核动能，体现的是企业以不变应万变的韧性能力。

授人以鱼，不如授人以渔。谈论转型的路径方法与案例实践，固然直奔主题、手到擒来，但也仅是"授人以鱼"，虽食之有味，却也未必能果腹。因为每个企业转型的路径和方法都应该建立在以自身实际问题为导向的基石上，而非简单的路径参考和模仿。基于此，我们认为如何认知数字技术，对前沿数字技术进行底层逻辑和上层应用场景的全方位分析，剖析数字技术在产业中的最佳落地实践与路径，将数字技术应用并融入企业基于自身实际问题的转型过程中，以数字技术的先进生产力破解企业转型发展过程中面临的实际困境与问题，才是真正的"授人以渔"，本书的初衷正在于此。

事实上，大多数传统企业用户对数字技术的概念和应用并不陌生，不仅早已耳熟能详，一些用户对某些数字技术还具有一定的研究和实践经验。但是，受限于非数字原生企业长期固有的技术仅为支撑性的"低等角色"思维，以及在数字技术领域长期处于被动式接受和"以用为主"的角色，加之传统产业本身的垂直多样化和业务场景的复杂特殊性，多数传统产业用户对数字技术的认识基本处于功能了解和运维实操层面，很少对数字技术进行系统性、全面性的深入认知，对数字技术"知其然而不知其所以然"是数字技术在与实体产业融合过程中普遍存在的现状。而这一现状的背后，是传统产业数字化过程中存在偏差的技术路线选择、规划不清晰的技术落地路径、缺乏一体化管控的技术架构设计，以及与业务融合时现实与理想的差距等阻碍产业数字化的现象。

通常而言，传统产业用户对自身业务的理解和认知是有一定的壁垒的，但数字技术与实体产业深度融合的困境，并不在于传统产业用户对自身业务理解的缺位，而是在于对数字技术认知的不足。比起坐等数字原生企业对传统产业进行渗透理解和消化吸收后的赋能，我们认为传统产业更应该主动作为，深入理解数字技术的本质，认知数字技术的全貌，主动将其以匹配自身业务诉求的最佳方式，应用到自身的产业数字化进程中，进而真正解决企业转型发展所面临的困境与难题，而这也正是本书真正的目标所在。市面上讲述数字技术的书籍虽然很多，但是这些书籍要么以讲解针对某一领域数字技术的实操为主，要么是纯粹的数字技术概念理论，其中又以阐述数字化转型方法论的书籍居多，而且作者多是来自消费互联网领域的技术专家或学界的研究人员。然而，从传统产业自身实践角度出发，系统性介绍与产业数字化相关的数字技术，对数字技术在传统产业中的应用进行深入认知与剖析，并给出数字技术在传统产业中最佳的落地实现路径，以及架构规划与设计的书籍则相对较少。

本书以作者多年来身处传统产业的切身经历和观察为基础，结合长期在技术一线的架构实践经验和认知思考，以及多年的传统产业数字化转型经验与心得，立足于传统产业数字化转型中的数字技术认知与架构实现，着眼于数字技术与传统实体产业的深度融合，对云原生、分布式云、云网融合、边缘计算、5G专网、人工智能、物联网、区块链、隐私计算、算力网络十大数字技术在传统产业中的应用现状及落地路径进行了深入分析，构建了以产业数字化为核心的数字技术认知体系，其中涵盖了对Web3.0、元宇宙、大型语言模型、AIGC等时下最前沿数字技术的分析和介绍。

本书的问世，希望可以帮助正处于数字化进程中的广大企业用户加深对数字技术的系统性认知，为传统产业用户理解数字技术的本质、为数字技术与实体产业深度融合贡献前行实践者的思考与力量，同时也希望能够为国家的产业数字化和数字经济的发展贡献我们的微薄之力。

本书特点

本书以数字技术与实体经济深度融合、数字技术赋能产业数字化转型为初衷，立足传统产业数字化转型实际场景现状和需求，从多年传统产业数字化转型经历者和数字技术研究实践者的角度，本着"授人以渔"的目标，全面深入、系统性地介绍了与传统产业数字化密切相关的十大数字技术，全方位讲解了十大数字技术的过去、现在与未来，深入分析了十大数字技术背后的底层逻辑和人文哲学，阐述了十大数字技术与传统产业深度融合的建设路径及架构规划，围绕产业数字化构建了全面系统的数字技术认知体系。

本书不仅介绍了十大数字技术在传统产业中的应用现状与面临的挑战，还通过深入分析数字技术演进发展背后的社会逻辑，立足当下、面向未来，建设性地提出了传统产业用户应有的对策及建议。此外，针对产业数字化相关的十大数字技术，本书从数字技术与传统产业转型升级深度融合的角度出发，均提供了最佳的应用规划建议和落地建设路径，为前沿数字技术在传统产业中的应用落地，以及数字技术与传统产业的深度融合，赋能产业数字化转型提供了明确清晰的路径。

内容导读

本书总共分为七章，内容按照总分结构展开。第一章为全书的总体介绍部分，重点论述了数字科技、产业数字化和数字经济相关的概念内涵和彼此之间的关系，阐述了数字技术在产业数字化和数字经济发展中的关键核心作用，同时介绍了产业数字化十大数字技术，以及十大数字技术在传统产业中融合应用的整体参考架构。第二章至第七章按照十大数字技术本身的层次架构，由下至上地深入分析和介绍了云原生、分布式云、人工智能、区块链等十大数字技术，以及十大数字技术在传统产业中的应用现状、建设规划和落地路径等内容。

第一章名为"数字科技与产业转型：科技重塑产业，平台赋能转型"，重点介绍了数字科技、产业数字化、数字经济的相关概念，阐述了数字科技在产业数字化中的关键作用，分析探讨了传统产业数字化转型的四大技术范式和五大常见问题，对产业数字化相关的十大数字技术进行了概要介绍，并给出了基于十大数字技术的传统产业数字化转型数字技术平台建设实现参考架构。

第二章名为"云原生技术体系：向云而生，重构产业"，重点介绍了云原生技术体系的概念、价值意义，以及云原生技术体系的初衷和本质，针对传统产业的实际情况，给出了云原生技术体系在传统产业中落地应用的纵横三阶段路径。

第三章名为"分布式混合云：广域无界，算力无边"，重点介绍了分布式云及其与混合云、云原生和边缘计算的关系内涵，阐述了分布式云的价值意义和关键技术特征，重点分析了分布式云当前面临的挑战和未来展望，并结合传统产业现状，给出了传统产业建设分布式云应遵循的三阶段路径。

第四章名为"云网融合与算力网络：云随业动，算网一体"，重点介绍了云网融合和算力网络的发展背景和相关概念，深入阐述了云网融合技术的发展现状和算力网络的未来，并结合传统产业现状，详细介绍了传统产业云网融合建设的四大应用场景和主要原则。

第五章名为"5G专网与边缘计算：网随业动，沉云拓边"，重点介绍了边缘计算和 5G 专网的概念，深入分析了边缘计算崛起背后的底层逻辑和深层次原因，深入介绍了 5G 时代边缘计算在传统产业中的应用现状和面临的挑战，并从传统产业实际场景需求出发，详细介绍了 5G 边缘计算在传统产业中的应用规划和建设路径。

第六章名为"人工智能与物联网：万物觉醒，泛在智能"，重点论述了人工智能与物联网的发展历程、现状，以及其在传统产业应用中面临的困境和根因，介绍了 AIGC、大型语言模型背后的关键技术，分析了人工智能物联网（AIoT）的发展机遇和挑战，及其在传统产业中的应用困境和落地难题，并从传统产业现状出发，提出了 AIoT 在传统产业中的应用路径和建设规划。

第七章名为"区块链与隐私计算：信任基建，价值流通"，重点介绍了区块链和隐私计算技术的概念，以及技术背后的底层逻辑和哲学思想，详细介绍了 DAO、NFT、Web3.0 和元宇宙等区块链技术体系下的未来新经济系统，结合区块链和隐私计算的互补特性，深入阐述了区块链和隐私计算在价值安全流通体系中的应用场景。此外，本章还从传统产业实际需求出发，给出了区块链和隐私计算在传统产业中的应用规划和建设路径的思考和建议。

面向的读者

本书内容丰富全面，系统性阐述了与产业数字化密切相关的十大前沿数字技术，通过对十大数字技术的深入认知与分析，并结合传统产业的特殊场景与需求，为数字技术与传统产业的深度融合提供了应用规划与建设路径。本书适合从事不同技术领域、不同层次的各类读者，包括企业数字化转型负责人、数字化战略制定者，从事数字技术平台规划建设的架构师、技术专家和咨询顾问，产业数字化及数字技术研究人员，以及希望拥抱产业互联网的消费互联网从业者。同时，本书也适合云计算架构师、网络规划架构师，对边缘计算、人工智能、物联网、区块链、隐私计算、5G专网、算力网络等数字技术感兴趣的技术研究人员或爱好者，以及对Web3.0、元宇宙、语言大模型、AIGC等时下热门趋势技术感兴趣的研究人员和爱好者。

本书的编写历经了近三年时间，在编写过程中，得到了招商局集团多位领导同事的大力支持。在本书编撰过程中，作者与腾讯、百度、华为等国内领先数字技术服务商中的多位技术专家，进行了深入交流和技术分享，进一步加深了作者对数字技术的认知与思考。招商局集团下属产业公司多位领导同事对本书内容给予了指导和建议，使得本书提出的数字技术与产业融合的路径更加清晰明确。招商局集团数字化中心的领导同事对本书的编写提供了很多工作上的指导和生活上的帮助，作者的家人以及多位技术领域的朋友对本书内容提供了宝贵的建议与帮助。在此，向对本书的出版提供了帮助和关心的领导、同事、编辑、朋友以及家人，一并表示衷心的感谢！

由于编者的水平和学识有限，且书中涉及的知识较多，难免有错误疏漏之处，敬请广大读者批评指正，并提出宝贵意见。

山金孝　李琦

2023年4月

于深圳

目录

第一章 数字科技与产业转型：科技重塑产业，平台赋能转型

第一节 数字科技革命塑造数字文明新时代 004

第二节 产业数字化转型十大关键数字技术 020

第三节 产业数字化转型四大技术范式及其挑战 037

第四节 传统产业数字化转型五大典型共性问题 045

第五节 数字技术平台及其在产业数字化中的价值及意义 053

第六节 数字技术平台在产业数字化中的建设原则及参考实现 058

☾ 本章小结 068

第二章 云原生技术体系：向云而生，重构产业

第一节 云原生以及通用技术大变革 074

第二节　云原生重塑产业数字化底层逻辑　080

第三节　云原生的初衷与本质　085

第四节　云原生在产业数字化中的价值意义及建设路径　089

第五节　云原生技术体系纵向建设架构演进的三个阶段　103

第六节　云原生技术体系横向建设应用演进的三个阶段　112

◎ 本章小结　118

第三章　分布式混合云：广域无界，算力无边

第一节　分布式云及其与主流云计算模式的关系内涵　124

第二节　分布式云关键技术能力需求分析与概述　136

第三节　分布式云场景应用及挑战与展望　142

第四节　分布式混合云在传统产业中的建设原则及三个阶段　156

◎ 本章小结　170

第四章　云网融合与算力网络：云随业动，算网一体

第一节　云网融合及算力网络的概念　176

第二节　云网融合应用现状及算力网络发展未来　187

第三节　云网融合在产业数字化中的应用规划及建设原则　202

◎ 本章小结　210

目 录

第五章 5G专网与边缘计算：网随业动，沉云拓边

第一节 边缘计算及5G行业专网的概念 217

第二节 边缘计算发展背后的技术与商业底层逻辑 230

第三节 5G边缘计算的应用现状与挑战 237

第四节 5G时代传统产业边缘计算建设的核心原则及两个阶段 251

◎ 本章小结 265

第六章 人工智能与物联网：万物觉醒，泛在智能

第一节 人工智能产业及其应用现状 270

第二节 AIGC与预训练大型语言模型 286

第三节 物联网产业及其应用现状 303

第四节 AIoT产业底层逻辑与背后的机遇挑战 315

第五节 AIoT应用规划及其建设的两个阶段 328

◎ 本章小结 350

第七章 区块链与隐私计算：信任基建，价值流通

第一节 区块链与隐私计算内涵概述 356

第二节 区块链与隐私计算发展背后的底层逻辑 361

第三节 区块链与未来新经济系统 370

第四节 区块链及隐私计算在传统产业中的应用规划及建设路径 387

◎ 本章小结 404

第一章

数字科技与产业转型：
科技重塑产业，平台赋能转型

数字化转型绝对不是为一家企业锦上添花，而是企业生存的唯一出路。所以数字化转型势在必行，这是从宏观层面上来说的。从微观的角度来说，数字化转型能够帮助企业实现成本节约，同时也能够吸引更多的年轻一代人才。

——亚马逊 CTO 沃纳·威格尔（Werner Vogels）

近年来，互联网、大数据、云计算、人工智能、区块链等技术加速融合创新，日益融入经济社会发展各领域全过程，数字经济发展速度之快、辐射范围之广、影响程度之深前所未有，正在成为重组全球要素资源、重塑全球经济结构、改变全球竞争格局的关键力量。当今时代，数字技术、数字经济是世界科技革命和产业变革的先机，发展数字经济是把握新一轮科技革命和产业变革新机遇的战略选择。利用前沿数字技术对传统产业进行全方位、全链条的改造，提高全要素生产率，发挥数字技术对经济发展的放大、叠加、倍增作用；充分发挥海量数据和丰富应用场景的优势，促进数字技术与实体经济深度融合，赋能传统产业转型升级，催生新产业、新业态、新模式，是不断做强做优做大我国数字经济的关键举措。

纵观当今全球科技发展对世界的影响，科技革命对世界经济、政治和社会的影响很可能超过历史上的任何时期。全球科技革命将进入叠加爆炸的历史新阶段，不论是数字化转型，还是产业数字化和数字经济，都需要置于科技整体性大革命的背景和趋势之下。数字经济的核心是数字技术，数字经济的发展过程，实际上就是在数字技术的渗透和赋能作用下，各个产业数字化的过程，即数字技术革命驱动产业数字化变革的过程。而是否具备数字技术的掌控和应用能力，已成为传统产业数字化能力成熟度的硬性标志，也是企业是否拥有应对多变不确定性大环境韧性能力的关键。

在本章中，我们将深入分析数字科技与数字经济的关系内涵，并重点介绍传统产业数字化转型的十大关键数字技术。另外，通过对产业数字化转型常见四大范式和五大问题的分析，本章将阐述数字技术平台破局传统产业数字化转型困境之道，并重点论述传统产业数字技术平台的建设原则和参考架构实现。

第一节　数字科技革命塑造数字文明新时代

一、数字科技升级数字经济生产力要素

数字科技是在新基建大布局、产业数字化大转型，以及数字经济迅猛发展的大背景下，为了更好地呈现"科技—数据—信息—知识"的纵深融合发展，及其在第四次工业革命中的引领性地位和未来愿景，凸显科技与产业融合的大势与重要性，进而由业界提出并用于取代传

统"新一代信息技术"等泛化统称,且更具包含力和张力的新概念。数字科技目前并无权威官方的定义,通常认为数字科技是利用物理世界的数据,通过算力和算法进行加工处理,以生成有用的信息和知识,并建构与物理世界形成映射平行关系的数字孪生世界,进而通过数据驱动的决策来指导和优化物理世界中经济和社会运行的科学技术。

数字科技是基于数字孪生平行世界中的映射互动体系提炼出的全新概念,包括数字技术和数据科学两大领域。其中,数字技术指借助一定的设备将各种信息(包括图、文、声、像等),转化为电子计算机能识别的二进制数字后,进行运算、加工、存储、传送、传播、还原、识别的技术,如云计算、物联网、5G、区块链、人工智能等。数据科学指研究探索数字世界中隐藏在数据背后的奥秘、规律的理论、方法和技术体系,其是以机器为载体、以数字世界中的数据要素为探索研究对象的新学科。

从二者关系来看,数字技术是数据科学的支撑,而数据科学是数字技术突破升级的牵引力。数据科学必须依赖数字技术的支撑,才能得以形成和不断完善,并且随着数字技术的升级,数据科学也将不断形成新量级,挖掘出新的数字世界运行规律;而数字技术的升级变革,需要借助数据科学的技术学科和理论上的突破。数字技术的持续升级变革与数据科学对数字世界运行规律挖掘的持续突破互为推拉,最终共同构成数字科技大变革的内核驱动力。就数字经济而言,其核心首先是数字技术,其次是数据要素或数据科学[1]。

---

[1] 本书重点论述的是数字技术与产业数字化和数字经济之间的关系,关于数据科学的探讨并非本书的重点。

数字科技往上承载着产业、经济和社会的数字化转型，往下衔接着传统基础学科的研究。其既需要基础研究的驱动，更需要应用创新的拉动，而这也正是数字科技的特征。简而言之，数字科技是连接科学、技术与产业的纽带和桥梁，是构建国家未来数字经济的基础力量。从本质上看，数字科技是以互联网和实体经济既有知识储备和数据为基础，以不断发展的前沿科技为动力，着力于实体经济与科技的融合，推动实体经济各行各业实现产业互联网化、数字化和智能化，最终实现降低产业成本、提高用户体验、增加产业收入和升级产业模式的多种前沿技术融合体。

数字科技是实现数字经济的手段，本身也是一个新的行业形态，更是数字经济时代下的一种全新思维方式。数字科技包含全新的生产要素和技术手段，既可以生产数据，又可以使用数据，是生产资料与生产工具的融合体。数字科技将社会生产资料的消耗与生产融为一体，使得以数据要素为代表的社会生产资料，首次在人类历史上以自我循环的方式实现了自给自足和取之不尽，并直接推动了以数字经济为特征的第四次工业大革命时代的到来，使得社会生产效率的提高不断以摩尔定律的速度实现突破。

数字科技之所以能成为第四次工业革命和数字经济时代的核心推动力，根本原因在于其实现了对人类社会劳动者、劳动对象和劳动资料"生产力三要素"的颠覆性改造与升级。而其改造升级过程的核心特点，则在于数字科技将世界打造成两个"平行的世界"，即物理世界和数字世界。具体来看，首先，数字科技将劳动者由传统单一的"人"变成了"人＋机器智能"的人机协同模式，劳动者数量将呈指数级增长，硅基智能开始规模化输出劳动力，并深度参与碳基智能世界的改造；其次，数字科技将劳动对象由传统"工农业产品"变成了"工农业用品+数据要素"的数实融合生产资料，生产资料从有形的物理世界跨越到无形的数字世界，劳动者在"两个平行世界"并行互动生产，而且生产资料没有数量限制，在使用过程中以指数级形式不断自我"繁衍"；最后，数字科技将劳动资料由传统"工农业机器设备"变成了"工农业机器设备+算力驱动的数字科技设备"，算力作为劳动资料呈指数级增长，并实现了从工业经济到算力经济的变迁，算力变成数字经济时代的内核引擎（如表1-1所示）。因此，从数字科技对人类生产力三要素的改造升级来看，数字科技发展的目标短期内是数字经济和第四次工业革命，长期看则是人类下一代科技大变革和智能文明。

表1-1 数字科技改造升级生产力三要素

生产力要素		农业时代	工业时代	数字时代
劳动者	名称	人	人	人（物理世界）+智能机器（数字世界）
	特征	缓慢增长	线性增长	指数级增长
劳动对象	名称	农作物	农作物+工业用品	工农业用品（物理世界）+数据（数字世界）
	特征	传统原始	物理世界有形物质，总量限制，不可再生	物理世界有形物质与数字世界无形数据，而且数据越用越多，可再生资源
劳动资料	名称	农业工具	农业工具+工业设备	工农业设备（物理世界）+数字科技设备（数字世界）
	特征	生物能驱动	电力、化学能驱动	算力算法驱动，呈指数级增长

近十年以来，以劳动力、土地、资本等传统生产要素为主的经济增长边际拉动作用持续减弱，而以数据作为关键生产要素的数字经济形态，正成为全球增长和科技创新的引擎，催生了继蒸汽机革命、电气革命、计算机通信革命之后的数字科技革命。数字科技革命的背后，是以5G、物联网、工业互联网、卫星互联网为代表的通信网络基础设施，以人工智能、云计算、区块链、隐私计算等为代表的前沿技术基础设施，以数据中心、算力网络、云网融合、智算中心为代表的算力基础设施，以及以智慧城市、智能交通、智慧能源等为代表的融合基础设施正在重塑社会经济新形态。

伴随着数字经济形态的逐渐成熟，由人类社会、物理世界组成的传统二元结构正被数字科技革命打破，并向加入数字空间的三元结构世界转变。而在"人—物—数"三元虚实结构空间中，以"科技—产业—基础设施—经济—制度"为主线的社会化创新体系正在变革社会经济基础和社会治理制度，同时牵引着第四次工业革命的到来。而在这场即将到来的空前社会大变革中，尽管生物科技、新能源、新材料等高科技也将共同发挥引领作用，但是数字科技作为基础性工具、社会变革的基础与前提，仍然是这场变革中最重要的驱动力量。

二、数字科技引领传统产业数字化转型

放眼全球，我国数字经济发展规模位居前列，其背后是大规模的数字产业化和产业数字化进程的共同驱动。2021年我国数字经济规模超45万亿元，占GDP比重为39.8%，已数年稳居世界第二。而根据中国信息通信研究院（简称中国信通院）发布的《中国数字经济发

展报告（2022年）》，2021年我国数字产业化规模为8.35万亿元，产业数字化规模达37.18万亿元，可见产业数字化已成为数字经济发展的核心引擎，是数字经济的重要特征和主要组成部分。

产业数字化，是指在新一代数字科技的支撑和引领下，以数据为关键要素，以价值释放为核心，以数据赋能为主线，对传统产业进行全方位、全角度、全链条的改造，对传统产业链上下游全要素进行数字化升级、转型和再造。通过数字技术促进产业生态转型升级，朝着数字化、网络化、智能化方向发展，依托数字技术的采集、传输和运算等能力，将数据作为新的生产要素，实现产业决策分析的精准化，提高全要素生产率，释放数字对经济发展的放大、叠加、倍增作用。

具体来看，产业数字化转型是指传统产业与数字技术的全面融合，即利用数字技术，把各生产要素、各生产环节全部数字化，通过对数字世界的仿真模拟、设计优化等操作，推动技术、人才、资本等资源配置优化，推动业务流程、生产方式重组变革，从而提高生产效率。产业数字化在当下更多地体现为传统产业的数字化转型。

产业数字化与数字产业化密不可分。从数字经济发展的时间顺序来看，首先，是数字科技的产业化革命在推动数字经济的发展，以计算机、集成电路、计算机软件，以及互联网和基于互联网在内的信息通信产业集群，借助数字技术产业化的变革成为数字经济的"原住民"，而起源于世纪之交的数字产业化革命在造就了第一批数字原生企业的同时，也开辟了数字经济的新大陆；其次，是形成产业集群后的数字科技在倒逼传统产业向数字化转型，在数字经济平台和消费互联网中得到大规模验证和成功应用的先进数字科技，开始渗透并改造传统产业，推动传统产业的数字化转型。时至今日，数字产业化和产业数字化已成为数字经济最基本的两个来源和组成部分，共同驱动数字经济的大规模高速发展。

数字科技与产业数字化的辩证关系，应从科技革命和产业变革的历史发展角度来看。首先，是科技革命带动了以集成电路、互联网等信息通信产业为代表的数字产业化发展，并由此带来数字产业集群和平台经济等数字原生企业的出现，以及这一过程中不断孵化和壮大的数字科技集群的出现。随后，在数字产业化格局形成后，数字化产业开始全面渗透和改造传统产业，数字科技以平台赋能的形式与传统产业全面融合（互联网＋、产业互联网等概念开始提出），倒逼传统产业向数字化转型。简而言之，数字化产业发展到一定阶段（通常认为在世纪之交），形成了倒逼传统产业的态势，导致产业数字化转型，而这一过程极为激烈，最终演变成 21 世纪的"产业革命"。

传统产业在数字化转型过程中，将数字科技与传统产业的行业经验、知识和方法结合后，又将其提炼、编码成可共享的数字能力，并以此为基础进行传统产业的数字能力输出，因而部分传统产业也开始加入数字产业化进程（如传统产业的数字科技公司）。最终，数字原生企业和传统企业，均在数字科技革命和产业变革中，成为数字产业化的主力军，并对数字经济的高速发展形成"双轮驱动"的作用。

综上所述，以数字原生企业为主体的数字产业化进程（科技革命），渗透并倒逼了传统行业的产业数字化，而传统行业的产业数字化转型（产业变革），又壮大和加速了全社会的数字产业化进程，最终在科技革命与产业变革的螺旋式驱动下，数字产业化与产业数字化形成闭环倍增效应，持续驱动数字经济的高速发展（如图 1-1 所示）。

第一章 数字科技与产业转型：科技重塑产业，平台赋能转型

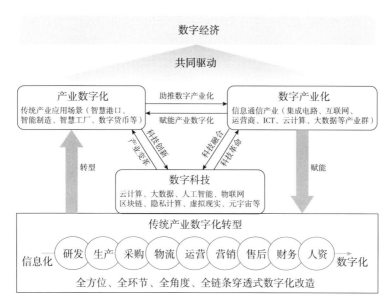

图1-1 数字科技、数字产业化、产业数字化与数字经济的关系

21世纪初以来，全球科技创新空前密集，以云计算、大数据、人工智能、物联网、区块链、虚拟现实、5G/6G等为代表的前沿数字科技在各自领域迅猛发展。而在数字产业化和产业数字化的双重锤炼下，过去在各自领域独自发展和应用的数字科技，正在以彼此融合和"大一统"的理念，产生以元宇宙为代表的数字科技集群式效应。各领域数字科技融合后的"技术合力"被不断地放大、叠加和倍增，正在重构全球创新版图、重塑全球经济结构。

今天，全球主要大国在经济发展领域的差距，正在演变为产业数字化转型程度和数字经济发达程度的差距。而数字经济的发展过程，实际上是各个产业数字化的过程，这意味着无论是第一、第二还是第三产业，数字化都将成为必然选择。只有通过数字化，实现数字经济新形态的"变身"，才能实现产业脱胎换骨的高质量发展。而数字经

济时代的竞争，也将集中在数字科技创新和产业数字化转型方面。但凡无法完成数字化转型的产业，都将成为数字化进程中被遗忘的孤岛，未来也将难以在竞争中存活下来。因为实现数字化转型，建立发达的数字经济体系，以数字经济引领产业高质量发展，将从根本上重构未来经济增长范式。只有全面数字化的产业，才能适应未来经济的增长范式。

三、数字科技塑造数字经济及其规律体系

我国"十四五"规划和2035年远景目标纲要指出，要推动数字经济和实体经济深度融合，加快构建以国内大循环为主体、国内国际双循环相互促进的新发展格局。加快数字化发展，打造数字经济新优势，以"双融合"全面支撑"双循环"，将成为构建新发展格局的强大支撑力量。根据中国信通院《中国数字经济发展报告（2022年）》中的定义，数字经济是以数字化的知识和信息作为关键生产要素，以数字技术为核心驱动力量，以现代信息网络为重要载体，通过数字技术与实体经济深度融合，不断提高经济社会的数字化、网络化、智能化水平，加速重构经济发展与治理模式的新型经济形态，其主要包括四大部分，即数字产业化、产业数字化、数字化治理和数据价值化。

数字经济是与传统经济完全不同的经济形态，传统实体经济的核心是对传统土地、资本等生产资料的掌控和分配，而数字经济的核心是对新型数据要素的管理。在数字经济形态中，生产要素是数据价值化，生产力是数字产业化和产业数字化，生产关系是数字化治理，而数字科技则是数字经济的支撑与驱动力（如图1-2所示）。其中，数

据价值化包括数据采集、数据确权、数据定价、数据交易、数据流通与保护等环节；数字产业化则是指信息通信产业，包括电子信息制造业、电信业、软件和信息技术服务业、互联网行业等；产业数字化则是指传统产业应用数字技术进行传统产业的改造升级，即数字技术与实体经济的融合，包括但不限于工业互联网、两化融合、智能制造、平台经济等融合型新产业、新模式和新业态；数字化治理则是指多方参与主体基于数字化思维的多元治理，包括以数字技术融入社会经济治理模式为典型特征的技管结合，以及数字化公共服务等。

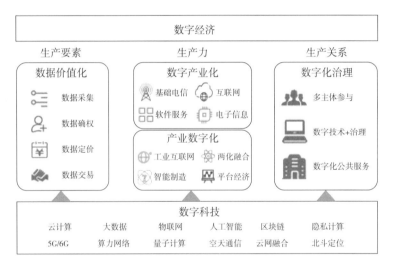

图 1-2　数字经济时代的生产要素、生产力和生产关系

数字科技作为前沿技术的融合体和科技大革命的成果，是数字经济的核心推动力量，是将物理世界产生的数据变成数字化的知识和信息的融合性科学技术。数字科技主要围绕从数据产生、流动到信息和知识的产生、反馈、决策等全流程，实现物理世界和数字世界的交互映射和相互作用。数字科技对数字经济发展的底层驱动力量，主要体

现在以下两大方面。

一是数字科技实现了从物理世界到数字世界的数字化映射，主要包括数据的采集、传输、加工处理与存储等环节，涉及的数字科技包括芯片半导体科技、微处理器、嵌入式系统、物联网、5G/6G 通信、空天地传输网络、云网融合、算力网络等相关技术。这一阶段的核心目标是利用以上相关的数字技术打造信息物理系统（Cyber Physical System，CPS），将物理世界的信息数字化，构建一个数字化的物理世界，其核心宗旨是利用已有的数字科技最大效率地将物理世界转化成数字世界。

二是数字科技通过数字世界的模拟择优、运行分析，将数据驱动的预测和决策结果反馈给物理世界，指导物理世界的运行和生产活动。在这个过程中，需要对从物理世界获取的数据进行信息加工和知识提取，从数据中发现物理世界运行的客观规律，并将知识和规律形成数学模型或方法，再以代码编程的方式，将这些模型和方法转换成计算机语言，最终控制自动化或智能化的机器，将其作为数字世界的劳动者来改造物理世界。简而言之，这是数据模型化、模型算法化、算法代码化、代码软件化，软件自动化执行并产生新的数据和知识的过程。这一阶段涉及的数字科技包括计算机语言、操作系统、软件算法、云原生、大数据、数据挖掘与可视化、仿真建模、数字孪生、人工智能、机器学习、区块链、隐私计算等。此阶段的核心目标是利用数字科技从数字世界中挖掘物理世界的运行规律，通过数字世界中大数据驱动的预测和决策，持续优化和指导物理世界的运行，不断优化和提高物理世界的运行效率。

数字经济是继农业经济、工业经济之后的主要经济形态，其不同于传统经济。数字经济的生产要素发生了根本性的改变,信息和数据成为经济活动的起点和终点,数字经济时代的组织模式不再是劳动密集的工厂或资本密集的公司,而是数字科技密集的平台经济,因此数字经济的规律在很大程度上取决于数字技术的特性。著名经济学家朱嘉明在《元宇宙与数字经济》一书中指出,数字经济有"五个超级"特征:一是超级科技含量特征;二是超级大数据和算力需求,数据的生产要素化,大数据规模大爆炸;三是超级复杂系统和决策困境;四是超级不确定性、信息不完整和不对称引发风险;五是超级学习需求,创新导致知识和学习常态化。以上"五个超级"特征的出现应归因于数字科技的迅猛发展,其解决方案也唯有数字科技。因此,数字经济与数字科技是强依赖和彼此共生的关系,二者经过多年的磨合运行和相互影响,已基本沉淀出一套规律体系,即"经济—科技"混合规律体系。

数字经济的生产要素,以及生产、交易、消费和分配模式不同于传统实体经济,主要受制于科技创新,因而形成了其特定的经济规律。数字经济的内在规律,其本质上是传统经济规律和数字科技规律的融合或混合,数字经济规律与数字科技规律的紧密结合,形成了"经济—科技"混合规律体系。其中,影响数字经济的数字科技定律主要有 7 个,分别是摩尔定律、库梅定律、梅特卡夫定律、吉尔德定律、大数据定律、信息熵增定律、颠覆定律(如表 1-2 所示)。以上数字科技定律的存在,将直接影响甚至颠覆数字经济的发展和运行。因此,掌握数字科技的发展变革规律,对数字经济的健康可持续发展至关重要。

表 1-2 "经济—科技"混合规律体系中的七大科技定律

领域	定律名称	定律主要内容
计算	摩尔定律	集成电路晶体管数量每隔 18 个月就会翻一番,性能提升一倍,而价格不变
能耗	库梅定律	计算设备的耗电量每 18 个月就会下降一半
网络	梅特卡夫定律	网络的价值等于网络内节点数的平方,且与网络内用户数的平方成正比
带宽	吉尔德定律	主干网的带宽每 6 个月增长一倍
数据	大数据定律	全球数据量每两年翻一番
信息	信息熵增定律	信息熵值越大,信息的不确定程度越大
变革	颠覆定律	技术呈指数级变化,而社会、经济和法律制度的改变是渐进式的

从当下全球形势来看,数字经济是移动互联网、云计算、大数据、人工智能等数字科技产业化应用的成果,已成为第四次工业革命的主战场和突破点。数字经济打破了传统经济模式中存在的时空限制,降低了信息的非对称性与非完整性,以其特有的渗透率以及发展效率推动产业结构全面升级,缩短了产业链优化的进程。数字经济的健康发展有利于增强区域发展平衡性、协调性,突破地域文化和语言障碍,从而推动构建以国内大循环为主体、国内国际双循环相互促进的新发展格局。

四、数字科技驱动工业革命向数字文明变迁

过去是经济决定科学技术,现在是科学技术决定经济。迄今为止,人类现代文明已历经三次工业大革命,每一次工业大革命的爆

发，都深刻且不可逆转地改变了世界运行的方式，并且带来了产业和基础设施，以及经济形态和组织制度的颠覆性变化。回顾三次工业大革命的出现，其背后的原动力无一例外都是科技大革命。从历次工业革命发展演化的规律来看，核心技术引领下的科技大革命和产业大变革，是每次社会工业革命的导火索和核心驱动力。

在人类工业文明的进程中，每一次工业革命都产生了与之相对应的技术创新。第一次工业革命以蒸汽机为核心技术，机械开始取代人力，生产力水平显著提高，人类正式进入工业经济时代；第二次工业革命以电力、内燃机为核心技术，工业生产开始由机械化向电气化转变，人类进入电气自动化时代；第三次工业革命以计算机、信息通信等为核心技术，生产活动开始由线下向线上迁移，人类进入信息互联网时代。现阶段，人类文明正经历以产业互联网、云计算、大数据、人工智能、区块链、物联网、新能源、新材料、量子计算、星际网络等数字科技为核心，以数字经济为特征的第四次工业大革命。

世界经济论坛创始人克劳斯·施瓦布（Klaus Schwab）在《第四次工业革命》（*The Fourth Industrial Revolution*）一书中指出："从速度上看，第四次工业革命呈现出指数级而非线性的发展速度；从广度与深度看，第四次工业革命建立在数字革命的基础之上，结合了各式各样的技术，这些技术不仅改变着我们所做的事和做事的方式，还在改变人类自身。"核心技术取得突破，并率先由科技革命带动产业革命，进而在社会工业大变革中取得领先地位，最终以先进生产力创造出巨大社会财富，是工业革命背后的规律和逻辑。第一次工业革命的英国，第二次工业革命的德国，第三次工业革命的美国，莫不如是。能否在数字科技领域取得突破和领先优势，同时带动社会产业变革，率先完成产业数字化转型,发展壮大数字经济,已成为企业或国家能否在第四次工业革命中胜出的关键。

与人类曾经历的三次工业革命将物理世界作为主战场不同,第四次工业革命的主战场将大规模迁移至数字世界。前三次工业革命塑造的是工业经济和工业文明,而第四次工业革命则是一场由数字科技驱动的数字革命,塑造的是数字经济和数字文明。数字文明在工业革命基础上产生,但并非工业革命的简单延续,其已超越工业革命的逻辑。数字经济呈现出边际收益递增、边际成本递减的特征,而工业经济恰恰是边际成本递增、边际收益递减,二者的属性差异巨大。

回顾历史上的农业经济、工业经济,以及如今的数字经济,可以发现:在农业经济时代,需用千年跨度的时间才可观其变化;在工业经济时代,则用百年跨度的时间就能观察到显著变化;而在数字经济时代,十年跨度即发生重大变化。因此,第四次工业革命并非对前三次工业革命的简单继承或局部变革,而是人类由工业文明进入数字文明的分水岭,是对旧时代的颠覆式变革和跨越式超越,对应的社会经济形态也将摆脱传统旧轨道,走上另一条全新的发展道路。而在这其中,数字科技以及科技带动的产业大变革,是决定性和关键性的因素。

纵观人类文明的交替演进,其背后的驱动力一直源于科技变革、产业变革和社会变革三大力量的交相辉映。首先,是数字科技在各自领域的变革突破与产业化应用,形成了数字产业化集群和平台经济模式,数字产业化规模化形成;其次,数字产业化和平台经济诞生了如今的数字经济,同时也推动了数字技术与实体产业的加速融合,渗透并倒逼传统产业数字化转型升级,产业数字化的序幕被拉开;随后,伴随数字产业化和产业数字化的规模化发展,数字经济以双核驱动模式加速发展，高速发展的数字经济则是第四次工业革命的象征，推动着人类新工业革命和数字文明时代的到来；最后，新一轮工业革命的爆发和更高层次人类文明的更替，必然带来引领新一轮科技变革的社会化大需求，再次触发科技变革的导火索。由此所形成的科技变革、产业变革、社会变革的大循环重复演绎，形成了人类文明持续演进的动力引擎，并推动人类文明由传统工业文明向数字文明演进（如图1-3所示）。

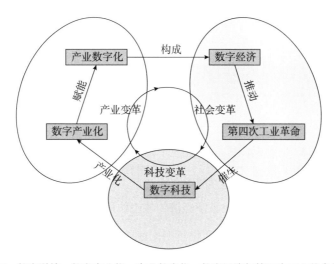

图1-3　数字科技、数字产业化、产业数字化、数字经济与第四次工业革命的关系

整体而言，数字经济是第四次工业革命的核心特征、主要标识和战略高地，正在驱动人类文明由传统工业文明演进至全新的数字文明时代。而数字产业化和产业数字化则是数字经济的两大来源和重要组成部分，是驱动数字经济高速发展的"双核"原动力，其中数字产业化对产业数字化进行赋能，同时也在倒逼和加速产业数字化。从本质上来看，透过数字产业化、产业数字化、数字经济和第四次工业革命的底层逻辑，我们所能看到的事实是——数字科技一直是贯穿其中的内核。

第二节　产业数字化转型十大关键数字技术

数字经济的核心首先是数字技术，其次是数据要素或数据科学，数字技术在产业数字化中的应用，能大幅提高企业整体经济效率。数字技术可以构建一个更加直接高效、立体折叠和交互式的网络，从而打破过去企业和企业之间、人和人之间、人和物之间的多节点、低效率的平面连接架构，进而让更多的人、物、企业以更简洁、更高效的方式接入数字经济网络。而根据"经济—科技"混合规律体系中的梅特卡夫定律，网络价值与网络内用户数的平方成正比，数字科技的应用使得数字经济网络呈现"虹吸效应"，进而极大促进网络内实体数量的增加，最终以指数形式推动网络价值的增长和数字经济的高速发展。

事实上，数字经济的发展过程，实际上就是社会各产业数字化的过程。因此，数字技术对数字经济的核心作用，归根结底在于数字技术对传统产业的渗透和数字化转型的赋能作用，也即数字技术革命与产业变革的深度融合。换句话说，传统产业数字化转型的过程，就是数字技术渗透并应用至产业生产经营、内部管理、客户服务和生态建设等全流程、全环节的过程。数字技术之于产业数字化，犹如钢筋混凝土之于高楼大厦。而是否具备数字技术成熟应用和自主掌控的能力，已成为传统产业数字化能力成熟度的核心标志。基于数字技术的成熟应用及其掌控能力的企业数字化能力成熟度映射模型如图 1-4 所示。企业数字化能力级别越高，则表明其掌控和使用的前沿数字技术越多，数字技术掌控能力与企业数字化能力之间是正相关关系。

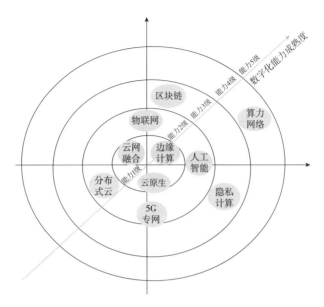

图1-4 十大关键数字技术应用与企业数字化能力成熟度关系参考模型

通常而言,能够成熟应用数字技术的传统产业,应具备的标志性能力包括:以云原生技术体系为核心构建的数字原生操作系统,以运行"软件定义一切"理念下的数字企业;以分布式云技术、云网融合技术,以及边缘计算和5G专网技术为核心构建的云随业动、沉云拓边,以及网随业动、算力无界的先进基础设施能力,以实现数字企业无处不在的计算需求;以物联网技术、人工智能技术为核心构建的数字孪生、泛在智能的虚实融合智能基础设施能力,以实现数字企业无处不在的感知与智能;以区块链技术、隐私计算技术为核心构建的价值流通与信任基础设施能力,以实现数字企业数据要素与价值的安全流通。最后,还应具备以算力网络为核心的未来基础设施前沿研究布局能力,以适应未来以泛在计算为特征、算力自由调度的大算力经济时代(如图1-5所示)。

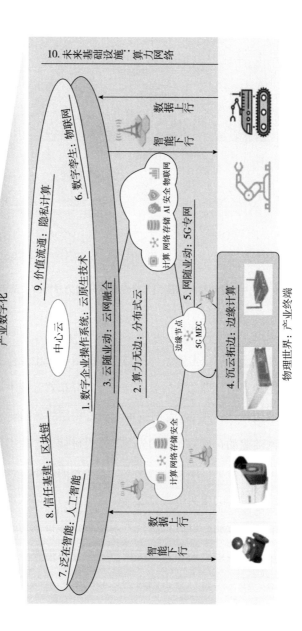

图1-5 产业数字化十大关键数字技术

第一章　数字科技与产业转型：科技重塑产业，平台赋能转型

简而言之，云原生、分布式云、云网融合、边缘计算、5G专网、人工智能、物联网、区块链、隐私计算，以及算力网络，是传统产业数字化建设不可或缺，或面向未来必须布局的十大关键数字技术，也是影响产业数字化成败的十大核心数字技术。在本节中，我们将对产业数字化转型十大数字技术进行简要介绍，并在后续章节中分别对十大数字技术进行深度的认知分析和架构及路径实现的阐述。

一、数字企业操作系统——云原生技术

云原生是先进软件架构技术和管理方法的思想集合，通过容器、服务网格（Service Mesh）、微服务、不可变基础设施和声明式应用程序接口（Application Programming Interface，API）等一系列关键技术，使松散耦合的系统具有弹性、可管理性和可观察性，能够更低成本、高效地调用各类云计算资源向业务交付应用，推动IT体系由传统烟囱状、重装置和低效率的架构向分布式、小型化和自动化的新一代全面云化软件架构转变。

从技术演进的角度来看，云原生是云计算作为通用技术大变革的必然产物，是云计算的再升级或高级形态。在云计算持续发展基础之上，云原生更进一层，通过基于云计算的全新软件架构设计和应用开发交付方式，最大化利用云计算的技术优势，来构建具有敏捷性、高弹性、容错性、自愈性，以及可扩展、可观测、松耦合等特性的应用系统。云原生有效解决了业务需求的"快"与分布式复杂基础设施"稳"之间的矛盾。

从技术驱动商业变革的层面来看，云原生是指企业充分利用云计

算的先进技术红利，构建现代化的软件架构和应用系统，聚焦业务开发与应用创新，充分释放业务价值，进而为企业实现降本增效的最佳实践和方法论，云原生是云计算赋能商业变革的最短路径。事实上，云原生并不存在确定性的统一定义，其代表了一种在基础设施云之上、以应用构建为中心的技术和理念趋势。

云原生技术体系屏蔽了底层分布式异构基础设施的差异性，封装了上层个性化软件应用的运行时，实现了底层基础设施与上层应用软件彻底性、变革性的大解耦，以一套技术体系支撑任意软件负载，运行于任意异构云环境之上。云原生将传统企业从异构分布式基础设施的历史包袱中解放出来，并就地迁移至数字原生时代的云边端一体化架构，赋予了传统企业底层基础架构设施全新的生命力。在企业漫长的数字能力进化之旅中，云原生将成为最为基础和核心的数字技术底座，是数字化企业的"操作系统"，运行着企业的全部数字化能力和服务。

在未来的数字世界中，必然是软件定义一切，而云原生定义软件，这也意味着未来的数字企业必将运行在云原生之上。因此，未来数字企业必然是构建在云原生技术体系之上的企业，对传统企业而言，数字化转型的过程必然伴随着云原生重构企业的过程。简而言之，在未来数字经济时代，云原生将成为最为核心的数字技术，传统企业将被注入云原生的"血液"，而新生企业则将天然携带云原生的"基因"。

二、算力无边——分布式云技术

分布式云是一种将云服务按需部署到不同地理位置并提供统一管

理能力的云计算模式,在具体的落地形态上,分布式云可表现为中心云、区域云和边缘云。中心云具备对不同地理位置物理和虚拟资源池管理能力;区域云将中心云全部或部分云服务部署在特定区域,以支持用户业务对云服务定制化需求;边缘云位于尽可能靠近事物和数据源头的网络边缘侧位置,提供可弹性扩展的云服务能力,具有快速响应、低延迟和轻量计算等云服务特点,并能够支持与中心云或区域云进行协同。

分布式云的出现源于混合云"利用云资源实现降低成本,同时减少运营成本"的价值主张多年以来并未得到实现。在混合云架构下,传统企业应用及服务的特殊性和复杂性对多云管理的一致性和统一性提出了极大挑战,企业多样化业务场景下分布式、多地理位置一致性使用体验的计算需求与混合多云基础架构和资源使用上难以实现一致性之间的矛盾,迫使云计算模式由混合云升级至分布式云。换句话说,分布式云的出现是为了"修复"混合云的缺陷。

分布式云强调将中心云服务按需部署至用户指定的业务需求位置,通过统一管理平面,实现中心、区域、边缘等地理位置云资源的统一资源管理、统一服务更新以及统一使用方式和一致的云资源使用体验,更符合企业用户上云用云的实际诉求,更能体现"以用户为中心"的云计算服务理念。分布式云首次提出"以位置为中心"进行计算架构模式的设计,因此分布式云本质上是"以用户为中心"的云计算模式。相对"以设备为中心"的传统 IT 架构模式,以及"以资源为中心"的云计算 1.0 模式和"以应用为中心"的云计算 2.0 模式,"以用户为中心的"分布式云,实际上是云计算 3.0 模式的体现。而云计算 3.0 的核心理念是随时、随地、随需的云服务满足,以及云资源的统一管理和云服务的一致使用体验，以最小的用云、管云成本，最大化满足多样化业务的发展和创新需求。

通过分布式云"无处不在的基础设施"优势，传统企业可将云服务下沉至本地数据中心、生产现场和边缘区域等近业务侧现场，降低访问时延并减轻网络带宽传输压力。此外，利用分布式云架构，还可实现传统企业本地基础设施的利旧、应用跨云高可用容灾、多云应用治理、数据合规安全，以及多分支节点的统一管理等企业用户上云用云的刚性需求。而从企业视角来看，不管云资源所处的物理位置分散在何处，都只有一朵逻辑上的分布式云，因而企业也具有更低的用云和管云成本。对于产业布局多元化、业务场景需求特殊多样的传统企业而言，分布式云将成为数字化建设必然依赖的关键数字技术。

三、云随业动——云网融合技术

云网融合是基于业务需求和技术创新并行驱动带来的网络架构深刻变革，是数字化基础设施从传统云网分离到云网高度协同、互为支撑和互为借鉴演化发展而来的网络架构模式，是新一代信息网络从以信息传递为核心的网络基础设施，向融合计算、存储，传送算力资源的智能化云网基础设施演进的必然结果，也是产业数字化时代，伴随分布式云、边缘计算等新一代技术架构的兴起，以及传统产业数字化转型对云网边端一体化基础设施的诉求而出现的数字技术。

以虚拟专用网络（VPN）、专线等为代表的传统网络互联技术，在使用过程中要么网络质量差、时延和带宽无保证，要么成本极高、链路开通和控制僵化，网络服务化、灵活性和按需使用等云服务体验缺失，极大影响了传统企业在数字化转型过程中对网络服务的要求和使用体验。因此，充分借鉴了云计算的弹性、灵活和服务化等特性理念，实现网络与云端服务敏捷打通，以"网络即服务"形式提供云端与产业侧之间弹性灵活、按需定制、随需使用的云网融合技术，成为产业数字化转型不可或缺的关键数字技术。

云网融合数字技术的目标，是基于传统云专网提供的云接入和基础连接能力，借助新一代软件定义下的网络虚拟化技术和云计算服务理念，通过与传统云上服务的深度融合，构建满足不同行业场景需求的"网络即服务"云网产品。为企业构建云上云下全域一张网，满足产业端按需开通、动态扩容，集中控制、应用分级，一点入网、零触配置，智能选路和可视智能运维等网络服务需求。进而实现产业数字化时代网随业动、云随网至的云网全域赋能和产业互联的目标，为产业数字化转型构建随需而至的高质量、强安全、体验极佳的云网服务。

四、沉云拓边——边缘计算技术

边缘计算是基于云计算核心技术，构筑在边缘基础设施之上的新型计算形式，在边缘位置提供计算、网络、存储、安全等弹性能力，是一种靠近数据源的现场分布式计算，其通过网络边缘的智能网关就近采集数据并进行处理，而无须将大量数据传送至中心云平台。相比于集中式的云计算服务，边缘计算解决了时延过长、汇聚流量过大以及数据传输安全性低等问题，进而为实时性强、带宽密集型和数据高安全的业务场景提供了更好的支持。

从技术角度看，边缘计算是网络技术和计算技术的交叉；从行业视角看，边缘计算是通信技术（CT）、IT和运营技术（OT）行业的融合。事实上，边缘计算的内涵很宽泛，不同产业视角下有不同的理解，目前边缘计算可大致分为：关注现场计算的垂直行业边缘计算，侧重云边协同的云厂商云原生边缘计算，以及注重数据本地卸载等网络优势的运营商多接入边缘计算（Multi-access Edge Computing, MEC）。从本质上看，边缘计算的发展意味着部分业务模式正从以网络为中心转变为以现场工作负载为中心，本地化将成为重要原则，而这一趋势也正是产业数字化时代的核心特征，同时也是分布式云、云网融合、算力网络等数字技术兴起的时代背景。

从业务需求角度看，边缘计算是典型的以满足传统产业一线业务场景特殊需求为目标的计算模式，也是传统企业新型数字化云网边端一体化基础设施的核心诉求。传统行业场景垂直细分，个性化、差异化和多样化等特殊场景对算力需求各异，传统中心化云计算模式难以满足业务多元化和特殊化的传统产业随需、随地、随时，以及强监管、高安全、低时延的计算任务，而边缘计算的出现在计算架构上与中心云计算模式形成极佳互补，充分满足了传统产业海量数据中心计算和特殊业务边缘低延时计算的需求。

因此，边缘计算背后的驱动力本身就是传统产业数字化转型过程中的必然诉求，而边缘计算同时也是影响传统产业上云用云和数字化建设的关键数字技术。现阶段，尽管边缘计算市场较为碎片化、标准缺失，但是伴随分布式云、云原生等数字技术的普及应用，以及产业数字化转型的纵深推进，以云原生边缘计算为主流的边缘计算模式正在大规模地沉云拓边。而以边缘计算为基础的广域分布式基础设施，也终将成为传统产业数字化转型赋能平台的演进方向,而作为其中最为关键的数字技术,边缘计算不可或缺。

五、网随业动——5G 专网技术

相比以往的移动通信技术,5G 充分考虑了人以外的通信主体需求,实现了通信主体从"人"到"人—物—行业应用"的跨越,将通信连接拓展到了人与人、人与物、物与物的万物互联世界。5G 综合性能的提升是端到端各环节网络技术变革的综合体现;5G 通过制定全新的技术规范,在终端、频谱、无线网、传输网、核心网等领域均有较大技术变革和实现。用户体验速率、连接数密度和超低时延是 5G 最基本的三个性能指标。

相较 4G 等前几代通信技术,5G 可以被认为是云计算时代的通信技术,充分吸收了网络虚拟化和云化的优势,在网络功能的架构上已实现彻底革新,不仅实现了网络功能与硬件设备的解耦,实现了核心网功能的云化部署,同时还可根据业务场景需求进行自由组网,以及实现网络功能的灵活拆分和部署。而 5G 网络功能的虚拟化和灵活组网能力,也正是其改变社会、赋能产业的核心基础。

长期以来,垂直行业对网络的要求较为严苛,且不同行业网络需求差异化极大,如不同行业对网络的强隔离、高安全、高可靠、大带宽、高稳定、移动性、超低时延等有着差异化的需求。5G 行业专网通过在特定区域,为特定行业或企业用户提供定制专用通信网络,从而提供安全可控、功能齐全且具有差异化定制能力的通信网络,进而满足垂直行业用户多元化的业务场景需求。5G 专网除了具备大带宽、广连接、低时延、高安全性等5G共性特征优势，还具备部署区域化、网络需求个性化、行业应用场景化等特点，因而可以充分满足不同行业场景对网络的特定需求。

5G行业专网可分为5G虚拟专网、5G混合专网和5G独立专网，三大专网模式有各自的技术实现、优势和解决方案，并适用于不同垂直行业的应用场景。在传统产业数字化转型实践中，以5G混合专网解决方案落地应用案例最多，通过与MEC平台的配合，将5G核心网用户平面功能（User Plane Function，UPF）下沉至客户现场，通过用户数据的本地卸载满足传统产业低时延和数据高安全场景需求，目前已在港口、矿山、钢铁等行业有较多的创新试点应用。伴随传统产业数字化转型和智能化升级的全面开展，5G行业专网正在成为支撑诸多产业垂直细分领域（如远程操控、无人驾驶、智能制造等）智能化升级的核心数字技术，也是传统产业数字化转型云网边端一体化布局数字基础设施不可或缺的关键技术。

六、泛在智能——人工智能技术

在当前的主流数字技术中，人工智能是兼具最古老与最前沿特征的数字技术。古老之处在于其已诞生半个多世纪，前沿之处在于其至今仍然是科学技术领域最前沿的研究之一。事实上，人工智能并非仅属计算机科学的单一分支，而是一门融合了多学科的交叉学科，人工智能的研究至少涉及二十个子领域，包括七大核心关键技术和十三大外延技术领域。因此人工智能是交叉融合信息学科的代表，是典型的泛化学科。

从技术主线看，人工智能的发展路径围绕数据、算法、算力及应用场景不断演进；从理论发展看，人工智能经历了计算智能、感知智能和认知智能三个阶段；从时间轴线上看，人工智能的发展从20世纪至今已历经三次浪潮，从第一次浪潮以推理和搜索为核心的时代，到第二次浪潮以知识为核心的时代，再到如今第三次浪潮以机器学习和深度学习为代表的时代，而至今我们仍处于弱人工智能时代。目前的人工智能正处于以深度学习为代表的感知智能以及向认知智能过渡的阶段，而当前人工智能研究正由深度学习一家独大的现状朝着多学派融合、多模态深度学习的方向发展。

从人工智能替代人类劳动的初衷和其赋能实体产业的目标来看，传统产业将是人工智能最佳的用武之地。传统产业大多属于劳动密集型企业，重复性劳动较多，一线作业场景工况条件差、高危场景多，且存在用工断代风险，操作场景多处于机械化向自动化转变时代。另外，传统企业产业链冗长复杂，生产经营多依赖经验决策，业务系统多处于信息化时代，由于数据的缺乏和割裂，经验决策往往只能做到局部最佳而非全局最优。而以上传统产业所面临的诸多困境和痛点，正是人工智能最能体现其降本增效优势的地方，尤其是在感知智能和认知智能领域，传统产业有着广阔的应用前景和迫切的产业智能化升级诉求。

因此，人工智能技术通常也被认为是第四次工业革命的代表性技术，是传统产业智能化升级转型的关键数字技术。尽管当前人工智能在产业侧的落地应用中存在投入成本大、应用门槛高，场景应用受限、依赖大规模数据标注，模型难解释、泛化能力弱、鲁棒性（Robustness）不强，以及推理能力不足、算力需求高等现状。但是人工智能现阶段的诸多不足和问题都是其在漫长发展历程中必然会经历的，作为代表人类最高智慧结晶的技术，人工智能在传统产业数字化转型和智能化升级中必然是极为核心的数字技术。

七、数字孪生——物联网技术

物联网是以感知技术和网络通信技术为主要手段，实现人、机、物的泛在连接，提供信息感知、信息传输、信息处理等服务的基础设施。随着人工智能的落地应用和普及，物联网的应用边界也在不断拓展，"物联网"正由传统狭义的"万物互联"向智能时代的"万物智联"进化。伴随产业数字化转型和智能化升级步伐加快，物联网已经成为新型基础设施的重要组成部分，固移融合、宽窄结合、全面感知、泛在连接、安全可信的物联网新型基础设施正成为制造强国、网络强国的重要支撑和数字经济时代的关键基础设施。将物理世界向数字世界进行映射，为数字世界提供最原始的数据生产要素，是物联网最核心的价值所在，也是传统企业进行数字化转型的根本前提。

从产业转型升级网络化、数字化和智能化的发展路径来看，物联网将传统产业映射成数字企业、智能企业的核心作用从未改变。从早期的智慧地球、数字孪生、CPS、"两化"融合，到如今的智能制造、互联网＋、产业互联网和元宇宙，物联网作为基础支撑数字技术的地位和重要性不言而喻。可以毫不夸张地说，没有物联网技术，不可能实现产业数字化和智能化。

伴随人工智能技术的普及应用，以 AIoT 为核心的泛在智能解决方案在传统产业智能化升级中的价值地位不断凸显，AIoT 正成为物联网应用由低价值场景向高价值场景迁移的关键，同时也是新一轮以元宇宙为代表的数字革命的核心技术。在数字经济时代，数据将成为企业最核心的生产要素，物联网则成为未来企业核心生产要素的核心"生产者"，如何将物联网融入算力、数据和智能构成的一体化数字技术基础设施中，是几乎所有传统产业数字化转型需要加以规划和设计的。

八、信任基建——区块链技术

区块链是由分布式数据存储、点对点传输、共识机制、加密算法等多种传统计算机技术构成的新型应用模式或多技术应用综合体，其具有去中心、去信任、集体维护和可靠数据库等特性。区块链的核心价值在于提升多中心的协作效率，包括去中介、提升多方信任、数据不可篡改、可追溯、可审计等。区块链作为一种在不可信的竞争环境中低成本建立信任的新型计算范式和协作模式，凭借其独有的信任建立机制和跨越全球的自由协作机制，正在改变诸多行业的应用场景和运行规则，是未来发展数字经济、构建新型信任体系不可或缺的技术之一，也是目前受到世界各国和各个行业极大关注的数字技术之一。

在数字经济时代，数据是生产要素，算力算法是生产力，而区块链是生产关系。当以人工智能、物联网等为代表的先进生产力技术推动社会进入数字经济时代时，必然呼唤满足安全互信、价值互联、平等协作和可信交易等要求的先进生产关系的出现。而区块链技术可以用安全、信任、交易重建互联网，构建信任基础设施，将信息互联重构为价值互联网,重塑适应当下云原生、大数据、物联网、人工智能、移动互联网等先进生产力技术融合发展所需的先进生产关系,塑造数字经济时代下的全新生产关系。

因此,区块链技术将是进一步解放代表先进生产力的数字技术革命的关键,在以元宇宙为代表的新一代数字技术集群式创新应用中,区块链作为最底层的生产关系技术,助推和支撑了上层人工智能、物联网、扩展现实、人机交互等先进生产力技术的融合爆炸式创新,成为元宇宙最核心的技术。在产业数字化时代,由信息互联网向价值互联网迁移是发展数字经济的根本性诉求,而区块链将是其中最核心的基础数字技术。

九、价值流通——隐私计算技术

隐私计算是指在保证数据提供方不泄露原始数据的前提下,对数据进行分析计算的一系列信息技术,通过数据所有权和数据使用权的分离,实现数据在流通与融合过程中的"可用不可见",让数据不动而价值流动。隐私计算一方面可以增强数据流通过程中对个人标识、用户隐私和数据的保护;另一方面也为数据的融合应用和价值释放提供了新的解决方案。

从全球范围来看,隐私计算的市场启动均由政府监管的实质性行动引发,同时经过学术和产业界多年的努力,包括多方安全计算、可信执行环境、联邦学习在内的隐私计算领域主流技术,已逐步达到基本可用状态。因此,需求、技术和日趋严厉的监管政策的合力,将隐私计算推至以金融为首的各个行业,并对各个行业产生了深刻影响。

而隐私计算作为多方数据合规共享的解决方案,正被推至数据要素市场化的舞台中央。当前,隐私计算正成为数据要素共享与价值流通的关键数字技术。

随着数据要素市场化的推进和世界各国对数字经济的重视,尽管仍需时日,但是隐私计算成为数据产业的刚需和即将爆发已无须质疑。作为助推隐私计算的东风,区块链与隐私计算的结合,可以建立更大范围的数据协同网络,将构建起数据流通的信任基础设施,数据要素市场化和数字经济的底层运行架构有望在隐私计算和区块链的协同应用下,以数据自由流动、合规共享、开放融合的方式健康、可持续地运转起来。

在传统产业数字化转型过程中,如何实现企业内部、企业之间、行业之间的数据要素共享与流通,一直都是产业互联网建设的关键,而长期以来这一诉求却是基本无解。隐私计算与区块链技术的结合应用,有望实现这一领域的突破,从而打开产业数字化最为关键和困难的环节。因此,隐私计算作为新兴数字技术,正受到越来越多传统产业的关注,也必将在数据要素市场化的大潮中发挥举足轻重的作用。

十、未来基础设施——算力网络技术

算力网络是指在计算能力不断泛在化发展的基础上,通过网络手段将计算、存储等基础资源在云、边、端之间进行有效调配,并以此提升业务服务质量和用户的服务体验。在泛在计算时代,网络所连接的算力将呈现出集中向边缘,边缘向泛在的趋势,这一趋势将演化为泛在连接、云网融合、资源编排、智能算法,动态、敏捷、安全地全网调度各种异构算力资源，聚合公有云、通信云、边缘云、行业云，以及用户终端等各种算力，实现网为基础、云网融合、一体供给、按需分配和算力全网调度的云网基础设施，也即算力网络。

在业务实现层面，算力网络是一种利用网络控制面传递算力等资源信息，并以此为基础实现多方、异构计算，以及存储、网络等资源之间的信息关联与高频交易的技术体系。在未来产业数字化时代，算力网络可以很好地满足企业"随时、随地、随需"的多样化算力需求，解决全社会不同类型云计算节点规模建设后的算力分配与资源共享需求的难题。简而言之，算力网络是实现全社会分散、富余、异构算力资源的高效调度与共享的一种技术。

算力网络是云化网络发展演进的下一个阶段，是云网融合的再升级。算力网络是一种架构在 IP 网之上、以算力资源调度和服务为特征的新型网络技术或网络形态。从云网融合到算网一体，网络本身的地位和价值也在发生变化，网络正实现从"以云为中心"的底层基础设施服务向"以用户为中心"的上层应用价值迁徙。

在云网融合阶段，网络以云为中心：从云的视角看，"一云多网"对网络的主要需求是连通性、开放性，以及云化后的灵活性和服务化，用户对网络服务质量的要求是尽力而为，网络起到支撑作用。在算力网络阶段，网络以用户为中心：从用户的视角看，"一网多云"需要网络支持低时延、安全可信通信，对服务的质量要求是确定性，是云和算力嵌入网络，而非网络依附于云，网络成为算力经济时代的价值中心。

算力网络是支撑国家网络强国、数字中国的根本要求，是对接国家重大战略规划，落实"东数西算"工程部署的重要支撑，也是推动我国数字经济及算力经济繁荣发展的基础保障，更是推动产业数字化向纵深发展的关键数字技术。目前，算力网络技术仍然处于前沿研究阶段，传统企业数字化转型应既要仰望算力网络时代的星空，又要践行云网融合理念的当下，建设云网边端一体化新型数字基础设施，以云网技术驱动企业上云、用云，实现企业数字化转型和降本增效。

第三节　产业数字化转型四大技术范式及其挑战

我国数字经济发展迅猛，连续多年稳居全球第二。其中，数字产业化发展态势良好，产业数字化则相对落后，尤其相对数字原生企业而言，传统企业的数字化转型可谓举步维艰，全球公认数字化转型专家、宝洁公司前副总裁托尼·萨尔德哈（Tony Saldanha）在《数字化转型路线图：智能商业实操手册》（*Why Digital Transformations Fail*）一书中指出，企业数字化转型的失败率甚至超过70%。尽管如此，由于以消费互联网为主线的数字产业化日见瓶颈，而作为数字经济主要组成部分的产业数字化却仍是蓝海一片，并成为决定我国数字经济能否问鼎全球的关键，因此传统企业的数字化转型成为时下全社会的必然选择和亟待攻克的难题。我国传统产业数字化转型发展的主流技术范式主要包括工业互联网、产业互联网、智能制造，以及反向制造（也称用户直连制造，即C2M模式）四大模式[①]。

[①] 赵剑波. 企业数字化转型的技术范式与关键举措[J]. 北京工业大学学报（社会科学版本），2022，22（01）：94–105.

一、工业互联网技术范式及其挑战

工业互联网的概念最初源自德国工业 4.0 和美国工业互联网，但是工业互联网相关概念在国内落地过程中也在不断完善和发展成熟。通常认为，工业互联网是制造业实现数字化转型的重要范式，工业互联网由智能设备、智能系统、智能决策三大要素构成，而工业互联网架构则包括平台基础设施服务（IaaS）、工业平台服务（PaaS），以及工业软件服务（SaaS）。工业互联网的初衷和目标，是推动制造企业生产方式向数字化、网络化、智能化转型，助力制造业产业链各个环节提高效率，同时推动基于智能制造和工业大数据的商业模式创新，彻底改变传统产业商业模式，塑造制造业在经济发展中的主导地位甚至是本体地位。我国拥有全球最大的制造业规模，以及旺盛的市场需求和完备的互联网生态，如果能将先进数字技术渗透传统制造领域，通过数字技术的应用提高制造业生产效率，则可规模化带动大批量的传统企业实现数智化转型升级。

然而，尽管现阶段的工业互联网平台正逐渐成为产业数字化发展的聚焦点和关键动力，但在全球各国的实践中普遍处于探索建设阶段。从学术研究和理论分析的角度来看，工业互联网的出发点是正确且美好的，也得到了行业普遍的认可，但是具体方法和手段在实践过程中缺乏普适可行性，同时也存在定位不明确、发展思路不清晰等问题。因此，工业互联网平台截至目前的具体功能和商业模式仍不健全，很多平台出于示范性或展示性需要进行了商业化包装，华而不实，目前来看仍然比较初级，而产学界又都过于急迫地证实工业互联网平台理论范式的成功，而过分夸大了这些平台的功能。例如早期的工业互联网平台明星代表 Predix，通用电气已宣告对其进行业务调整；西门子工业互联网平台 MindSphere 也是主要面向内部客户，其发展路径也不尽如人意；而国内的一些平台更是缺乏核心价值创造能力，在泡沫过后已逐渐失去光环。

究其原因，首先，国内制造业普遍面临关键零部件受制于人、高端市场面临外资围困、软件系统重视不足等短期难以解决的问题；其次，制造企业普遍对数据重视程度不够，不知道如何利用数据资产挖掘数据价值，而当前以深度学习为代表的人工智能，对制造企业的智能化升级又要求大量训练数据的积累；再次，现阶段工业互联网平台的建设运营模式仍不清晰，多数企业对工业互联网平台的理解过于侧重 IaaS 的建设，而位于工业互联网平台核心地位的 PaaS、工业 App 和 SaaS 则处于初级阶段；最后，由于现阶段工业互联网平台建设过于侧重 IaaS 的建设，导致受资金、人力约束的中小企业对工业互联网的接受和吸收程度仍然不高，而工业 App 等赋能软件服务的不足，又使得中小企业作为平台参与者很难参与其中，最终导致了工业互联网平台只见孤零"平台"，不见繁荣"互联"的现状，其运营和商业模式仍然面临较大挑战。

二、产业互联网技术范式及其挑战

"产业互联网"的概念最初由以腾讯等为代表的一些互联网企业提出，其更多是相对"消费互联网"而提出的观点，而国内外产学研界对"产业互联网"这一概念的定义并未明确和统一。我国人口基数庞大，消费互联网企业数字化水平全球领先，随着数字经济的发展，一些传统企业开始采用互联网等数字技术来改造业务流程，而在消费互联网增长乏力的情况下，借助数字经济下数实融合的大势，互联网企业通过数字技术、平台和服务的输出，也在积极拥抱和推动产业互联网的发展。

从全球范围来看，相对于德国的先进制造优势和美国的互联网创新优势，借助产业数字化，我国完全有可能将领先的消费互联网数字化能力和以制造业为代表的强大传统产业结合起来，以消费互联网拉动产业互联网，最终形成消费互联网和产业互联网并驾齐驱的局面，最终实现德国先进制造优势和美国互联网创新优势的融合。产业互联网使传统产业能够借力数字技术，将网络连接从人与人的连接扩展到产业链不同企业之间，以及企业内部的连接，形成以数据要素为核心的智能生产和服务网络体系，从供应链各个环节切入，以网络平台模式对产业资源、信息和资金进行整合，并通过产业互联网络实现流动共享。

本质上，产业互联网的目标是实现以万物互联为基础，利用物联网、大数据、人工智能等新一代数字技术，进行分析、决策、优化，从而使产业发生深层次的改变。产业互联网概念由以数字经济为主体的互联网企业提出之后，以实体经济为主体的传统产业也在积极响应。相比工业互联网更多针对制造业的"狭义"产业数字化技术范式，产业互联网概念则适用于几乎全部以实体经济为主的传统产业，因而是更"广义"上的产业数字化技术范式。因此，产业互联网在传统产业数字化转型中认可度更高。

但是，不论是工业互联网，还是产业互联网，都只是从不同的视角描述数字技术与实体经济融合发展的技术范式，本质上都是将云计算、大数据、人工智能等数字技术应用于各种产业场景，重塑产业链、价值链甚至价值网络，在数字技术赋能下提高产业效率。

尽管目前社会普遍认为，数字经济正从消费互联网向产业互联网演化，但无论是从网络架构、应用场景、发展模式，还是从参与相关方、利益主体、竞争格局等方面来看，产业互联网都远比消费互联网复杂得多，甚至与消费互联网完全不同。消费互联网的"平台经济"模式，是否可应用到传统产业的数字化发展中，产学研界并未就此达成一致，很多概念也仅停留在理论可行阶段。而不论是工业互联网，还是产业互联网，国内外真正成功的具体案例和实施方法都颇少。正如腾讯研究院所言，产业互联网发展模式必将不同于消费互联网，但协助传统企业进行数字化转型的模式还在探索之中。

三、智能制造技术范式及其挑战

智能制造的发展范式最初由中国工程院提出，智能制造是基于新一代信息通信技术与先进制造技术深度融合，贯穿于设计、生产、管理、服务等制造活动全生命周期的各个环节，具有自感知、自学习、自决策、自执行、自适应等功能的新型生产方式。中国工程院认为[1]，智能制造体系可从技术范式、价值形态、生产组织三个维度来构建，三个范式既递进升级，又相互交叉融合。技术范式维度包括数字化制造、数字化网络化制造、新一代智能制造三个基本范式；价值

---

[1] 国家制造强国建设战略咨询委员会，中国工程院战略咨询中心编. 智能制造[M]. 北京：电子工业出版社，2016.

形态维度主要包括产品、制造和服务等三个方面,体现了价值创造领域的拓展;生产组织维度主要包括智能工厂、智能企业和智能生态三个层次。智能制造的基础设施是"工业智联网",由工业智联网连接起若干企业智能制造及社会价值链条,使得智能产品、智能制造过程、智能服务等各产业链环节的企业可以实现信息共享、系统集成与资源优化配置[①]。事实上,智能制造与工业互联网和产业互联网类似,都强调利用数字技术改善企业的价值创造、生产运营、管理流程等环节。但是,智能制造的价值实现主要体现在产品、生产、服务三个方面及其系统集成,主要针对现有制造体系和制造水平已经难以满足高端化、个性化、智能化产品和服务增值升级的需求。同时,智能制造也更强调实现新一代人工智能技术与先进制造技术的融合,以生产线、车间、工厂的智能升级为主战场。

智能制造是实现"中国制造2025"战略目标的主攻方向,也是从根本上提高我国制造业的质量、效率和企业竞争力,促进我国产业迈向全球价值链中高端市场的关键。其具体目标是推动制造业产业模式的根本性转变,将产业模式由"以产品为中心"向"以用户为中心"转变。其基本路径有两个方面:一是从大规模流水线生产转向规模定制化生产;二是全面推进制造业以智能服务为中心的产业模式变革,将产业形态从生产型制造向服务型制造转变,实现更深层次的供给侧结构性改革。

但是,无论是在技术层面、产业层面,还是在战略层面,智能制

---

① 吕铁,韩娜. 智能制造:全球趋势与中国战略[J]. 人民论坛·学术前沿, 2015 (11):6-17.

造都还没有做好充分准备,尤其是我国工业界尚未形成清晰的智能制造发展战略,特别是发展的技术路线。而广大企业在智能制造的理性认识、发展方向、工作重点、路径选择、实施策略等方面还存在许多困惑和误区。此外,我国制造业大而不强,存在着一些突出问题,面临着严峻的挑战,如产业结构不优、产业基础不牢、产品质量问题突出、资源环境挑战严峻、自主创新能力不强等。而从智能制造的三大技术范式来看,中国智能制造的基础非常薄弱,大多数企业,特别是广大中小企业,还没有完成数字化制造转型,多数企业还需踏实"补习"数字化制造,同时并行推进数字化制造和数字化网络化制造。而对于第三阶段的新一代智能制造,正如工信部前部长苗圩所言,智能制造是一项复杂而庞大的系统工程,需要一个不断探索、试错的过程,难以一蹴而就,更不能急于求成。

四、反向制造技术范式及其挑战

反向制造即C2M(Customer-to-Manufacturer)模式,指定制化生产或用户直连制造生产模式。反向制造的核心是柔性制造,"柔性"是相对于"刚性"而言的,传统的"刚性"自动化生产线主要实现单一品种的大批量"排产性"或"计划性"的生产,而"柔性"生产线则追求按需、弹性和灵活生产,因而更能够满足数字原生一代消费者个性化、多样化和定制化的需求。

C2M模式将生产者和消费者直接对接,实现供需、产销精准匹配,采用订单式营销方式,迎合消费者的个性诉求,实现产品零库存。C2M模式是大型数字化平台和中小企业合作的产物,大型互联网企业提供强大的数字化平台，缺乏软硬设备等相关资源的中小制造企业可以直接入驻，在电商等平台的支撑下，实现供与需、产与销的精准匹配。与传统制造业相比，C2M模式能够去除中间环节，精准匹配供需，实现了以消费者心智为触点的精准制造，进而实现制造业产销效率的极大提升。而C2M模式的核心目标，则是利用平台电商的数字技术能力，使中小企业通过平台赋能，实现数字化转型。

与智能制造推进我国制造业迈向全球产业链中高端的目标不同，反向制造主要以中低端价值链上的中小企业为主，对于中高端先进制造企业而言，C2M并不适用。而且，当前C2M模式所涉及的中小制造企业，主要还是以生产面向消费领域产品的企业居多，在装备制造产业鲜有成功案例。C2M模式侧重的是通过数字技术搭建的流量经营平台来实现供需和产销的精准匹配，而非强调通过数字技术的应用来改进企业的生产经营流程和模式。因此，C2M模式事实上也并不适用于大多数传统产业的数字化建设。

总之，传统产业数字化转型的上述四种范式，虽然侧重点都各有不同，但是实现过程基本一致，都是抓住新一轮科技革命和产业变革机遇，不断利用数字技术提高生产效率，同时探索面向未来的数字化发展新模式。但是，现有范式更多还是学界提出的愿景性发展思路和目标，普遍缺乏对企业实践与转型难题的关注与理解，现实中的企业接受度并不高。

目前，上述四种主流技术范式均处在探索建设阶段，且在国内外也鲜有成功案例。产业数字化转型是实现数字技术与实体经济深度融合的纽带，转型的关键在于以各自企业的自身实践和具体问题为导向，推动数字技术在传统产业中的应用，加强数字技术在实体产业中的渗透和赋能作用，不断提高企业的数字化水平。

事实上，概念并不重要，不论是工业互联网、产业互联网，还是智能制造、反向定制模式，都是在不同程度上受德国工业4.0和美国工业互联网影响，进而提出的针对产业转型升级在思想、方向与范式上的描述。而这些转型范式究竟是不是全球领先、唯一正确，以及是否是符合所有传统产业的数字化转型范式，目前仍无定论，也无太多的实践案例可供证实或参考。因此，企业数字化转型还需要从企业实践和具体需求出发，突破数字技术和组织管理障碍，研究符合企业自身的，更具体、更有操作性的转型范式或路线图。

第四节　传统产业数字化转型五大典型共性问题

普遍来看，多数传统企业数字化转型举步维艰的根本原因，并非在于所采用的数字技术本身的动能不足，而在于未从企业自身的实际问题、现状、需求和场景出发，以"一把手"工程，甚至是"一体化"全员参与的工程模式来推动数字化转型中的统一目标、统一认知和统一行动。具体来看，多数传统企业有转型意愿，但实际行动和能力严重不足。一方面，传统企业自身业务和设备数字化水平不高，甚至信息化水平也参差不齐，造成数据采集汇聚难度较大；另一方面，资金、人才、技术、方法等均较为缺乏，数据分析和挖掘能力极为薄弱。另外，对前期投资巨大和后续经济回报不确定的顾虑，让很多中小企业望而却步或中途止步。总之，传统企业数字化转型通常存在以下几个方面的问题。

一、数字化战略定位不清晰，引领变革的决心不坚定

数字化转型不仅是数字技术的应用创新，更是自上而下、由领导层主导的企业认知、价值、文化、战略和领导力的变革。另外，数字化转型本身是一项创新工作，也是长期、持续的试错过程，企业需要有一套科学、系统的方法体系，指导其制定转型目标、路径，并尽可能减少试错成本。因此，传统企业数字化转型必须制定清晰明确的战略目标和路径规划。然而，根据权威机构的调查统计，在企业数字化转型实践中，缺乏顶层设计和战略规划却是传统企业数字化转型中的常见问题。

时至今日，数字化转型的重要性已毋庸置疑，大部分企业都能充分认识到数字化转型的重要性，但是部分企业缺乏明确的战略目标和实现路径，缺乏对数字化转型路径的全面规划和系统思考；部分企业虽然制定了数字化转型相关战略，但是对转型战略定位和目标的制定相对比较保守，数字化战略整体地位不高，缺乏新兴产业前瞻性布局，数字化转型对于企业自身创新发展和转型变革的引领地位未能确立。简言之，这部分企业的数字化转型决心不坚定，将转型置于"锦上添花"而非"背水一战"的位置，导致转型过程"身心不一，神形不合，日日撞钟，不知为何"。

此外，调查显示，在目前推动数字化转型的企业中，约有 60% 的企业尚未确立转型发展路径，而 35% 的企业高管认为，缺乏明确的转型战略已成为实现转型的关键障碍。同时，也有部分企业管理人员认为，数字化转型仅是一种简单的 IT 系统改造升级，更多还是集中在如何引入先进信息系统，未能从企业发展战略的高度进行系统性

谋划，未能将数字化转型升级到顶层设计的战略高度，导致企业的数字化转型过程缺乏关键系统性设计和组织重构，缺乏有效的考核和激励机制。另外，数字化转型资金投入大、持续时间长，而多数传统企业转型初期的价值效益尚未显现，导致企业内部尤其是高层管理者之间难以达成共识，最终致使传统企业数字化转型信心不足、举步维艰。

二、数字基础设施能力不足，可控敏捷需求难以响应

传统企业信息基础设施建设长期以碎片化的"业务需求"为导向进行垂直领域"项目制"建设，缺乏横向共享能力层的整体设计与规划。此外，传统企业多为金字塔垂直管控架构，内部各部门职责分工明确、专业壁垒高筑，对于资源共建共享、跨部门协同协作等开放意识不足，原有利益格局和权力体系较难打破。

因此，传统企业过往的信息系统建设通常由上至下全套、全栈软硬件独立自建，且多以商业套装软件为主，并主要依靠外部供应商进行系统实施，系统建设往往缺乏自主可控和敏捷响应能力。企业虽然为项目支付高额预算成本，但多数情况下仅是系统功能用户，而非系统的真正"建设者"和"所有者"，而其系统建设完成后基本进入使用运维状态，很少进行功能迭代更新，或者在受制于人的迭代更新中步履蹒跚，最后以失败告终。最终使得企业失去了知识沉淀与产品迭代创新能力，继而也失去了应对复杂市场竞争环境的韧性能力。

架构垂直僵硬、系统孤岛林立、数据碎片难聚、应用云化不足、功能迭代缓慢，以及商业套装软硬件琳琅满目、自主可控寥寥无几，

垂直系统互为集成却又标准缺失、协议总线错综复杂，信息系统基础设施横向共享不足、纵向重复建设，基础设施整体缺乏顶层设计与前瞻规划。以上均为传统企业数字化基础设施先天能力不足的集中表现，并且已成为企业数字化转型的历史包袱和关键障碍。

面向未来数字化时代，传统企业往往需要"守旧立新"而非"破旧立新"，需要以"腾笼换鸟"的模式对传统 IT 架构和数字化基础设施进行"少侵入"，甚至"零侵入"的平滑升级与改造，以确保在现有业务稳定运行的前提之下，进行全新的转型与升级，避免"手术成功，但病人死亡"的转型结局。

因此，相对数字原生企业，传统企业的数字化转型之路往往显得更为复杂、曲折和困难，而数字技术的投入价值和应用效益，也难以在转型初期显现。传统企业普遍存在的数字基础设施先天能力不足的现状，直接影响了数字化转型的推进力度、进程和转型价值及效益的显现。

三、数据孤岛汇聚难以实现，数据要素驱动难以发挥

数据是数字化转型的核心驱动要素，也是决定数字化转型成败的关键。但是，数据采集、数据汇聚、数据治理及数据应用却是传统企业普遍面临的短板。其背后的根源是整体行业生态链标准缺失和企业信息化时代系统建设缺乏顶层设计。

在行业生态方面，一是多数传统企业所处产业链上各类终端设备种类繁杂，不同厂家不同类型设备的通信接口及功能参数各不相同，甚至千差万别，缺乏统一标准；二是由于历史原因，国内很多老

旧高端装备多是国外进口,而进口设备的数据接口和数据格式各有标准,"万国产品"时代遗留下诸多封闭性较强的私有协议,数据采集解析极为困难;三是多数传统企业涉及能源运输、交通制造和公共事业等国计民生领域,甚至关乎国家安全,如何在满足数据安全防护前提下进行数据采集、传输和开发应用,成为多数传统企业首要考虑的问题。

在企业自身问题方面,一是过往信息系统往往由上至下垂直独立建设,系统建设以满足某项业务需求为主,缺乏全局规划设计和横向数据打通能力;二是传统企业通常业务繁杂多元,职能部门及子公司众多,数据内外部关联方交叉复杂,数据权属难以界定,企业很难形成由上至下、业务牵头的数据治理体系,而以技术部门牵头的数据治理及应用,往往又显得本末倒置,进展缓慢、举步维艰;三是传统企业内部的数据共享通常涉及多区域、多部门、多机构的参与,由于数据相关的权属职责不清晰,相关方出于各自职责考虑,很难达成统一的数据交换共享机制,严重制约数据在企业内部的共享和开发利用水平。上述问题,使得传统企业普遍存在数据采集不全面,数据治理不完善,数据共享不顺畅,数据开发利用不充分等现象。

从整体上看,传统企业在数据应用方面,通常面临现场数据采集率不高,在线自动采集困难,不同业务条线间存在数据壁垒、数据开发利用水平和能力不足,企业组织、资产、物料、产品、供应商、客户等数据的治理和企业级标准化实现困难,数据在线交换和集成共享机制推动受阻,数据应用多以简单报表开发为主,数据建模应用能力不足等现象。简而言之,传统企业数字化转型中的数据要素作用尚未得到充分发挥,而数据要素的价值发挥对于多数企业而言,仍然道阻且长。

四、产业痛点垂直细分碎片，技术服务供给生态欠缺

传统企业的数字化转型通常需要"以我为主"和"携力前行"同时并举，数字化的持续推进需要强有力的供给侧服务，企业所处行业生态是否健全，很大程度上将直接影响数字化转型的推进速度和成效。传统企业数字化转型的关键举措，是将数字技术向传统产业进行融合渗透，推动传统产业向数字化、网络化和智能化转型，进而衍生出诸多新模式、新业态。

然而，数字化转型过程中所采用的数字技术，大多源自以互联网为代表的数字原生企业，而这些数字技术的诞生背景或研发过程多以针对消费互联网领域的需求为主，而非面向传统产业垂直细分领域的诉求。因此，以数字原生企业为主的数字技术服务供给生态，很难满足传统产业垂直细分领域的多样化需求，因而也形成了数字化转型供需双方"产业需求侧碎片多样化的诸多需求与产业链供给侧资源不足和能力错配"之间的矛盾。

此外，多年以来，国内大中型传统企业信息化或数字化建设长期采用国外高端、先进成熟的软硬件，使得国内关键工艺装备、人工智能底层算法、高端工业软件等技术产品对外依存度较高。一方面使得国内技术服务市场失去了成长土壤，另一方面也导致部分企业形成"乐不思蜀"和"够用即可"的底线思维，失去了自主研发的动力和能力。

以上原因导致国内以行业为土壤成长起来的数字产业技术凤毛麟角，蕴含产业机理的共性知识、方法和标准工具难寻其迹，而以产业自身实践为基础的数字化转型系统性解决方案和高端咨询能力更是屈

指可数。

总而言之，源自数字原生企业的数字技术难以匹配传统产业垂直细分领域的多样化需求，而传统产业自身多年的高端产品"使用者"定位，又导致源自产业的数字技术缺位或处于培育阶段。最终，导致现阶段的传统企业数字化转型需求诸多，而技术服务供给侧却又资源错配、供给不足的现状，并已在一定程度上影响了传统企业数字化转型的深入推进。

五、数字思维复合人才缺失，业务技术融合难以实现

数字化转型需要技术、资金和人才等多维度的综合建设与投入，成功的数字企业不仅需要将数字技术渗透至生产经营、内部管理、客户服务、生态构建等多领域多环节，还需将数字思维、数字文化植入企业基因，开启一场长期的数字能力进化之旅，最终将企业演变为由内而外的数字原生企业。

事实上，在传统企业数字化转型的诸多困难和挑战中，数字技术的应用、企业领导的支持，以及历史包袱和数据要素价值发挥的困境，都是可以克服的具体问题。而数字化转型更大的困难，实际上来自对数字化转型深刻理解的缺失，以及数字技术与业务场景融合切入点的未知，而这背后的根源则是企业数字思维和数字文化的缺失。

通常而言，传统企业数字化转型需要经历"数字思维""数字行动""数字存在"三个阶段，首先需要以"数字思维"指导企业的"数字行动"，其次以"数字行动"塑造企业的"数字存在"。对传统企业而言，数字化一定是需要融入基因的东西，而对于数字原生企业

而言，这是早已习以为常的事情。

因此，具备数字思维、战略眼光、创新精神、业务能力和数字化专业能力的复合型人才，以及具有顶层架构规划设计和行业实践经验的领军人才，成为传统企业数字化转型的紧缺人才。而事实上，多数传统企业均面临数字人才紧缺、能力不足、结构失衡的严峻挑战，人才构成难以支撑企业数字化转型要求。数字化复合型人才缺少的原因，在于外部环境的不健全和内部人才培养体系的缺失。

在外部环境方面，一是数字经济时代下各行业对数字化人才需求呈现井喷状态，数字人才严重供不应求。根据相关统计，增加值占GDP不足10%的互联网、信息通信等数字技术产业，集中了50%以上的数字化人才，而传统产业数字人才则严重缺乏；二是数字人才是精通数字技术、业务运营和变革管理的复合型人才，不仅需要精通数字技术能力，更需要深入了解并熟悉行业知识。互联网和信息通信等数字原生领域虽然集聚了各种"技术高手"，但是诸多企业转型失败的实践表明，追逐寻找外行"大厂高手"来领导的企业数字化转型，大多出现"水土不服"而导致转型戛然而止。

在内部人才培养方面，一是传统企业长期以来形成的认知和文化氛围，很难将业务和IT技术人员融合成一个群体，业务和技术的融合存在天然无形的隔阂，复合型数字人才的培养缺乏体制机制的支持；二是真正懂业务的数字人才凤毛麟角，社会收入待遇普遍较高，而传统企业对数字人才激励不足，企业内部长时间培养的数字人才在市场动辄翻倍的薪资和高位面前，很难拒绝"人往高处走"的诱惑。

总而言之，传统企业的数字化转型归根结底还是"人的转型"，全员数字思维、数字素养、数字文化的培养对企业数字化至关重要，而精通数字技术和业务场景的复合型人才更是数字化转型成功的关键，然而此类人才早已成为传统企业"望眼欲穿"也无法寻觅的对象。数字思维及复合型人才缺失，业务与技术难以融合，是大多数企业数字化转型举步维艰的根本原因。

第五节　数字技术平台及其在产业数字化中的价值及意义

一、数字技术平台是产业数字化的底层基座

在前文中，我们介绍了影响传统产业数字化转型的十大关键技术，其中的每一项数字技术对企业数字能力的提升都至关重要，而企业对十大关键数字技术的综合应用，则与企业数字能力成熟度线性相关。但是，在数字技术赋能产业转型的过程中，通常容易被忽略却又极为关键的环节，则是对数字技术进行工程化、平台化和多领域数字技术融合赋能平台的建设，也即共享数字技术平台的构建。

而数字技术平台的缺失，将在底层能力上直接影响企业数字化转型整体战略的正常推进，事实上也意味着企业数字能力的缺失。一方面，单一数字技术的应用并不能解决传统产业复杂数字化场景对多领域技术融合应用的需求，而数字技术平台的缺失则意味着数字技术应用的"作坊式"、碎片化，以及数字技术群手工式的用户自行"组装"，进而丧失数字技术集群式变革和融合式创新带来的倍增或叠加效应。另一方面，未能平台化或服务化的数字技术，由于技术本身的复杂性和高门槛，多数传统产业用户实际上并不具备驾驭或掌控"原

始"数字技术的能力，而数字技术也将失去对产业转型真正的"赋能"作用。

总而言之，数字技术平台是为企业提供数字韧性能力、应对不确定性的核心，是传统产业数字化转型的核心引擎，也是传统产业数字能力建设的核心基石与底层基座。其整合并提供了企业数字化所需的业务与技术能力，赋能传统产业数字化转型，助力传统产业成功突围。事实上，构建包容开放、先进敏捷、自主可控，面向过去具有融合性，面向当下具备智能先进性，面向未来具备可传承、可自我进化能力的数字技术平台，打造融合前沿先进技术，可支撑产业数字化融合创新的底层基座，已成为多数传统产业数字化建设的首要任务。

二、数字技术平台是产业数字化的能力中枢

国际权威咨询机构IDC认为，数字化转型成功的关键要素主要包括愿景与目标、关键绩效指标（KPI）、组织架构和数字化能力四个方面。而数字化能力建设又是企业数字化转型的核心，因此只有构建了适应自身发展的数字化能力，企业的数字化转型愿景才能落地、目标才能实现、组织架构调整和KPI设置才有价值。因此，数字化能力是企业数字化转型的核心"引擎"。而根据IDC的调研，多数企业希望具备的数字化能力包括：

（1）新技术的引入和整合能力；

（2）云、网络、应用、终端和边缘的数据智能协同能力；

（3）新技术创新产品和服务的能力；

（4）ICT基础设施的灵活调度和管理能力；

（5）全域监控、平台运营、全域安全等运维和安全能力；

（6）新兴技术与业务场景深度融合能力；

（7）广泛的感知、采集和联接能力；

（8）前沿技术洞察、融合和促进业务创新的能力。

不言而喻，如此众多的数字化能力诉求，意味着企业必然需要构建一个数字化转型能力支撑平台。能力支撑平台不仅是对前沿数字技术（如云原生、IoT、大数据、AI和区块链等）的汇聚和整合，为企业提供广泛的联接、促进业务协同和敏捷创新，还需要将技术与业务实现深度融合，赋能业务创新，而且能够灵活地响应和满足业务变化的需求，为企业提供应对不确定性竞争环境的数字能力，助力企业数字化转型。而具备上述功能的企业数字化转型能力支撑平台，通常也被称为数字技术平台或数字平台。事实上，数字技术平台是融合技术、聚合数据、赋能应用的企业数字服务中枢。其以赋能企业业务创新和高效运营，助力企业数据管理和价值挖掘，降低企业技术使用和技术管理复杂度为目标。

数字技术平台的核心架构，是以云为基础，以数据分析和管理为核心，以数字服务为接口，通过网络向下链接终端，通过接口向上连接应用，通过平台向外链接生态，为行业应用提供支持，为产业转型进行赋能。数字技术平台能够对外提供可调用、可扩展、可计费、松耦合、弹性的标准化数字服务，通过数字服务横向链接产业链上下游，纵向链接企业各机构部门和垂直分子公司，为其提供快速敏捷、灵活弹性的数字化能力。因此，数字技术平台已成为产业数字化的能力中枢。

三、数字技术平台是产业数字化的破局之道

数字化转型未及预期的原因不一而足,面临的挑战和困难也因企而异。但是,数字化转型需要从企业实践和具体需求出发,突破数字技术的应用和组织管理的障碍,探寻符合企业自身的,更具体、更有操作性的转型范式或路线,一直以来都是转型成功企业的共性公约数。而先进性数字技术平台的建设和数字技术的深度应用,则是企业数字化转型成功的核心标志。通过数字技术平台的构建,企业将在算力共享、随需计算、敏捷迭代、数据汇聚、数据智能、数字化赋能与运营,以及更加智能融合的数字化基础设施和赋能应用等方面获得领先的数字化能力,进而也将能逐一破解产业数字化进程中面临的诸多难题。

首先,数字技术平台以数字技术为功能模块。数字技术平台本身是以云计算、大数据、物联网、人工智能、区块链等新兴技术为核心功能,在不断整合现有技术的同时,持续融入前沿新技术,并将新技术和现有技术做全面的融合,将企业技术驾驭能力封装在平台内,不断吸收数字科技集群式变革带来的创新效应,以数字能力服务化方式赋能业务创新发展和企业生产运营。因此,融合前沿技术的数字平台构建,将从根本上改变传统产业"数字基础设施能力不足,可控敏捷响应难以满足"的现状,为企业提供最底层、最核心的数字能力。

其次,数字技术平台以数据为生产要素。数字技术平台与数据互为依托,数据是数字技术平台的生产要素,数字技术平台负责不同规模、格式和种类的数据资源的处理,同时平台在数据的处理过程中,

也在不断沉淀新的数据形成行业经验，逐步形成数据模型和智能化输出的能力。因此，数字技术平台的建设及应用，将有力促进企业多元异构数据的汇聚，并从技术能力和业务需求层面，改变传统产业"企业数据孤岛汇聚难以实现，数据要素驱动难以发挥"的现状。

最后，数字技术平台以标准化数字服务为产出物。数字技术平台对外提供基于应用程序接口的标准化数字服务或者 SaaS 化服务，以标准化方式实现与网络、终端、应用以及其他企业或平台的对接。数字技术平台的建设初期通常以服务企业自身的数字化转型为主，但是随着行业能力的沉淀，将可能形成企业新的数字业务并对外实现输出赋能。垂直产业需求细分，以数字产业化为基础形成的现有产业链供给侧难以满足传统产业数字化的需求。然而，这也为传统产业提供了通过自身数字化建设输出行业属性极强、差异化竞争力明显的行业产品或服务的市场机会。

以标准化数字服务为产出物的数字技术平台建设，一方面可让传统产业看到未来布局新兴数字产业的机会，因而赋予了传统产业加大数字化投入、推进业务技术融合的内生动力，使得传统产业普遍存在的"数字思维复合人才缺失，业务技术融合难以实现"难题得到由内而外的自发解决；另一方面，伴随传统产业基于自身实践所沉淀出的数字化产品或服务对外输出的普及，以及传统产业以自身数字能力孵化出的数字科技公司的增加，传统产业普遍存在的"产业痛点垂直细分碎片，技术服务供给生态欠缺"的现状，将会有所改变。

第六节　数字技术平台在产业数字化中的建设原则及参考实现

一、数字技术平台建设的主流模式及其分析

数字技术平台的核心架构以云为基础，以数据分析和管理为核心，以数字服务为接口，通过网络向下链接终端，通过接口向上连接应用，通过平台向外链接生态，为行业应用提供支持，为产业转型进行赋能。当前阶段，产业数字化转型建设或使用到的主流数字技术平台，主要有三种类型：一是由互联网巨头基于自身强大的数字技术能力构建的通用能力输出型平台；二是基于行业客户场景需求和最佳实践构建的产业赋能平台；三是基于特定行业场景和应用构建的行业能力输出型平台。

（一）基于互联网自身数字技术构建的通用数字能力输出型平台

此类数字技术平台建设主体主要以互联网厂商为主，核心在于通过云计算支撑来为客户提供数字化能力输出，其本身源自互联网企业在消费互联网蓬勃时期数字技术的积累和云化输出，在产业数字化转型的初期，其是数字技术平台的主要代表。此类平台的优势，在于可通过云服务形式按需提供大量的通用型数字技术能力，可快速为客户提供应用开发、交付部署、数据整合，以及数据分析和价值挖掘等服务，可让传统企业快速具备云端通用数字能力。而其不足之处，在于此类数字平台在ICT基础能力建设、网络联接和协同等方面相对较

弱，尤其在边端侧的数字能力供给不足，且所提供的数字能力难以满足垂直细分行业的多样化、个性化、定制化需求，以及严苛环境下的特殊需求。

（二）基于行业客户场景需求和最佳实践构建的产业赋能型平台

此类数字技术平台建设主体主要以服务产业链的科技公司或大型产业公司科技队伍为主，核心在于根据产业实际需求和现状，结合前沿先进技术进行产业数字化技术平台的构建。其优势在于此类数字技术平台的需求源自产业客户，因此其基础设施架构、软件赋能平台，以及上层应用都更符合产业数字化转型的实际需求，同时并不强调数字技术平台的"破旧立新"，而是追求向前兼容的"守旧立新"，在最大限度兼顾传统架构的同时，构建现代化的数字技术平台；不足之处在于通用前沿数字技术的整合力度欠缺，平台产品服务、行业应用不丰富，赋能方式、使用体验欠佳，生态服务能力有待提升。

（三）基于特定行业场景和应用构建的行业能力输出型平台

此类数字技术平台建设主体以深耕某一领域的"专精特新"类科技公司或产业公司科技队伍为主，其核心在于以行业经验、知识、方法的沉淀为优势构建数字技术平台，以共享应用的方式对外赋能。其优势在于其在行业深度和行业最佳实践方面具有较深的积累，可以直接满足某些细分领域的场景需求；不足之处在于服务领域较窄，底层基础设施通常构建在第一类或第二类数字平台上，自主可控和扩展性较差，同时对于新应用的引入和融合具有一定的局限性。

综上所述，第一类数字技术平台本质上是互联网企业在从消费互联网向产业互联网转型过程中输出的数字技术平台，是数字原生企业数字产业化的成果，出现时间较早，成熟度最高；第二类本质上是大型传统产业公司根据数字化转型需求而构建的产业互联网平台，是伴随产业数字化需求而出现的平台，其建设难度大、周期长，目前多处于建设过程中或初期使用阶段；第三类本质上是以服务特定行业为主的工业互联网平台或行业云，是在产业数字化后针对已数字化的行业能力进行产业化输出的平台，目前多处于规划状态，通常由第二类数字平台孵化出来。因此，三种数字技术平台具有不同的"基因"，也是不同数字化转型技术范式的体现，因而适用于不同类型企业的数字化转型。当然，随着数字技术本身的发展，以及业务创新对数字技术依赖程度的增加，不同类型的数字技术平台也将不断融合，最终失去各自的"基因"属性，成为通用型数字技术平台。但是，无论如何演化，"以云为基础、以数据分析和管理为核心、以数字服务为接口"的数字技术平台核心不会改变。

二、数字技术平台建设的首要原则及进化历程

回顾整个ICT产业的发展历史，技术平台化并非数字化时代的诉求，而是历史发展的必然。从技术与业务融合的角度看，数字化转型的历史就是新技术不断与业务和管理流程相互作用的融合史，尤其在过去十年，随着前沿数字技术的爆发式发展，新技术与业务和流程的结合点不断增加，技术对业务和管理流程的改造不断加深。技术平台在ICT产业发展史中的进化，大致可以分为三个阶段（如图1-6所示）。

第一章 数字科技与产业转型：科技重塑产业，平台赋能转型

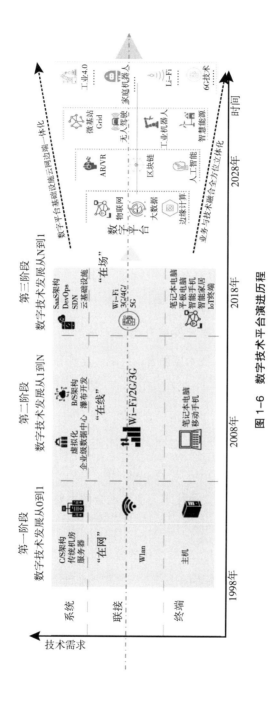

图 1-6 数字技术平台演进历程

第一阶段，是数字技术从 0 到 1 发展的早期阶段（1998 年到 2008 年）。此时，业务系统的核心价值是帮助员工提升工作效率，技术与业务的融合更多表现在计算机终端、局域网的普及应用，以及传统 C/S 架构办公应用系统的使用，技术与业务的融合较为零散、单点。这一阶段的代表性特征是"在网"。

第二阶段，是数字技术发展从 1 到 N 的阶段（2008 年到 2018 年）。以云计算为代表的数字技术开始蓬勃发展，技术与业务的融合形式百花齐放，呈现出"无序融合"的状态。从线下到线上，办公无处不在，以电商平台为代表的数字经济开始兴起。这一阶段，基于数字技术的业务系统，其价值是支持企业业务流程和管理流程在线化，而代表性的特征是"在线"。

第三阶段，数字技术发展开始进入从 N 到 1 的平台化赋能阶段（2018 年以后）。从技术层面看，终端、连接和系统层面都将出现融合型的统一控制平台：终端是以手机、家居、车载等为代表的统一互联，网络朝着以空、天、地融合通信为代表的一体化平台演进，业务系统也在朝着共享化、服务化和一体化建设方向发展。数字技术开始不断归类分层和平台化，以云、边、端三层架构为核心的一体化数字技术平台开始成为企业技术与业务融合的主要支撑，而过去以系统、连接、终端为主要形式的垂直领域零散、单点业技融合模式，已在系统云化、连接池化、终端泛化的数字世界中进化至立体空间下的水乳交融状态，已成为全时域、全空域、全地域的融合。这一时期的业务系统价值，是构建虚实共生的数字孪生世界，支撑企业由实体经济向数字经济转变，而以元宇宙为代表的虚实融合模式，极有可能成为未来数字技术平台的终态。这一阶段的代表性特征将是"在场"。

从技术平台的进化发展史中可以看出，伴随业务需求的变化，技术平台的发展经历了从 0 到 1，再从 1 到 N 的蓬勃发展阶段，而如今又开始了从 N 到 1 的收敛回归和融合阶段。而贯穿技术平台在不同阶段的演化力量，正是业务与技术的深度融合，即技术革命与产业变革的深度融合。因此，无论在什么时期，身处何种行业，数字技术平台建设的首要原则，都是为了最大限度地实现业务与技术的深度融合，都是为了通过数字技术的深度应用，实现业务的降本增效和创新发展。

三、数字技术平台建设的"道法术"及参考架构实现

从数字技术平台围绕业务与技术融合发展的演化历程看，传统产业数字化转型必须依赖或建设数字技术平台，其是产业数字化的核心引擎和基石；而从主流数字技术平台使用或建设模式来看，对于传统产业，尤其是大型传统企业而言，基于客户场景需求和最佳实践而构建的产业互联网平台（第二类数字平台），将是现阶段最适合传统产业数字化转型的数字技术平台。因此，本节我们将重点介绍第二类数字技术平台建设的整体原则和架构实现参考。如果从方法论或建设原则的角度来分析数字平台，则可从"道""法""术"三层境界来思考数字技术平台的建设。

"道"居首，其是长期知识经验的浓缩与升华后的思想，是决定数字平台"灵魂"的"基因"，回答的是数字平台"为何建、如何建"的顶层问题；"法"次之，其在"道"的指导下勾勒数字平台建设的核心内容，以及高层次的功能模块，是数字平台建设的方向性框架，回答的是数字平台"建什么"的问题；"术"为末，其在"法"勾勒

的功能框架下，描述针对具体功能模块的建设方式和技术架构，是接近落地建设的架构思考，回答的是数字平台"怎么建"的问题（如表1-3所示）。

表1-3 数字平台建设的"道""法""术"

递进层次	回答的问题	核心的内容
道	为何建、如何建	价值、服务、技术、范式
法	建什么	云基础设施、数据智能、数字服务
术	怎么建	以用户为中心的云边端一体化"云基础设施" 以数据驱动为中心的数上智下"数据智能" 以应用为中心的云原生化"数字服务"

（一）数字平台建设之"道"

数字平台建设之"道"，可从价值、技术、服务、范式四个维度进行原则性明确。

在价值方面，数字平台是为企业提供数字能力、应对不确定性的核心，是传统产业数字化转型的核心引擎和基石，产业数字化离不开数字平台对业务与技术融合的赋能支撑作用，以数字平台的弹性应对外部环境的不确定性，是产业数字化的核心目标。

在技术方面，数字平台应具备包容开放、先进敏捷、自主可控，面向过去具有融合性，面向当下具备智能先进性，面向未来具备可传承、可自我进化能力等特征。此外，必须把自主可控要求贯穿技术平台的建设过程，而技术自主可控需要架构自主可控，架构自主可控是企业核心能力自主可控的标志。

在服务方面，数字平台建设应坚持"复杂留给平台，简单留给用户"的底线思维，坚持"软件应用均可产品化，产品均可服务化"的原则，以数字能力的服务化为原则来整合前沿数字技术。

在范式方面，当前主流的工业互联网、产业互联网、智能制造等产业数字化技术平台范式都只是概念，并非既定或唯一正确的权威路线，企业数字平台建设需要从自身实践和具体需求出发，采用有利于数字技术与自身业务深度融合的数字平台建设模式。

（二）数字平台建设之"法"

"法"主要勾勒数字平台的核心框架。事实上，前文已明确了数字平台"以云为基础，以数据智能分析和管理为核心，以数字服务为接口，通过网络向下链接终端，通过接口向上连接应用，通过平台向外链接生态"的核心内容，"云基础设施、数据智能、数字服务"是数字平台建设最核心的三大功能框架。

（三）数字平台建设之"术"

"术"是指导数字平台具体落地的技术架构，是最为接近产业实际的层面，因而也最为复杂。围绕数字平台建设之"法"所定义的"云基础设施、数据智能、数字服务"三大框架，"术"在架构层面的指导原则是：以用户为中心的云边端一体化云基础设施，以数据驱动为中心数上智下的数据智能，以应用为中心云原生服务化的数字服务。

1.以用户为中心的云边端一体化云基础设施

传统产业数字平台的云基础设施，并非单一公有云或私有云架构所能满足、最适合传统产业现状的云基础设施架构，应是由中心云、区域云和边缘云共同组成的分布式混合云。通过分布式混合云基础设施的建设，构建云边端一体化的三级架构，实现传统产业算力资源的广泛布局，满足传统产业随时、随需、随地，以及强监管、低时延、高可靠等特殊场景下的算力需求，并通过一致的云管服务和使用体验，构建真正"以用户为中心"的传统产业云基础设施。

2. 以数据驱动为中心数上智下的数据智能

传统产业用户数据智能建设，不能简单围绕数据采集汇聚、加工处理和分析应用等数据资源化阶段的功能需求开展，而应立足数据资源化，同时面向未来数据资产化和数据资本化阶段进行构建和规划，利用区块链与隐私计算等技术，实现数据资产自由可信与安全合规的流通。兼顾云端数据智能与边端感知智能，构建企业广域空间内覆盖全场景的"数据→智能→更高质量数据→更高精度智能"闭环驱动、自我进化，以及"数据上行、连接万物，智能下行、万物觉醒"的数据智能平台。

3. 以应用为中心的云原生化数字服务

数字平台的建设要贯穿"软件定义平台"和"云原生定义软件"的核心要义，以云原生运行时为数字平台操作系统，将软件定义后的数字技术，以及产业数字化后的数字能力，以产品化和服务化方式上架至基于云原生构建的应用服务市场，构建围绕数字服务的行业应用市场生态，打造"以数字平台为函数，以行业场景为输入，以数字服务为输出"的产业数字化能力函数，为传统产业孵化数字产业第二增长曲线。

根据数字平台建设的"道""法""术"三层指导原则，结合传统产业数字化转型十大数字技术，融入传统产业数字化转型实际场景需求，我们提供了如图1-7所示的数字技术平台参考架构实现。

第一章 数字科技与产业转型：科技重塑产业，平台赋能转型

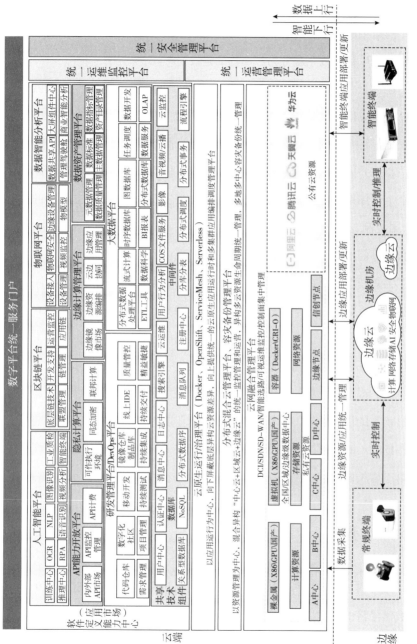

图 1-7 传统产业数字化转型数字技术平台架构实现参考

该参考架构充分践行了数字平台是"融合技术、聚合数据、赋能应用"的数字服务中枢理念，以及以智能数字技术为部件、以数据为生产要素、以标准数字服务为产出物的建设目标。

通过云、网、边、端和应用的一体化协同，建立了联接企业云端、边缘应用和数据的立体化数字赋能平台；以云原生为数字平台操作系统，将全部软件定义下的数字能力以产品形式上架至数字服务能力中心，并以PaaS+SaaS服务化形式对外提供服务，形成软件应用云端全生命周期统一管理、统一控制、统一分发，以及边端独立运行的"云端控制、边端运行"分布式应用架构；通过人工智能、物联网、大数据等前沿数字技术的整合与应用，实现由云端智能数据分析向边端侧感知智能、泛在智能的转型，构建"数据上行、智能下行"的闭环驱动智能数据应用平台；通过区块链、隐私计算等前沿新技术整合与应用，为企业由信息互联网向价值互联网的迁移，以及数据要素资产化时代下数据价值的可信与安全流通提供技术赋能；通过软件定义能力中心或应用市场的建设，充分践行数字平台"以标准数字服务为产出物"的设计思想，将软件定义后的行业能力以产品形式上架至应用市场，不断积蓄产业数字化转型建设成果，为传统产业孵化数字产业第二增长曲线。

本章小结

数字科技是连接科学、技术与产业的纽带和桥梁，是构建国家未来数字经济的基础力量。产业数字化是数字经济的主体部分，数字经济的发展过程就是各产业数字化的过程。以云原生、分布式云、边缘计算、云网融合、5G 专网、人工智能、区块链、物联网等为代表的十大数字技术对传统产业的渗透和数字化赋能,实现前沿数字技术与传统产业的深度融合,是传统产业数字化转型的核心。而数字技术平台的建设,则是数字技术赋能产业、业务与技术实现融合的必然要求。

在本章中,我们不仅深入阐述了数字科技与产业数字化、数字经济和工业革命的关系内涵,还重点介绍了传统产业数字化转型十大数字技术、四大主要范式,以及五大常见问题。同时还介绍了数字技术平台针对产业数字化困境的破局之道,以及传统产业数字技术平台建设的原则和架构实现参考。事实上,本章内容也是全书内容的总体介绍部分。在后续章节中,我们将针对传统产业数字化转型中的十大数字技术,逐一进行深入分析和技术认知,并阐述十大数字技术在传统产业中落地应用的路径阶段和架构实现。

第二章

云原生技术体系：向云而生，重构产业

互联网革命正在进入"下半场",数字经济进入历史机遇期,软件正在成为数字经济时代人类社会的"基础设施",正在"重新定义"传统物理世界基础设施和社会经济基础设施,人类文明将运行在软件之上。

——中国科学院院士　梅　宏

没有集装箱,就没有全球化;没有云原生,就没有数字化。从大型传统企业到互联网巨头,从百年老店到创业新星,从大政方针到民间资讯,数字化的理念和口号无处不在,全社会数字化觉醒时代已然到来。然而,纯粹数字化转型方法论的阐述,不会也不能将传统产业摆渡至数字原生的彼岸,我们需要看到的是支撑数字化时代的底层逻辑和数字原生时代的核心生产力。如果数字化时代即将带来新的企业生产关系,那么与之相匹配的生产力又是什么?如果云原生技术体系是传统企业在数字化时代的核心生产力,那么传统企业又应该如何构建云原生技术体系?在本章中,我们将介绍传统企业数字化转型的底层逻辑,分析云原生技术体系对于传统企业数字化转型的价值和意义,阐述传统企业数字化转型为什么需要云原生技术,以及传统企业如何基于"立而不破"原则构建云原生技术体系，最终渐进式成为全面云原生的数字化企业。

第一节 云原生以及通用技术大变革

一、云原生与云计算

CNCF（Cloud Native Computing Foundation，云原生计算基金会）对云原生的定义是："云原生技术有利于各组织在公有云、私有云和混合云等新型动态环境中，构建和运行可弹性扩展应用。云原生的代表技术包括容器、服务网格、微服务、不可变基础设施和声明式API。这些技术能够构建容错性好、易于管理和便于观察的松耦合系统。结合可靠的自动化手段，云原生技术使工程师能够轻松地对系统作出频繁和可预测的重大变更。"云原生的概念最早由毕威拓（Pivotal）的资深架构师Matt Stine在2013年提出。简单来说，就是在云计算的时代，越来越多的应用会向云端迁移，基于云的架构设计和开发模式都需要一套全新的理念去承载，这些理念归结起来就是云原生思想。

事实上，关于云原生的定义，业界有不同的认知与理解，并无明确唯一的定义，主流观点认为云原生是指围绕基础设施、应用架构、开发运维等场景，让软件系统更加弹性、容错可靠、松耦合、易管理、可观测，充分释放云计算的优势，提升软件定义和重构世界效率的技术体系，其代表技术包括容器、服务网格、不可变基础设施、声明式API和无服务器计算（Serverless）。从笔者的理解来看，云原生并不存在确定性的统一定义，其代表的是一种在基础设施云之上、以应用构建为中心的技术和理念趋势。

从技术演进的角度来看，云原生是云计算作为通用技术大变革的必然产物，是云计算的再升级或高级形态。云计算的优势是将计算、存储、网络等资源进行集中池化，进而实现基础设施的大规模集约化管理，满足应用弹性、分布式的资源诉求，并通过基础设施即代码（Infrastructure as Code，IaC）的方式进行资源管理，云计算的出现极大变革了传统基础设施资源的供给、管理和运维模式。在云计算持续发展的基础之上，云原生更进一层，通过基于云计算的全新软件架构设计和应用开发交付方式，最大化利用云计算的技术优势，来构建具有敏捷性、高弹性、容错性、自愈性，以及可扩展、可观测、松耦合等特性的应用系统，云原生有效解决了业务需求的"快"与分布式复杂基础设施"稳"之间的矛盾。

从技术驱动商业变革的层面来看，云原生是指企业充分利用云计算的先进技术红利，构建现代化的软件架构和应用系统，聚焦业务开发与应用创新，充分释放业务价值，进而为企业实现降本增效的最佳实践和方法论，云原生是云计算赋能商业变革的最短路径。

作为通用技术大变革演进的必然阶段，云原生技术架构的出现不仅是云计算的大升级，更是云计算作为全社会通用技术最可能的终态。云原生以一套技术体系支持任意负载，运行于任意云环境之上，从而解决了大型传统企业多年来的分布式异构基础设施难题，为传统企业数字化转型构建起应用从"传统"蜕变至"现代"的最佳路径。另外，借助云原生边缘计算的东风，传统企业便可就地"腾笼换鸟"，一跃进入分布式云网边端大一统架构，从而为产业互联网时代的到来提供云随业动、算力全域覆盖的先进技术架构，进而从底层能力上确保了传统企业在产业互联网时代的领先和主导地位。

二、云原生是云计算通用技术大变革的必然

从技术演进发展的历史角度来看，任何一场通用技术的大变革，都会经历两个发展阶段。第一阶段，是新技术本身的出现、崛起和发展，以及围绕这项新技术的应用和产业链的伴随发展；第二阶段，则是通用技术逐渐成熟，并开始应用到社会各个行业，成为全社会通用的技术基础，进而开始全面解构和重构传统产业结构。

以电力革命发展为例，电力发展第一阶段，以爱迪生与特斯拉直流电和交流电的世纪之争为标志，随后发电设备、发电厂、电网、电灯等产品高速发展，最终出现了以通用电气公司为代表的标志性企业。在这一阶段，虽然电力本身的制造传输以及围绕电力本身的产业链得到了长足的发展，但是电力仍然未被广泛应用于社会各个行业，蒸汽机仍然是世界前进的引擎。电力发展第二阶段，得益于第一阶段技术的发展和应用，电力开始重构蒸汽机牵引下的传统世界，以福特汽车第一条电气化流水生产线为标志，电力被广泛应用于社会各个行业，旧世界的冰冷机器开始在电力的驱动下重新焕发新机。蒸汽机时代的结束和电气自动化时代的到来，是电力作为全社会通用技术的象征和标志。

（一）云计算通用技术大变革发展第一阶段

云计算作为继电气自动化革命后，推动全社会向数字化和智能化

时代转型升级的又一场通用技术大变革，目前正处于大变革发展第一阶段和第二阶段的交汇点。作为未来数字化和智能化时代的通用技术，云计算从全面普及至现今，经历了近十年的发展，这是云计算作为通用技术大变革发展的第一阶段。十年间，云计算本身的技术发展从虚拟化到容器化，从容器编排引擎到服务网格，再到无服务器计算迅速发展演化，云服务模式从公有云和私有云之争到混合云、边缘云和分布式云共存，基于云计算的技术和服务理念，诞生了亚马逊AWS、微软Azure、阿里云和腾讯云等以提供云服务为主要业务方向的云计算巨头公司。

经过第一阶段近十年的黄金发展期，云计算技术本身，以及基于云计算的创新应用得到了奠定性、长足性的发展，围绕云计算的商业模式和生态模式也得到了充分验证。同时，第一阶段的发展，不仅使得云计算改变了数字经济基础设施的建设和供给模式，还在很大程度上影响了人们工作、思考和创业创新的方式，改变和重塑了全世界软件产业的生产及产品交付模式，从源头上推动了全社会向数字化和智能化发展的进程。

（二）云计算通用技术大变革发展第二阶段

无论是"互联网+"或互联网下半场，还是产业互联网或企业数字化转型，其核心要义都是利用以云计算为代表的新一代通用技术对传统产业进行解构和重构，进而实现传统产业结构的升级。2019年暴发的全球公共卫生事件，则加速了这一阶段的到来，也即云计算作为通用技术大变革发展的第二阶段。第二阶段的发展并非强调通用技术本身的进化以及配套产业链的完善，而是聚焦通用技术如何被广泛应用于社会各个行业,如何去解构和重构传统产业。对云计算而言,则是如何以最短路径、最低成本和最简易方式将云能力释放到传统产业,帮助传统行业快速升级重构,实现数字化和智能化。显然,这一问题的答案便是云原生。

云原生技术通过方法论、工具集和最佳实践重塑了整个软件技术生命周期,云原生架构对云计算服务方式进行了整体性升级,深刻改变并重塑了整个商业世界的 IT 根基,云原生已成为解决重构传统产业历史之痛的最佳途径。因此,云原生也肩负着云计算能否跨越通用技术大变革第二阶段、成为社会各个行业真正通用技术的历史使命。换言之,云计算发展至今,已经走出以资源云化为中心的第一发展阶段,并进入以云原生技术为核心、以云原生应用为中心、以云化重构传统产业为使命的通用技术大变革发展第二阶段。

云计算大变革发展第二阶段,也是云原生技术被广泛使用并将带来传统产业结构性升级的阶段。但是,我们也必须认识到这将会是一个漫长而痛苦的过程,对传统企业而言,从底层认知到能力现状再到组织结构,都需要打破、重构,而且这个过程充满了不确定性。虽然云原生技术的应用可以最大限度地降低重构过程中的痛苦和不确定性风险,但是重构必然痛苦,同时也无可避免。

在行为经济学中,人类选择有确定效应:在确定收益和"赌一把"之间,多数人会选择确定收益。与此对应的是反射效应:在确定损失和"赌一把"之间,多数人会选择"赌一把"。在数字经济的新大陆里,传统经营模式、经营理念和系统架构所描述的就是一张旧地图,旧地图找不到新大陆,即使找到也无法生存,这是确定的。而利用云原生带来的先进技术手段,对传统产业进行解构和重构,再绘一张新地图，寻找企业增长第二极，虽然这个过程具有一定的风险和不确定性，但是相对于产业原地不动、不重构和不转型所带来的确定要被淘汰的风险，这也是前进道路上唯一可选的正确之路。这个过程中，我们所需要的，是对未来坚定的信念和执着的信仰。当云计算真正像电力一样，成为全社会普适通用的技术基础，今天我们所经历的一切痛苦与不确定性，都将成为岁月封存后的辉煌历程。

三、传统产业在通用技术大变革中的不同阶段

从通用技术大变革发展必经的两个阶段的论断来看，云计算在第一阶段自身技术大发展的进程，在 2018 年后基本画上阶段性的句号，同时以云原生技术为代表的第二阶段大发展所需的核心技术已基本成型。因此，业界普遍认为 2019 年是云原生技术元年，而 2020 年则是云原生技术落地的元年。

就传统企业而言，在云计算发展的第一阶段，主要是将业务从线下搬至云上，把业务简单部署和运行在云上，可以称为"on Cloud"（托管上云）。云计算发展第一阶段以资源池化为中心，解决了传统 IDC 时代运维、部署和扩容的难题，但是传统应用单体架构厚重、烟囱式架构等带来的一系列问题仍然存在，云对业务的价值主要停留在资源供给阶段，云的价值未能得到充分发挥。

在云计算发展第二阶段，伴随传统企业数字化转型的深入，企业开始对传统单体应用和部分商业化应用进行解构和重构，实现业务能力生于云、长于云，由过去的"on Cloud"进化到"in Cloud"。企业应用也需要从"面向云的迁移"向"面向云的架构"进化，此时企

业需要用以应用为中心、基于云原生的技术架构和服务来构建企业应用，借助全面云原生的基础设施、统一的编排调度，以及服务治理"Mesh化"和应用开发"Serverless化"的云原生技术优势，在云计算成长为各行业通用基础设施技术的同时，将企业的数字化建设和业务智能升级带入全新阶段。传统产业在云计算大变革不同阶段中的现状如图2-1所示。

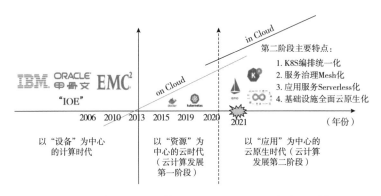

图2-1 传统产业在云计算大变革发展不同阶段中的上云模式

第二节 云原生重塑产业数字化底层逻辑

一、软件定义重构数字化底层逻辑

丘吉尔有句名言："能看到多远的过去，就能看到多远的未来。"回望过去，是预见未来的前提，在企业数字化转型中，只有当我们回溯本源、重新审视软件的价值和意义时，才会发现软件是数字化时代定义一切的根源。软件定义数字化企业，而云原生定义软件。如何理解软件定义与数字化转型之间的底层逻辑，如何在软件定义的世界中，通过以云原生为代表的先进技术，全面释放软件生产力，以软件定义的方式解构和重构传统产业，重塑符合数字化时代的全新生产关系，这是传统企业在制定数字化战略时应该看透的本质问题。

数字化转型的终态，必将是软件定义一切，而所有数字化企业终将成为软件企业。搁置时下数字化转型万千路径与方法论的喧嚣，聚焦数字化转型背后的本质，其无外乎通过技术手段将运行于底层物理世界的隐性规律以数字化模型方式显性呈现，从而帮助我们揭示和理解物理世界发生了什么，以及为何会发生，进而指导我们预判下一步即将发生什么和应该如何应对，并最终驱动物理世界向着最佳熵减方向运行的循环过程，即状态感知、实时分析、科学决策和精准执行。而这一循环过程可以简化为：运行中的物理世界—运行规律抽象—规律代码化实现—代码软件化运行—软件不断优化并控制物理世界最佳执行。

简而言之，数字化转型是通过数字化手段不断抽象并总结出物理世界的运行规律，进而指导企业生产决策，最终让企业在复杂多变的环境中具备抵抗不确定性的韧性和应对外部突发状况的灵活性。而在整个过程中，贯穿全部流程并起着决定性作用的，正是软件系统。软件本质上是物理世界隐性知识或规律显性化的载体，是事物运行规律的代码化，是一套数据在赛博空间[①]与物理空间内闭环自由流动、体现人类智慧和主观能动性的规则体系。企业数字化转型，在最终的实现上，就是软件定义新世界和软件重构旧世界的过程，在这个过程

---

① 赛博空间（Cyberspace）是哲学和计算机领域中的一个抽象概念，指在计算机以及计算机网络里的虚拟现实。

中，软件对传统产业的渗透重构程度，以及软件的优秀设计、敏捷开发、稳定运行和快速迭代能力，决定了企业数字化转型的成效和企业之间的区别。

半个多世纪以来，信息技术的发展无外乎两件事：一是通过技术架构的自我变革提升软件系统的开发效率和运行稳定性；二是通过更高级计算机语言的发明和更优秀软件代码的设计来描述和定义物理世界。两件事总结起来：信息技术所有领域自身的变革和发展，都是为了实现"软件定义一切"而服务。不论是在传统的大型机、小型机时代，还是如今的虚拟化、云计算或云原生时代；无论是古老的Fortran、Cobol、Basic语言，还是云时代的Python、Java和Go语言，其出现和存在的理由，都是为了更好的"软件定义一切"。

如果从数字化的角度来看世界，可以客观理性地说，世界高速发展的背后和时代变革发展的底层，正是无处不在的软件。"软件定义一切"是所有数字化企业的最终归宿和底层逻辑，只有真正理解其中的深层含意，才会真正明白"未来企业都是软件企业"这一论断的含义，也才能真正明确走向数字化彼岸的道路。对于传统企业的数字化转型而言，只有让"软件定义"渗透每一个生产制造和流通环节，才能将互联网基因与产业"供给侧"融合在一起，才能从根本上实现对传统产业的解构和重构，也才能为传统行业换装产业升级换代的数字化引擎。相反，如果只是简单地将互联网技术或工具应用于传统产业，而不以"软件定义"的形式彻底改造传统产业的基因，那最多只是利用新的技术手段来解决旧世界的问题，这不是转型，更不是变革，只是局部的目标优化，而非全局的模式创新。

辅以新工具，在旧世界的规则体系下循环改造，就如同封建社会下轮番的改朝换代，没有彻底重塑旧世界的生产关系，就算再先进的生产力，也不可能产生新世界。因此，以"软件定义"来重构产业，重塑生产关系，才是企业数字化转型最底层的逻辑。数字化转型，需要重塑的是企业全产业链、全价值链的创造过程，而非某个单一环节的效率提升。企业局部场景的自动化和无人化，并不代表企业数字化，最多只是新工具解决旧问题。以重塑经营模式为目标，以软件重定义全价值链为过程，通过解构和重构传统产业，实现传统产业结构的转型升级，这是数字化转型的本质诉求。

二、云原生技术定义软件重构全流程

软件重构世界，而云原生重塑软件。在软件重构世界的同时，支撑软件开发运行的技术架构也在不断地变革和发展，云原生技术的出现，正是这种变革和发展在云计算时代走向极致的象征。简而言之，云原生通过一系列先进云技术，将传统软件开发中与业务逻辑实现部分不相关的代码进行剥离（首先，应用的容器化实现了应用与运行环境的解耦；其次，应用的 Mesh 化，实现了应用与网络流量的解耦；最后，应用的 Serverless 化，则实现了应用开发与全部基础设施层的解耦），并将其归入云原生共性基础设施层，从而将开发者从复杂的运行环境中解放出来，进而只需聚焦业务逻辑的软件实现，极大降低了软件开发的复杂度，大幅提高了软件开发部署和运行维护的效率。

云原生技术的出现，代表了软件开发和运行效率的革命性变化，云原生再造了"软件定义一切"的流程，而软件对新世界的定义和对旧世界的重构过程，也得到了革命性的重塑。事实上，从信息化时代开始,作为人类改造和控制物理世界最直接有效的手段,软件早已无处不在。在传统制造业,软件定义正将产品从"一代材料,一代装备"的物理空间,定义到"一代软件,一代装备"的赛博空间,在软件定义的数字孪生世界中生产设备、经营企业,在数字空间感知、决策和控制物理世界,是传统行业数字化转型想要达到的终态。

但是,我们也应该认识到,软件产业发展至今,已经形成了自己独有的行业特色和标准体系。基于传统标准体系的软件代码已深刻嵌入了实体世界,同时软件本身的实现也变得越来越复杂,耗费在软件开发、升级、维护方面的工作量越来越大,软件重构和改造的成本与风险也越来越难以被接受,以软件定义的模式去解构和重构传统产业,在旧有技术体系下变得困难重重、举步维艰。渐进式的局部技术创新,已经满足不了时代变化对企业发展的诉求,旧有技术体系下的"软件定义"需要被重新定义,代表了新旧技术架构大迁移的云原生技术应运而生,正在开启软件重定义的新时代。

云计算的出现打破了"软件定义"的旧有规则体系,而蜕化于云计算的云原生技术,正在建立一套全新的"软件定义"标准规范。云计算正在重构传统软件架构体系和商业模式,软件运行的基础设施正从僵化、昂贵的物理设备向高弹性、低成本的云基础设施转变,软件开发模式从瀑布式向敏捷式发展,软件架构由单体向微服务和无服务器计算架构演化。伴随容器等新一代云原生技术的大规模应用,可解耦、可重构、可移植、可弹性伸缩、可自愈、可敏捷开发和快速部署的软件应用正在渗透传统产业的生产制造和经营管理环节。

通过云原生技术的应用,例如利用容器和微服务的拆分封装能力,可以将传统产业大量的工业技术原理、行业知识、基础工艺、模型工具等规则化、模块化，并封装为可复用的共享云服务组件。同时，利用云原生技术，还可将传统软件架构不断解耦并封装成一个个以微服务形式存在的功能单元，并最终以云服务形式构成一个微服务池。当云平台上积累了大量蕴含着工业技术、知识、经验和方法的共享组件和微服务池时，通过简单、灵活的调用，即可快速实现面向特定场景软件系统的开发与部署，进而便可快速通过全新技术体系下的"软件定义"重构业务流程、再造商业产品、重塑商业模式。而我们对传统产业的解构和重构，在云原生技术体系的驱动下，将得以真正地落地和实现。

软件重构世界，云原生重塑软件；云原生之于软件，正如水之于鱼。而软件定义下的产业重构，则在云原生技术的助力下开始如鱼得水。

第三节　云原生的初衷与本质

在前文中，我们介绍了云原生的定义、云原生与云计算的关系以及云原生与企业数字化转型之间的底层逻辑关系。但是，我们仍然不清楚为什么云原生技术体系会出现并迅速发展壮大，以及云原生技术体系诞生的初衷和要解决的本质问题是什么。只有从历史的角度彻底理解云原生发展背后的这些问题，我们才能够真正理解云原生对于传统企业数字化转型的价值和意义。在本节中，我们将重点研究并回答以上问题。

一、云原生构建"敏""稳"兼具的复杂系统

从云原生的发展历程来看,其在早期的出现,源自互联网企业解决上层大型分布式应用快速迭代的诉求和底层分布式基础设施稳定运行的要求时所归纳的方法论和最佳实践。在消费互联网迅速崛起和野蛮生长的年代,大部分互联网公司均建设了应对海量访问和高并发请求的大型分布式复杂系统,而为了快速开疆辟土、降维攻击,实现业务的快速增长,这些复杂系统通常需要快速迭代、高频发版,同时还要保障其运行稳定性,这对于当时的工程师而言,就犹如在高速行驶的列车上更换轮毂。

为了解决大型分布式复杂系统从开发、部署,到运行、运维的全流程敏捷与稳定性问题,工程师们针对基础设施和软件架构提出了弹性、敏捷不可变基础设施、反脆弱性、基于 API 的协作,以及模块化、松耦合、可观测、可追踪、面向微服务和自动化管理等资源需求和软件开发设计理念。而随着云计算技术的发展,这些理念最终演变成以容器、微服务、不可变基础设施、声明式 API 和服务网格等为代表的技术体系,也即今天所谓的云原生技术体系。

由此可见,云原生技术体系及其理念演变的背后,其所要解决的,就是通过一系列软件架构的变革和方法论,解决分布式复杂系统变更缓慢与不稳定的问题,进而确保企业既能以最敏捷快速的方式响应市场的需求变化,又能气定神闲地确保复杂系统在敏捷迭代中稳定运行,同时还能实现整个过程的简洁化、自动化和高效化。

就产业数字化而言,既然云原生源自消费互联网,那么云原生对于传统企业的意义又何在?事实上,如果某个传统企业具有足够高的

行业垄断和壁垒,而企业发展仅需维持现状或稳定运行,那么传统的企业级 IT 架构,配以商业系统和外部合作伙伴,事实上也并无不好,反而可能更适合企业自身。因为云原生的种种诱惑其实也意味着封装了更多的复杂,其技术门槛的高度也并非厘米之间,"less is more"(大道至简)是架构设计背后不可避免的哲学。但是,在全行业开展数字化转型竞赛、互联网企业全力迈向产业互联网的时代,又能有多少传统企业仅凭行业壁垒来生存,我们看到的往往是倒地的大象,且大象身体还是温的。

所谓传统企业无须敏捷和快速响应,究竟是因为业务需求及其发展本身存在的客观变化很慢,还是因为人为主观能动性的抵触使得企业变化缓慢?在互联网行业碾压式的攻击和诸多传统企业艰难喘息的事实之下,答案越来越倾向于后者。事实上,在传统企业走向数字化和产业互联网转型的过程中,当"产业 + 互联网"开始盛行时,曾经消费互联网需要解决的问题,产业互联网也会遇上,而且会面临更多的新问题。虽然传统企业应用系统以"稳态"著称,但是在产业互联网时代,传统企业需要的不再仅限于"稳态",而是需要兼具"稳态"和"敏态",而让二者皆可得正是云原生技术的初衷。

临渊羡鱼,不如退而结网。传统企业需要看到的,不是来自互联网企业的云原生,而是云原生为互联网企业解决了什么问题,带来了什么红利。传统企业需要的是"师夷长技以制夷",利用来自消费互联网的先进技术,在产业互联网时代重塑自己的产业,重构自己的竞争优势以变革自己、抵御跨界外敌,从而夺取产业互联网的主动权和领导权。

二、云原生利用先进技术降本增效

长期以来，业界通常认为传统企业的技术体系以围绕 CT 和 OT 领域构建为主，而以云原生为代表的新一代 IT 技术，则是消费互联网行业为满足自身发展需求而演化出的产物，具有较强的消费互联网行业属性，而不具有产业互联网的普适通用性。此外，也有部分传统行业观点认为，虽然云原生技术具有跨时代的先进性，但是在传统产业特有的行业壁垒和固有的流程复杂度面前，云原生不过是与己无关的另一世界喧嚣，跨界渗透仍是遥远的未来。

然而，诸如此类掩耳盗铃、自我蒙蔽的观点，往往也正是大变革时代里反复上演的"消灭你，与你无关"的开始。历次工业革命的历史结果表明，在通用技术的大变革面前，不存在行业上的边界之分，只存在时间上的早晚之别。以上各种观点的存在，在于传统行业并未真正理解云原生的本质。从企业经营的角度来看，云原生的本质，是一套利用云计算技术为企业实现降本增效的最佳实践和方法论，而其核心本质正是企业的降本增效。

传统企业在看到云原生技术先进性的同时，也需要看到云原生技术背后的核心商业本质。从技术先进性的层面来看，云原生是云计算的再升级或高级形态，是云计算作为通用技术大变革发展第二阶段的产物，是云计算作为通用技术大变革的终态；从技术背后的商业本质层面来看，云原生是指企业充分利用云计算的先进技术红利，聚焦业务开发与应用创新，充分释放业务价值，进而为企业实现降本增效的最佳实践和方法论。

企业借助云原生的先进技术，可以以最快、最敏捷的速度响应业务的需求和变化，构建企业应对市场不确定性环境的韧性能力，满足市场竞争的需求，实现企业的增效。同时以最接近业务创新的方式聚焦应用开发，屏蔽低价值、高成本、远离业务场景的非核心底层技术工作，以全流程自动化的方式实现复杂应用系统的敏捷交付与稳定运行，实现企业的降本。而作为一套"利用云计算技术为企业降本增效"的最佳实践和方法论，正是云原生最核心的商业价值和本质，也是数字化时代下全行业均在全力拥抱云原生的根本原因。

第四节 云原生在产业数字化中的价值意义及建设路径

在云原生技术发展的初期，大中型互联网企业主导云原生产业发展，与此同时技术应用快速向垂直行业扩展。时至今日，云原生已非互联网头部科技企业的专属，而是成为新常态。容器化需求从行业头部企业下沉到中小规模企业，从领先企业尝鲜变为主流企业必备，而传统企业，也在数字化转型和云计算变革大发展的双核驱动下，正在成为产业互联网和云原生的主战场。

通过技术架构的层层抽象与封装，云原生屏蔽了底层分布式异构基础设施的差异性，封装了上层个性化软件应用的运行时，实现了底层基础设施与上层应用软件彻底性、变革性的大解耦，进而提供了基础设施标准化的能力和软件应用敏捷开发、任意云环境交付运行的能力。这在技术发展史上首次统一了基础设施与软件开发交付流程，首次实现了以一套技术体系支撑任意软件负载，运行于任意异构云环境之上。软件行业生产力和云计算价值得到史无前例的释放，软件应用的一次开发、无差别幂等运行,以及统一调度和自我愈合成为现实。

云原生将传统企业从异构分布式基础设施横行的窘境中解放出来,并就地迁移至产业互联网时代的云边端一体化架构,赋予了传统企业底层基础架构设施全新的生命力,同时还赋予了传统企业从技术鄙视链最底层换道超车、跃迁至"产业+科技"型领先企业的极佳机会。从传统企业自身现状和云原生技术本质来看,云原生技术体系对于传统企业最核心的价值意义主要体现在两个方面。

一是以标准化的方式结束了大型传统企业基础设施多年诸侯割据的建设局面。传统企业长久以来信息化建设"形散神亦散"的历史现状得以"腾笼换鸟",并借助边缘云原生技术实现立而不破的"凤凰涅槃"。技术一体化的集中式管控与个性化场景分布式运行在技术发展历史上首次得到最佳平衡,传统大型企业被诟病多年的分布式孤立异构基础设施架构得以大一统。一体化的技术架构支撑任意应用负载,运行于任意异构基础设施环境上成为现实。

二是彻底摆脱底层非业务核心复杂技术平台的束缚,最大化释放了云计算价值,将互联网先进技术理念带入工厂车间,变革性解放了软件生产力,让传统行业的创新以及创新的方向回归业务本质。云原生为传统企业的转型发展带来了最好的时代机遇和最先进的技术引擎,赋予了传统企业转型成为产业互联网时代主导者的底层能力。

一、异构基础设施与任意软件负载的大一统

(一)传统企业技术架构的分裂现状与原因

长期以来,由于诸多历史原因和技术架构本身在分与合中的演

进，大型多元化传统企业基础设施多以分散建设为主，下属各企业之间拥有彼此独立的技术团队，及其所选用且与本行业密切相关的技术使用栈，多年"诸侯式"的分裂建设致使企业内部从算力资源池到数据生产要素、从操作系统到中间件选型、从流程办公辅助软件到核心生产系统，均呈现出异构多样、杂散而孤立的现状。

一言以蔽之，企业处于场景散、系统散、数据散、流程散和组织散的"五散"状态。企业总部与分支机构之间的技术管控"形散神亦散"，总部技术平台一体化集中管控的诉求，与分支机构业务场景复杂多样化和分散运行之间的现实，形成了鲜明对比，并已成为企业迈向数字化时代的最大包袱和数字鸿沟。而如何化解这种历史包袱、跨越数字鸿沟，并实现底层分布式异构基础设施和上层多样化应用负载运行时的统一，是所有大型传统企业在踏上数字化征程前都必须思考和解决的技术架构问题。

相比天然集中式和线上化运营的互联网企业，大型传统企业多以线下分散经营为主，业务极其多元化，场景较为个性化、特殊化，实时性、可靠性、安全性和稳定性要求极高。传统以资源为中心的云计算模式，以及简单的上云迁移并不能也无法根治传统企业的"五散"问题。

就传统企业而言，业务场景的特殊性，以及"隔行如隔山"的个性化需求，正是造成大型传统企业长期以来诸侯割据，技术架构难以实现一体化，从而导致企业呈"五散"现状的原因。从市场竞争的角度来看，灵活个性方可百舸争流，但是从技术架构的角度来看，任何个性化需求都可被封装，并通过抽象层来实现标准化的满足。尤其是在传统企业，"个性化"不应当体现在底层基础设施上，而应表现在上层软件应用的实现和市场化产品的设计上。

个性多样化基础设施的存在，对于数字化企业而言，除了徒增复杂性，便是作茧自缚。在产业互联网时代，企业之间的核心竞争，不在于基础设施的差异化，而在于代表了企业经营内涵和业务创新的应用软件差异化。伴随云计算作为通用技术的大发展，企业基础设施终归走向标准化和统一化。软件应用才是未来差异化的唯一方向，才是企业竞争的真正核心。

（二）云原生实现异构基础设施与差异多样化应用负载大一统

事实上，大型传统企业业务场景的多样性，必然决定了算力的层级分散性和异构多样性。从终端到边缘、从边缘到区域、从区域到云端，终端嵌入式算力、离散边缘云算力、中心私有云算力、混合公有云算力，泛在算力随业而生，计算无处不在。不同层级的异构算力之上，又承载着功能各异的多样化应用，离散多样化的异构算力承载着差异化场景下的个性化应用，这便是传统行业的真实写照。如果不能对离散多样化的异构算力和场景差异化的个性应用进行标准化实现和一体化管理，则传统企业云上云下系统不通、数据不合、算力不聚，以及生产要素诸侯割据的现状也将无法改变，企业数字化更是无从谈起。

云原生技术架构对于大型传统企业数字化转型的意义，就在于其以"快刀斩乱麻"之势，利用标准化的"快刀"切割开"如乱麻"的底层多样化异构基础设施和上层个性差异化的应用，形成云计算的新界面，而这把快刀便是以 Kubernetes、容器等以新技术为主的云原生操作系统。

云原生操作系统以容器镜像封装上层分布式多样化软件和个性差异化场景应用，以 Kubernetes 屏蔽底层异构基础设施，实现了多样化软件应用在差异化基础设施资源上的统一调度，形成内可包罗万象、外则整齐划一的一体化技术架构，将底层异构基础设施抽象成统一运行时，并且无挑剔承载运行上层多样性和差异化的企业应用，也即向上承载多种工作负载和分布式架构应用，向下封装异构基础设施，屏蔽底层架构差异，向外拓展云计算新边界，形成云网边端一体化架构（如图 2-2 所示）。以一套技术体系支持任意负载，运行于任意云环境，这才是云计算真正的革命，也是云原生最核心的能力。

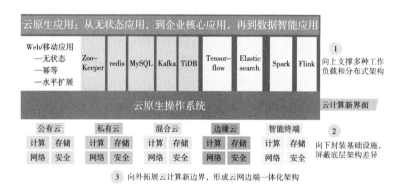

图 2-2 云原生操作系统对异构基础设施和任意软件负载的大一统

（三）云原生大一统对传统企业的价值和意义

基于强大的云原生资源抽象和管理能力，传统企业长期以来相对割裂的计算资源将被整合为一体，真正实现资源池从离散多点到统一资源面，一统企业广泛存在的终端、边缘、区域和中心算力资源，实现企业分布式异构层级资源池的大一统，并在云原生操作系统的统一调度之下，构建覆盖全域业务的巨大弹性算力，这正是云原生为传统企业带来的最大变革。

利用云原生这一核心能力，大型传统企业将在历史上首次迎来技术架构的一统。中心化的管理和分布式的运行将以最小成本的付出变成可能，传统行业数字化转型线上集中管理的理想与个性化场景线下分布式运行的现实之间的矛盾，首次得以解决。

因此，云原生对于传统企业而言，其价值与意义不仅仅是技术架构的简单转型升级，也不仅仅是将业务系统由"稳态"改造为"敏态"，更多的是赋予了传统企业由"分"到"统"的变革能力，这种能力是传统企业以往所不具备的。而这种能力之于企业的意义，就如战乱疮痍时代的七国归一，书同文、车同轨，随后而来的是华夏五千年的文明。云原生之于数字化时代的传统企业，正是"书同文、车同轨"的能力，也是每个传统企业焕发新机、延续生存的底层能力。

二、软件系统架构重塑与生产力的全面释放

（一）传统企业软件系统架构现状与原因

与互联网创新型科技公司快速试错、及时调整、小步快跑的业务发展思路不同，传统企业更关注投入产出比例，创新容错机制相对缺乏或苛刻，"万里长城永不倒"的守旧心态挤压着居安思危的自主创新动力，加之传统软件开发本身的复杂性，及其带来的高投入与产出回报之间的不确定性，致使传统企业在科技创新和软件开发方面的投入长期以来捉襟见肘。

与之相对应的现状，是传统企业技术团队缺失，自主力量羸弱，商业系统重重孤岛，技术债务层层高筑，技术架构耦合腐化，企业经

营和流程运转构筑于各类商业软件之上。业务开拓与创新寄托于外部开发力量,外包开发甚至主导着企业的信息化和数字化建设,自有技术团队疲于应对基础设施的稳定运行、安全防护和换代升级,行业流行的敏捷开发、快速交付和持续迭代等新一代技术架构驱动下的业务创新,永远是别人家里的先进技术,可见而不可得。

此外,传统企业通常 ERP、CRM、MES、PLM、SCM 等商业系统孤岛林立,ESB 横向拉通,异构多协议集成转换,名曰系统整合、数据打通,实则硬化套牢、千丝万缕、动弹不得,环境突变反应迟钝,基础设施弹性缺乏,技术架构耦合腐化,商业软件画地为牢,系统集成错综复杂。无论是风口抢占、政策调整,还是业务发展主动思变创新,皆是心有余而力不足。所谓传统企业,过往大抵莫过如此。

(二)云原生重塑企业软件系统架构

传统企业曾经引以为豪的商业软件,在数字化时代正成为企业自我铸造的牢笼桎梏,看似庞大,实则僵化。硬化愚笨之躯,多倒于善变多事之秋,唯有深沉的内力与韧性,才是企业于不确定环境中自我变革与进化的原动力。在韧性和内力的背后,正是企业定义一切的"软件"能力,以及支撑这种"软件"能力的现代化技术架构。而这种先进技术架构的诞生,已历时半个多世纪,并经历了否定之否定的螺旋发展,才沉淀为今天的云原生。

云原生技术架构的出现,赋予了传统企业快捷灵敏、换道超车的极佳机会,从四平八稳矗立远眺的心急如焚,到七十二变自由筋斗的任我随行,在云原生时代,传统企业也能从内而破,守住产业互联网的主场优势。变革性的技术正在推动大变革时代的到来,而云原生的普及,正是大变革时代即将到来的前奏。

事实上,云计算已经历了十余年的迅速发展,然而对于大多数传统企业而言,大量应用使用云的方式仍然停留在传统IDC时代:虚拟机被当成物理机使用,应用数据文件保存,传统的应用打包与分发,自带大量三方技术组件,未经架构改造的线下应用原封不动搬迁至云端,线下纠缠不清的系统群迁移云端依旧如故,如此等等,不一而足。

虽然对于如何使用云技术,没有绝对的对与错。但是在云时代如果不能充分利用云的强大能力,不能从云技术中获得更高的可用性与可扩展弹性能力,也不能利用云提升应用从开发到发布和运维的效率,那么即使把传统企业全部搬迁上云,也不过是新工具处理老问题,系统臃肿僵化、软件开发效率低下、应用发布标准不一、系统运行错综复杂、烟囱孤岛林立的旧问题依然得不到实质性的改善。

而所有这些问题都指向一个共同点,那就是云时代需要一个更亲近于云的技术架构,来帮助企业更好地利用云计算优势,充分释放云计算的技术红利,让业务更敏捷、更低成本的同时又具备更灵活的伸缩性,而这正是云原生架构的使命。

(三)云原生全面释放软件开发生产力

云原生是云技术大变革发展的第二阶段,是云计算的再升级,也是更进一步的云计算形态,其追求最大化利用云技术模式,通过重塑整个软件生命周期,充分发挥云计算的生产力。从技术的角度来看,云原生对软件生命周期的重塑,除了以标准化交付方式极大提升软件交付效率和降低运维成本，还在于变革性改善了当今应用的开发模式。

通常而言，应用软件由业务代码（实现业务逻辑的核心代码）、三方软件（如三方依赖的业务库和基础库）以及处理非功能特性（如高可用性、弹性、安全性、可观测性、灰度等）的代码组成。而从现实角度来看，只有业务代码才能给业务带来真正的价值，另外两个部分只是为了确保业务代码的正常运行而存在的附属物。但是随着软件规模的增大、业务模块的增多和分布式复杂性的增强，当今软件的构建正在变得越来越复杂，越来越臃肿，对专业开发者的要求也越来越高。而开发者对"附属物"的关注度甚至超越对核心业务代码的投入度，尤其在传统企业，理解和掌握这些"附属物"本身的内在逻辑，通常意味着较高的技术门槛和投入产出之间的不确定性，而这也成为传统企业宁可外购外包、受制于人，也不愿自主开发而陷入不确定性的主要原因。

云原生架构比传统架构前进了一大步，通过最大限度地借助云计算的优势，将云应用中的非业务代码部分进行最大化的剥离，并将三方软件以服务化方式进行调用，使得应用中原有大量非功能特性下沉至基础设施平台并由其接管，从而缩小业务代码开发人员对复杂技术的关注范围，进而更加聚焦到核心业务逻辑的实现上，使业务逻辑摆脱底层支撑性、非功能实现依赖的同时，具备轻量、敏捷、高度自动化的特点（如图 2-3 所示）。

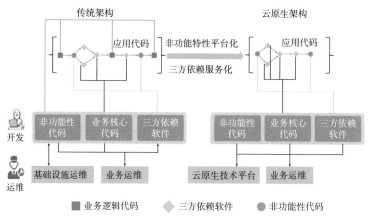

图 2-3 云原生技术体系最大化释放软件生产力

三、底层复杂基础设施的标准化与屏蔽封装

（一）云原生抽象并标准化底层复杂基础设施

严格意义上说，在由软硬件组成的应用系统中，业务代码以下部分都可归为非功能特性的实现。为了让业务代码的开发、交付和运行简单高效，灵活自如，云原生技术架构在物理服务器和应用代码之间做了层层抽象。从虚拟化、云管平台、虚机，到容器、编排引擎、服务网格、无服务器计算框架。

为了实现物理设备和应用代码之间的抽象，整个技术架构的演化历时了半个多世纪。每一层的抽象，都是一部波澜壮阔的技术革命史，都曾在全球范围掀起热潮，之后又归于平静，而每一层抽象的内部，都曾经历了先进技术新生与灭亡的交织进化，最终才沉淀出最能释放人类生产力的先进技术栈。每一层抽象都代表了开源社区的精神信仰和持续不断的努力贡献，同时也意味着复杂技术逻辑的标准化过程。当同时兼具最先进技术理念与最复杂技术逻辑的技术架构抽象层不断叠加，带给用户的将是冰火之歌、艰难决策。云原生技术最伟大的意义，就在于将历经半个多世纪沉淀下来、代表了人类最先进生产力的技术架构，以一种最简洁高效的方式呈现给用户（如表2-1所示）。

表2-1　云原生技术架构屏蔽底层基础设施复杂性

现代化IT架构层级	抽象层	抽象层名称	各抽象层代表性产品
应用层	第9层	用户应用	App1、App2、App3……
云原生基础设施层	第8层	无服务器	Knative、OpenFaaS、OpenWhisk
	第7层	服务网格	SpringCloud、Linkerd、Envoy、Istio
	第6层	编排引擎	Swarm、Mesos、Kubernetes
	第5层	容器	LXC、Garden、Docker、rkt、Containerd、CRI-O
	第4层	云计算	CloudStack、OpenStack、AWS、Alibaba Cloud
	第3层	虚拟化	Xen、KVM、PowerVM、ESXi、Hyper-V
	第2层	操作系统	Centors、RHEL、Windows、Ubuntu、CoreOS
	第1层	裸金属	X86、ARM、RISC-V、Power、Superdome、iSeries 400

（二）云原生屏蔽封装底层复杂技术架构

云原生技术架构对底层极其复杂的基础设施和运行时进行了有史以来最彻底的封装，进而实现了业务逻辑代码与非功能性基础设施的变革性解耦，软件定义下的业务创新得以在云原生架构上任意驰骋。长期以来，传统企业对互联网科技公司所采用的先进技术架构羡慕不已，却又囊中羞涩，迫于有限投入下的人才技术体系，眼看执耳者一路碾压降维攻击，纵然四面楚歌，却也只能望洋兴叹。

云原生技术架构的出现，以标准化和平台化的方式封装了先进技术背后的复杂性，为传统企业打通了技术代沟之间的隧道，让所有开发者站在了同一起跑线上。处于原始技术时代的传统企业，在云原生隧道的连通下，得以换道超车，追平互联网企业的技术阵营，以低成本的投入，享受到最前沿的技术红利。

四、云原生技术体系建设纵横推进的两个路径

时至今日，云原生所涉及的各类代表技术，如容器、服务网格、微服务、不可变基础设施和声明式 API，都已非常成熟，多数互联网公司和云服务厂商均构建了自身极为完备和成熟的云原生技术和产品体系。与此同时，尽管云原生在传统企业中的热度也在不断升高，但是鉴于传统行业，尤其是大型多元化传统企业长期以来业务发展的特殊性，如历史业务发展存留的大量传统架构应用系统，应用建设多年依赖外采和供应商所带来的自主能力缺失和技术债务，企业并购战略和多元化发展带来的存量分布式异构基础设施和差异化应用，以及涉及国计民生的制造、控制类现场实时特殊应用系统的大量存在，均给传统企业的云原生之路带来了异于互联网行业的极大挑战。

事实上，即使是互联网企业，云原生建设之路也并非一蹴而就，其探索过程也是循序渐进。因此传统企业的云原生技术体系建设，更应该结合自身实际，做好整体推进的顶层设计和长远规划，以兼顾过去、面向未来，夯基递进、立而不破的思路，平稳渐进地向云原生技术体系演化。通常而言，传统行业的业务形态、技术架构和技能体系均与互联网新生代企业存在较大差异。因此即使全行业都在迈向云原

生这个共同的目标,但是关于云原生的探索实践和推进落地的具体路径与方法却有所区别。

不同于互联网企业或中小企业以云端为中心的云原生应用构建,传统企业更多是基于混合云和分布式云的云边端协同一体化进行云原生应用构建。传统企业云原生建设之路也不仅局限于中心化云原生技术平台的建设,还需考虑兼容各类存量分布式的异构化基础设施,以及多场景、多语言、多平台依赖的差异化关键生产应用的云原生重构和开发需求,需要从中心云原生、区域云原生到边缘云原生,乃至终端云原生进行一体化的全局考虑,最终才能走向传统企业的全面云原生。鉴于传统企业,尤其是大型多元化传统企业的业务复杂性,我们认为传统企业的云原生建设之路,应分别从垂直纵向和水平横向两个维度分阶段逐层推进(如表2-2所示)。

垂直纵向主要从技术架构维度进行云原生技术平台的建设,包括混合分布式和云网边全域融合的弹性敏捷基础设施,一体化分布式云原生平台,以及以应用为中心的云原生应用管理平台等由下至上的云原生基础设施逐层建设。具体而言,可分为敏捷基础设施、云原生操作系统、以应用为中心三个阶段。

表2-2 传统企业云原生建设纵横推进的两个方向和三个阶段

云原生技术推进阶段	垂直推进方向(云原生技术)	水平推进方向(云原生应用)
第一阶段 (云原生1.0)	敏捷基础设施:异构混合多云、全域云网融合	寄于云上:应用迁移、托管上云
第二阶段 (云原生2.0)	云原生操作系统:无界云原生、云边端一体	生于云上:应用改造、混合原生
第三阶段 (云原生3.0)	以应用为中心:应用组装、业务聚焦	长于云上:价值释放、全面原生

水平横向主要从应用架构维度进行传统应用的上云迁移和云原生应用的改造建设，其进程主要包括存量非关键应用的托管迁移上云阶段，传统核心应用局部化云原生改造及由此而来的云上、云下新旧架构混合云原生应用模式阶段，以及云边协同下的全域全面云原生应用三个阶段。

从云计算行业当前的社会分工来看，垂直纵向主要以云厂商为主，而水平横向主要以中小企业客户为主。大型传统企业云原生技术体系建设的难度，在于现阶段受相关技术条件的约束和传统企业本身业务复杂性、多样化等多重阻碍，企业很难借助外部云厂商中心化或标准化的技术平台，来满足传统企业多样性、差异化和碎片化场景下的特殊业务场景需求。传统企业的云原生应用演进可分为寄于云上、生于云上、长于云上三个阶段。

因此，为满足业务云化的实际诉求，大型传统企业在云原生技术体系的建设过程中，通常不得不"以我为中心"，同时从纵、横两个方向并行推进云原生建设。而传统企业的云原生建设也只有从纵、横两个方向同时推进，才有可能实现真正的云原生企业，才能真正看到云原生的价值。如果企业仅是聚焦于垂直纵向云原生技术平台的建设，而忽略传统应用的云原生改造推进，那么纵使企业建成再先进的云原生技术架构与平台，也只是裹着华丽外衣的低智侏儒，永远不能被称为云原生企业。

第五节　云原生技术体系纵向建设架构演进的三个阶段

一、阶段一：敏捷基础设施——异构混合多云、全域云网融合

弹性敏捷基础设施，是任何企业构建云原生技术体系的首要前提。云原生是云计算的再升级，也是云计算作为通用技术大变革发展的第二阶段，因此在构建云原生技术体系之前，传统企业必须构建起弹性敏捷、契合自身业务现状，同时又能面向未来的云计算基础设施，这也是云原生技术体系构建的核心基础。

对于传统企业而言，由于多元化业务的广域分布和基础设施的长期分裂孤岛式建设，加之传统行业业务场景的复杂性、实时性和多样性，传统企业弹性敏捷基础设施的建设长期处于停滞不前和碎片化的状态，而诞生于互联网企业的中心化公有云模式又难以触及传统产业的真正核心。因此，大型传统企业敏捷基础设施的构建必须坚持外学内用的原则，将源自消费互联网的先进技术与产业互联网的业务特性紧密结合，方可打造极具自身行业特色的产业互联网弹性敏捷基础设施。

对于多数传统企业而言，分布式异构基础设施的现状，以及由此而造成的资源管理分配上的割裂和数据自由流动上的障碍，一直是横亘在传统企业基础设施一体化建设和弹性敏捷面前的沟壑。因此，如何构建基于异构多云的架构和管理能力，打通异构多云基础设施，实现全域范围内的资源灵活调配，形成企业"内部互通、内外互通、多

云互通、云边互通"的资源互通格局，是传统企业弹性敏捷基础设施建设的关键。因此，异构混合多云和全域云网融合云原生基础设施的建设，成为传统企业构建云原生技术体系必须经由的第一阶段。

传统企业业务发展多元化、产业需求多样化的现状与未来，必然要求云原生基础设施在架构范围内寻求最符合企业多元化业务需求的平衡点：

（1）既能弹性敏捷，又可固若金汤；

（2）既能敏态响应，又能稳态运行；

（3）既要中心化集中处理，又要云边分布式协同。

整体架构需要保证用户体验和管理机制高度一致，以遵循管理规范作为前提，业务负载在统一的编排、调度和管理下，自由安置于最适合业务需求的分布式异构基础设施之上。形成内看兼容并蓄、优劣互补，外看整齐划一、全然一体的异构混合多云架构。而异构混合多云的建设，是以业务需求为导向，整合复杂多样业务模式，并以最贴合业务的形态，提供跨底层异构基础设施域的综合平台能力，实现数据在异构 IaaS 层面的自由流动和业务负载在 PaaS 层面的自由迁移，赋予业务系统跨越平台桎梏和地域阻隔的广域分布式扩展、高维度弹性敏捷和异构平台自由伸缩的能力，以及分而不散的运维监控和调度管理能力。最终实现异构多云环境下的统一平面、一致体验，互联互通、数据流动，以及面向应用、自由迁移，广域无界、云随业动的云原生基础设施能力。

对于传统企业而言，传统的云服务弹性敏捷，并不代表云原生基础设施的弹性敏捷，而只有云上云下一张网的企业云网融合敏捷基础设施，才是真正意义上的云原生敏捷基础设施。大型传统企业通常业务形态复杂众多，分支机构横跨全球，广域组网连接多样，网络需求场景各异，移动终端无处不在，物联终端遍布全景，异构多云横跨地域。

传统企业以云、边、端为瞄点构建云网融合基础设施，打造云上云下全域融合一张网，实现网络资源的服务敏捷化、需求弹性化和接入便捷化。满足产业端按需开通、动态扩容，集中控制、应用分级，一点入网、零触配置，智能选路和可视智能运维等网络服务需求，进而实现云计算时代网络即服务、网随业动、云随网至的云网全域赋能和数据自由流动，是云网融合时代云原生敏捷基础设施的核心基础和重要特征。

只有当网络服务如同云服务一般实现动态按需、灵活弹性、按需定制时，云端能力才能以最快、最便捷的方式输送至产业端，才能实现企业物联设备、边缘设备、公有/私有中心云、广域边缘云、海外分支、国内分支、无线/有线用户以便捷自由且实时无碍的方式接入同一个云网融合平面，才能实现企业数据在云网之间的自由流动，也才能实现云原生价值在企业全网内的最大化扩张。

总而言之，只有真正做到云、网、边、端一体化的资源弹性敏捷服务和自由无界立体化的互联互通，传统企业的云原生敏捷基础设施建设才算基本完成，而传统企业云原生技术体系的建设也才有"基"可建。

二、阶段二：云原生操作系统——云边端一体、无界云原生

对于传统企业而言，云原生第一阶段所解决的，是企业分布式异

构资源池的一体化弹性敏捷和统一调度管理问题，也是传统意义上混合多云主要聚焦的领域，集中在对异构裸金属、虚机、网络和存储等底层虚拟化资源的统一管理和弹性供给，是对企业底层各类异构基础设施及其各项能力的抽象化和标准化。这一阶段的首要目标，是解决以资源为中心的云原生基础设施构建问题，即让传统企业最底层的分布式异构资源以弹性敏捷的方式变得互联互通和实现中心一体化的调度使用，为后续以应用为中心的云原生建设夯实底层的弹性敏捷资源池。

事实上，企业云原生建设的第一阶段主要聚焦在 IaaS 资源层面，并未涉及应用层面的抽象和标准化，其离云原生所倡导的核心理念仍旧遥远，因为资源层面的弹性并不意味着应用层面的敏捷。虽然第一阶段实现了传统企业底层异构资源的互联互通和统一管理，但是由于底层不同的边缘云、私有云、公有云采用了不同的技术架构和标准规范，企业分布式应用在不同的边缘云与中心云、私有云与公有云，以及不同公有云之间的自由迁移和安置，仍需解决异构厂商和技术层面的壁垒问题。

解决云原生建设第一阶段遗留的问题，需要我们在企业多样化的异构基础设施之上，抽象出屏蔽底层异构资源和上层差异化应用的共性中间层（云原生操作系统层），使其定义开放标准，向下封装资源，向上支撑应用，使得上层差异化的应用无区别地运行在底层多样化的异构资源层上，进而实现上层应用在不同底层基础设施上的自由分发和运行。

对传统企业而言，只有抽象并构建出上述云原生操作系统层，才能解决软件应用从开发、交付到运行、运维全流程的敏捷化、自动化，构建出具有容错性、易管理和便于观察的松耦合应用系统，也才能在对复杂应用系统作出频繁且重大的变更后，系统按照可规划、可预测的状态稳定执行与运行。而与复杂应用系统全生命周期相关的既能快速敏捷满足业务价值诉求，又能稳定运行实现业务敏态与基础设施稳态之间最佳平衡这一难题，也将在云原生操作系统中得以解决。

因此，传统企业以应用为中心的云原生第二阶段的建设，即是打造企业级分布式云原生操作系统的过程，传统企业若能将分布在云网边端的任意基础设施作为一体化的"硬件"（云原生建设第一阶段目标），并将企业级分布式云原生操作系统运行在其上（云原生建设第二阶段目标），则企业的任意应用便可无区别地自由运行在云、网、边、端的任意资源上，真正实现企业的算力无边、应用无界和数据的自由流动。而传统企业的云原生建设也只有达到这一阶段，作为通用技术大革命的云计算才能真正改变沉睡在工厂、车间、仓储、隧道、桥梁和流水线上的设备运行方式，真正的产业互联网时代也才能到来。而支撑这一时代到来的企业技术架构，正是传统企业云原生建设第二阶段要完成的目标。

事实上，在云原生理念还未提出之时，以 Heroku 为代表的云厂商便在寻求构建以应用为中心的 PaaS 云平台。但是，早期的 PaaS 平台深陷厂商"自我创造"的泥潭，各种自创的约束和限制条件，形成了由平台厂商主导的封闭生态。最终使得 PaaS 平台与开源开放的开发者生态脱轨，而平台使用者不得不以丧失应用开发的灵活性，来换取应用开发的标准化和敏捷性。厂商自我封闭生态的构建和开发者主观能动性的发挥受到极大制约，是早期 PaaS 平台未能成功的根本原因。直至 Docker 和 Kubernetes 的出现，以应用为中心的 PaaS 平台才出现根本性的改变。

Kubernetes 的出现，屏蔽了底层异构环境的复杂性，为上层应用提供了统一的标准和接口。正如单机时代的 Linux 系统提供了对底层计算、存储、网络等设备的资源抽象和安全访问模型，Kubernetes 则提供了集群时代对底层分布式异构基础设施资源的统一抽象和安全访问模型，因此 Kubernetes 也被称为云计算时代的"Linux"，即分布式云原生操作系统。

传统企业云原生第二阶段的建设，正是在第一阶段以资源为中心的分布式异构混合云和云网全域融合弹性敏捷基础设施之上，构建以容器和 Kubernetes 为核心、以应用全生命周期管理为中心的分布式混合云。也即借助容器的封装屏蔽和基于 Kubernetes 原生的云边协同能力，将企业分布在不同地域、不同架构、不同厂商、不同规模的异构基础设施资源，进行统一的屏蔽抽象，实现企业在中心云、边缘云和边缘设备上的一体化、无边界云原生，让企业应用可以自由运行在任意位置的任意设备资源上。

从企业应用角度看，企业云、网、边、端设备是一体化、无区别、可运行任意应用的敏捷资源；从开发者角度看，一次 DevOps 流水线构建的任意应用，可以无须修改、幂等多次的自由部署、安置在任何需要运行的位置；从维护者角度看，运行于任意位置的分布式应用，均可实现弹性动态伸缩与自我愈合、中心化的监控运维，以及云端版本的集中控制和边端应用的统一分发与滚动升级。

三、阶段三：以应用为中心——应用组装、业务聚焦

对于多数传统企业而言，如果已完成云原生第二阶段的建设，则其已基本实现碎片化资源的整合和统一调度能力，技术架构在所处行业已具备相当的领先能力，基本可纳入云原生企业范畴。第二阶段的企业通过 Kubernetes 及其原生的技术生态圈已搭建云边端一体化的基础设施抽象层；应用开发者基于 Kubernetes 可以构建出企业需要的任何垂直业务系统，而无须关心底层基础设施层面的细节；平台开发者或运维人员基于 Kubernetes 可以构建出支撑企业应用全生命周期管理的 PaaS 平台。至此阶段，企业分布式应用的构建、部署和运行已具备相当的云原生弹性和敏捷能力，而云原生所倡导的企业应用"生于云上、长于云上"的架构土壤已基本形成。

但是，如果跳出技术架构的层层抽象，俯瞰整个云原生建设的两个阶段，就会发现截至目前的云原生建设仍然聚焦在底层基础设施的抽象和标准化上，离"以应用为中心"的云原生终极目标仍有距离。云原生前两个建设阶段的区别在于抽象层次的不同。第一阶段更多是对底层分布式异构资源池一体化弹性调度的抽象；第二阶段更多是对分布式应用运行时的封装与抽象。第二阶段所谓"以应用为中心"的云原生建设，聚焦的是对向下屏蔽异构资源差异、向上承载多样化应用，以及向外可拓展至任意边缘的分布式资源和应用运行平台的抽象和构建，而并非应用本身的抽象和规范。

简而言之，截至云原生建设第二阶段，我们在云原生技术架构的建设上并没有做到真正意义上的"以应用为中心"。其主要原因，在于作为能力接入层的 Kubernetes 平台，其专注点在于"如何标准化地

接入、容器、虚机、负载均衡等开源生态圈各种各样的能力,然后通过声明式API的方式去暴露给用户"。这也意味着Kubernetes实际上的用户并不是业务开发者和运维人员,而是企业或厂商应用运行平台的开发者。

然而,对于企业用户而言,真正的价值源自业务,而非任何平台本身。虽然Kubernetes通过南向各类底层资源的接入和北向声明式API的暴露,帮助平台开发者解决了企业底层资源碎片化和上层资源统一使用之间的矛盾,但是并没有减轻业务开发者和运维人员的负担,甚至由于其过于底层的资源抽象和API定义,业务开发者和运维人员不得不一边吐槽其设计之奇异、使用之复杂,一边又被迫成为各种"容器专家"或"Kubernetes专家"。陡峭的学习曲线和较高的使用门槛,不仅影响了用户的使用体验、拖慢了企业的研发效能,还与传统企业落后的技术能力和有限的技术投入形成鲜明对比,最终形成了企业内部平台建设不断内卷、业务创新萎靡不振、应用改造阻力重重的困境。为了真正实现"以应用为中心"的云原生终极目标,最大化释放企业核心业务价值,后Kubernetes时代的云原生建设主要在两个层面上展开。

一是平台构建层面,基于Kubernetes构建面向上层用户(以开发和运维人员为主),以上层应用而非底层资源为对象进行高层次封装抽象,实现应用开发、维护和平台构建者各自关注点的分离,构建具有更友好界面、更接近用户使用习惯的上层应用管理平台,目前主流的各大厂商云原生PaaS平台,以及所谓的低代码平台均属此类。

二是应用开发层面,不断抽象和剥离上层应用代码中非业务逻辑或非核心业务代码的实现部分,并使其下沉至平台共享层或边车

（Sidecar）抽象层。同时不断解耦上层应用与下层平台的依赖关系，让微服务应用的开发变得简单、高效，让分布式应用跨平台的迁移和运行变得更透明无感，让微服务应用变得更轻量、可解耦、可治理，让应用开发者更聚焦于业务逻辑的设计开发而非平台本身的学习和使用。目前以 Istio 等为代表的服务网格，以及以 Knative 等为代表的无服务器开发框架均属此类。

在传统企业云原生技术架构建设的第三阶段，企业应该以"平台能力下沉、业务价值上浮"为终极目标，围绕云原生应用管理平台和云原生应用开发层面进行持续建设与完善。

一方面，构建简单易用且高度可扩展，以应用的定义、描述和组装编排为核心的云原生应用管理平台。实现应用组件的高度抽象和自由组装，实现开发、运维和平台构建者的关注点分离，摒弃开发运维人员对底层资源调度平台复杂细节的关注，以应用组装方式最大化释放业务价值。在这一领域，社区提出的 OAM 云原生应用构建模型，以及基于 OAM 和 Kubernetes 实现的 KubeVela 等云原生应用管理平台已做出有效的探索和尝试。

另一方面，持续构建与语言无关、平台无关的微服务开发与治理能力，不断下沉应用代码中非业务逻辑的实现部分。高度聚焦核心业务代码实现，打造跨语言开发微服务应用在异构云、边跨平台上无修改、可观测、可解耦、可治理的运行能力。真正实现传统企业云边架构主导下分布式微服务应用的高效开发与极简运维。在这一领域，服务网格、无服务器计算都是卓有成效的尝试，而基于边车理念的分布式应用运行时 Dapr 正在成为这一领域的代表。

第六节　云原生技术体系横向建设应用演进的三个阶段

一、阶段一：寄于云上——应用迁移、托管上云

　　云原生应用的目标，是充分利用云计算技术大变革带来的技术红利和基于原生态的云资源来构建和开发企业现代化的应用系统，最终实现企业降本增效的目标。但是，对于传统企业而言，由于长期大量历史留存单体应用系统的存在，以及基于传统技术栈所构建的团队技术体系，加之数字化转型初期云原生技术平台停留在以资源为中心的建设阶段，大多数传统企业云原生应用建设的第一阶段，主要以将应用系统从线下搬迁至云上为主。在这一阶段，传统企业主要将存量非核心应用简单部署和运行在云上，应用以"云上寄宿"的方式集中运行在云端资源池上，通常也称为托管上云。

　　云原生应用迁移第一阶段，主要解决的是企业传统IDC时代运维、部署、扩容的难题，但是传统应用单体架构厚重、烟囱式架构等带来的一系列应用层面的问题并没有得到有效解决，云对业务的价值主要停留在资源供给阶段。现阶段的迁移主要以云上资源对云下资源"一对一"的替换为主，并不能充分发挥云的价值，这一阶段更多是一种"换汤不换药"的迁移。

　　换个角度来看，现阶段的企业应用技术栈本身并没有发生实质性的改变，即企业软件架构的设计没有发生变化，只是软件运行的平台和运维的技术体系发生了变化，即应用运行环境从以"设备"为中心

的物理机时代迁移到了以"资源"为中心的虚拟化时代。虽然应用对底层资源的需求得到了弹性敏捷的满足,但是软件应用在分布式场景下需要解决的问题,包括稳定性、组件或服务之间的数据同步、整体的容灾高可用、DevOps 流程自动化、端到端链路跟踪,以及分布式应用的可观测、可解耦、可治理等复杂问题,仍然需要应用花费大量的时间和精力自行解决。

事实上,如果应用本身没有基于云原生的理念和云服务进行重构,而是继续在云端采用传统架构并进行简单的资源替换,那么传统企业应用长期面临的诸多问题,并不会因为应用迁移到了云平台就从根本上得到解决,这也是很多传统企业上云迁移后,仍然迟迟不见降本增效的根本原因。

因此,从严格意义上讲,传统企业云原生应用建设的第一阶段,更多是以存量应用的上云迁移为基础,对云原生技术平台上的云资源和云服务进行充分的理解使用。虽然应用系统可能已运行在云原生的环境中,但是应用本身的软件架构并未发生实质性改变,而企业应用上云所带来的价值也非常局部和有限。此时的应用更多属于云上托管应用,而非真正的云原生应用,就传统行业的现状而言,大部分企业仍然处于第一阶段,也即云原生 1.0 阶段。

二、阶段二:生于云上——应用改造、混合原生

从行业现状来看,当前阶段的大多数传统企业正在经历或基本已完成云原生应用第一阶段的建设。企业传统应用上云迁移工作已基本完成,传统应用开始在云环境下使用,并开始享受云计算基础设施资

源弹性灵活的红利。但是由于应用架构本身并没有发生变化，因此也不能充分利用云计算新技术的诸多特性，应用运行效率只能局部得到提高，而企业应用上云后降本增效的整体成效也非常有限。

随着企业数字化转型的深入，企业需要充分享受云计算带来的技术红利，需要让业务能力生于云、长于云。所谓生于云，是指基于云原生的技术、架构和服务来构建企业应用，而传统企业云原生应用建设的第二阶段，则是指企业由"面向云迁移应用"的阶段演进到"面向云构建应用"的阶段，即由"以资源为中心"演进到"以应用为中心"的云原生应用建设阶段。在这一阶段，传统企业需要基于云原生的技术、架构和服务来构建企业自身应用，实现企业应用"生于云上"。当然，作为云原生应用改造或构建的前提，企业在垂直纵向上的云原生技术平台建设，至少应达到第二阶段或第三阶段，即企业至少应部分实现开发云原生、计算云原生和架构云原生，否则将不具备改造或构建云原生应用的技术条件。

对于多数传统企业而言，在云原生应用建设的第二阶段，更多的精力应该集中于传统存量单体应用和外采传统应用的云原生改造，以及部分面向产业互联网转型而启动的创新型应用的云原生构建，尤其是诸多"三无"（无供应商、无开发、无运维）系统的云原生改造。然而，很多传统核心应用的云原生改造，事实上很难一步到位。究其原因，首先，很多传统企业由于各种历史原因，存在大量各种基于Windows系统开发和运行的传统应用，这与互联网公司和开源生态圈围绕Linux系统构建云原生应用截然不同；其次，与互联网公司以Java、Python和Go等语言为主不一样，传统企业中大量存在以.NET、C#等与云原生亲和性不是很友好的语言或框架为主而开发的传统应用；最后，传统企业多数核心生产系统长期以靠近现场运行的方式存在，而此时也不可能因为应用云原生的改造，就能解决网络时延、成本、质量和安全等方面的问题而将应用收归于云端，反而"运营管理"后台功能的云端中心化和"控制执行"前端功能的分布式边缘现场运行，成为传统企业云原生改造的最佳应用架构选择。

以上三个方面，构成了现阶段传统企业云原生应用改造的三大阻力，也导致传统企业在云原生应用改造过程中，难以一步到位而呈现出语言混合、架构混合和云边混合的状态。云原生应用建设第二阶段的企业，更多呈现出的是混合云原生过渡状态，传统单体应用、混合云原生应用、标准云原生应用同时并存于企业中。作为可能长期并存的混合云原生过渡阶段，传统企业更应该明确自身应用"生于云上"的方向和原则要求。在存量应用改造的同时，明确限制各种基于传统应用架构外采应用的引入，做好企业云原生理念宣贯与执行工作，并将云原生技术体系作为应用上线准入的评判标准。而此时的企业云原生建设，可以认为是云原生 2.0 阶段。

三、阶段三：长于云上——价值释放、全面原生

对于大多数传统企业而言，如果其正处于"生于云上"的云原生应用建设第二阶段，则意味着无论是云原生技术理念的普及，还是云原生技术平台的建设，以及云原生应用架构的设计与改造，企业都具备相当实力，并已开始走上成为云原生企业的正轨。但是，处于这一阶段的传统企业，云原生应用仍然参差不齐，云原生技术能力处于积蓄成长期，云计算的技术红利主要以企业云端应用为主，并未实现传

统企业云网边端一体化应用的全面覆盖。因此传统企业的业务价值未能全面释放，更进一步的云原生应用建设还需继续。

尽管目标遥远，但是迈向全面云原生依然是传统企业应用架构转型升级的终极目标，也是企业云原生应用建设第三阶段的初衷，即重塑传统企业，使其全面"长于云上"。

而所谓的"长于云上"，则是指企业充分利用云计算的优势来助力企业应用和业务发展，将企业的数字化建设、业务智能化转型升级带入全新阶段。

事实上，伴随云原生技术体系与生俱来的敏捷和庞大能力资源池的不断普及，云原生的虹吸效应已在传统行业初现：传统底层技术、编排及管理技术、安全技术、监测分析技术逐步开始云原生化改造，形成了基于云原生的全生命周期技术链，同时细分领域的技术也趋于多元化发展；传统行业用户逐步对外围系统、次核心系统、核心系统进行不同程度的云原生化改造，完成上云效能提升；越来越多面向边缘、云网融合、物联网、工业互联网的场景开始基于云原生进行构造和实践。

云原生降低技术门槛，深化交叉集成，推动云数智深层次融合。处于云原生应用建设第三阶段的企业，不仅在开发云原生、计算云原生、架构云原生和监控运维云原生方面处于领先地位，而且在数据云原生、智能云原生和安全云原生领域已实现基于云原生的云数智深层次融合。这一阶段的企业应用，我们认为至少应该具备"五个现代化"，即应用设施现代化、应用架构现代化、应用开发现代化、应用运维现代化、应用安全现代化。

（1）应用设施现代化：开发人员从烦琐的资源管理和运维等低价

值工作中释放出来，聚焦于应用开发和业务创新等高价值工作。企业底层分布式异构基础设施资源的差异性已被屏蔽，云网边端一体化的弹性敏捷资源调度体系已经建立，覆盖中心云、边缘云、边缘设备、物联网设备在内的云边端综合性技术架构体系基本成型。企业呈现出云网边三级分布式基础设施架构，云随业动的云计算格局基本建成。

（2）应用架构现代化：在云网边一体化的技术体系下，基于微服务架构、横跨云边端的分布式应用成为主流，高内聚、低耦合、高可用与弹性可扩展等云原生应用的特性天然内置于应用全生命周期，应用的容器化、Mesh 化和 Serverless 化成为应用架构设计的标准与常态。基于云边端的三层分布式应用架构，企业"强后台、小前端"的业务发展理念得以快速实现，云端中心化的经营管控和边端分布式的控制执行成为传统企业上云常态。

（3）应用开发现代化：以释放软件开发效率，聚焦业务逻辑为核心，应用代码中与业务逻辑无关的公共实现部分被不断抽取并下沉至基础设施平台层，Serverless 开发理念被普遍接受。封装分布式应用系统复杂性，构建可移植、可跨云与边缘分布式应用，且与开发语言和框架无关、事件驱动、无服务器运行时的分布式应用开发与运行平台成为主流。基于容器和 Kubernetes 构建，具备高可扩展性，通过"以应用为中心"面向上层用户抽象与封装的云原生应用管理平台，驱动开发、运维和平台构建者关注点分离，并持续向低代码开发管理平台演进，企业应用的开发与运维管理效率得到极大提高。

（4）应用运维现代化：DevOps 成为内嵌企业流程、治理、安全的自动化和标准化软件应用交付平台，企业软件的生产交付过程变成可复制、可批量化的生产流水线。云时代的立体化运维由上至下穿透上层应用与下层基础设施,全链路可追踪、可观测、可关联,自动化、智能化的运维管理平台精细化、立体化监控守护企业应用。云边端分布式应用云端一体化监控运维,应用分发流水线由云端穿透至任意边端侧,应用版本云端中心化集中管控,边端部署更新统一下发,立体化的云边端应用全生命周期管理得以实现。

(5)应用安全现代化:网络安全边界被打破,源于云网边端任意位置的应用与终端访问皆不可信任,零信任理念普遍成为企业共识,内外及东西、南北向访问皆以动态身份验证和最小权限授予,以及持续安全防护作为企业安全基准原则,实现企业资源安全可信访问。零信任融合原生安全,安全产品持续原生化,基于云原生的零信任服务体系内嵌融合于以云计算为承载的企业任意基础设施,企业安全能力得到最大防护加强。

传统企业云原生应用的建设,只有在实现"五个现代化"建设的基础之上,才可认为其基本走完云原生应用建设的三个阶段、进入云原生 3.0 阶段,同时也才可称为全面"长于云上"的云原生企业。而企业上云后的业务价值和降本增效的初衷,也只有进入全面云原生的阶段,才能得以全方位地释放和实现。对于传统企业而言,这将是一个曲折而漫长的过程,但也是转型之路必然走向的未来。

本章小结

云原生是云计算作为通用技术大变革发展的第二阶段,是云计算的再升级,也是真正意义上的云技术革命。云原生以复杂技术架构的标准化抽象和屏蔽封装能力,重塑了软件全生命周期流程,最大化释放了软件生产力和云计算技术红利,并在技术发展史上首次实现了一套技术体系支持任意负载,运行于任意云环境。云原生技术在本质上是一套利用云计算技术为企业实现降本增效的最佳实践和方法论,其初衷在于通过自动简洁的技术体系和方法,满足分布式复杂系统既能快速敏捷响应上层业务诉求,又能灵活弹性确保下层复杂基础设施稳定运行的要求。在本章中,我们提出了云原生垂直纵向和水平横向同时推进建设的观点,从云原生技术架构和云原生应用两个维度,分阶段同时推进传统企业云原生技术体系的建设,并给出了云原生不同阶段的特征和企业应该实现的目标,以帮助大型传统企业更好地规划、建设和实现自身企业的云原生之路。

当然,任何一项变革性技术从出生、成长到成熟应用,都是个曲折漫长的过程,对于饱经沧桑的传统企业而言,要走向全面云原生,需要的不仅是声势口号,更需要我们脚下的坚持、心里的希望和眼里的光芒。产业互联网时代,是"产业"时代而非"互联网"时代,得产业者得天下,产业是灵魂,互联网只是平台或工具。传统企业拥有产业先天优势,掌握着与产业密切相关的设计、工艺、流程和制造环节,拥有丰富的行业知识和经验方法。传统企业如能充分利用云原生技术带来的时代红利,为企业注入科技基因,重塑企业"产业＋科技"的形态,便能在产业互联网时代指点江山,主导沉浮。

第三章

分布式混合云：广域无界，算力无边

今天的数字化就是一百年前的电气化。云计算是数字经济的基础，就像电是工业经济的基础一样。在数字经济时代，计算是衡量经济发展的重要指标。

——中国工程院院士　王　坚

云计算发展至今，已经历十余年的演化，从最初的公有云、私有云和混合云，到如今的分布式云，云计算的模式不断变化。但是，透过模式变化的现象，我们可以看到贯穿整个云计算演化的主线却一直未变，即云计算的初衷——按需服务。计算模式之所以由公有云演变至今天的分布式云，其中的核心便是客户需求，云计算十余年的发展历程，可以认为是计算模式围绕客户需求不断演化的过程。而分布式云的提出，首次将用户业务部署的位置需求纳入云计算模式概念中，让云计算服务的随需、随时、随地使用成为可能，云随业动成为现实。本章将深入探讨分布式云与混合云的概念，以及分布式云与边缘计算、云原生的关系内涵，同时深入分析分布式云在现阶段的主要应用场景、技术挑战和未来展望，最后结合传统企业数字化基础设施现状,分析传统企业分布式云的建设思路和应遵循的建设路径与阶段,并对不同分布式云建设阶段的目标进行详细阐述。

第一节 分布式云及其与主流云计算模式的关系内涵

一、混合云的概念

随着企业上云进程的深化,尤其是业务多元化传统企业规模化上云进程的开启,由单一公有云或私有云构成的数字化基础设施,已不能满足企业日益复杂的用云需求。企业应用部署跨环境、跨地域的需求成为常态,混合云战略已成为多数企业必然选择的云战略。

事实上,就混合云概念而言,业界一直没有统一的定论。传统主流观点认为,混合云是公有云和私有云混合使用的云模式,此观点自混合云概念出现便一直占据主流,而且行业接受度也最为广泛。但是,随着云计算概念的扩大和混合云自身的发展,专有云、行业云、边缘云、区域云、本地数据中心等云上和云下环境都被逐步纳入其中,混合云的概念也逐步演变为企业混合式云化IT基础设施,早已超出传统公有云和私有云所定义的范畴。

从概念定义来看,无论是狭义上的"公有云+私有云"模式,还是广义上更多样化的云上、云下多IT基础设施部署模式,本质上都是通过专线、VPN、软件定义广域网(Software Defined WAN,SD-WAN)等网络来连接各个相关云资源和本地IT资源,实现资源之间的互联互通,以便应用能够相互通信、任意部署。因此,云计算开源产业联盟在《混合云应用场景白皮书（2021年）》中将混合云定义为："通过网络连接等方式将两个或更多IT环境中的各种服务集中在一起，以支持并行、集成或互补的任务为目的而构建的一种云架构。"

在实际应用中，混合云是以满足用户应用需求为基准的抽象概念，并非拘泥于某种特定组成方式的科学术语。企业用户应该关注混合云在资源使用上的自由、安全、弹性和一致使用体验等特性，而非纠结于混合云的定义及其组成。

从技术实现上来看，混合云不是简单的多云堆砌，而是"无缝"整合私有云与公有云，以及云上、云下的企业IT基础设施。混合云综合利用各类云部署模式的技术优势，以提高跨云资源利用率为目标，通过构建异构多样的混合基础设施，以适应企业多样化的业务运行需求，实现企业数据和应用的自由化迁移，以及工作负载的自动化部署交付，并在同一云管平台管理下实现资源使用的简单化和用户体验的一致化。

混合云出现至今已有十余年，其内涵早已由初期基于传统公有云和私有云范畴的云环境之间简单连接，演化为同构或异构多云之间、云上云下IT环境之间、传统公有云和私有云之间的复杂连接。因此，以统一的云管平台为用户提供云资源使用上的一致体验，是当前混合云解决方案的核心能力。

主流的混合云管平台应具备对公有云、私有云以及混合多云的统一接入能力，能够对异构物理机、多类型虚拟化平台以及容器等异构资源进行统一纳管，具备应用服务编排能力、运维监控能力，以及多云之间应用负载调度能力。整体而言，统一资源管理、统一运维管理、统一服务管理，以及应用负载在多云之间的自由编排与调度，是混合云技术实现的关键。

从企业应用本身的属性来看，企业不同工作负载有其自身特殊性、成本、数据安全性等考虑或要求，因而需要部署在私有云、公有云或混合云环境中。通常，企业需要从数据量、性能需求、应用集成度和安全性四个维度考量应用负载的部署环境，对于无边界企业或多元化企业而言，并非所有应用都适合部署在公有云或私有云上，往往是公有云与私有云结合的混合云部署模式更受企业的青睐。例如科学工程类应用、ERP 等办公财务类应用更适合私有云环境，Web 服务器、CRM 等面向客户运营的系统则更适合公有云环境。此外，基于异构混合云的容灾备份，前端公有云、后端私有云的分布式应用混合部署，公有云开发、私有云运行的混合云 DevOps，以及前端 Web 应用、后端数据分析等应用场景，均是企业常规性需求，也是企业混合云基础设施必然存在的缘由。

从企业自身发展模式的进化角度来看，随着越来越多的企业采用新技术并将其内化为业务创新和发展的驱动力，以开放式创新为代表的"无边界企业"（Virtual Enterprise）逐渐兴起。在无边界企业时代，以生态系统、数字化工作流、网络化组织为特征的企业表现出强大的生命力和创造力，无边界企业通常将生态系统视为核心战略，并以此为基础拓展业务边界、促进企业创新、培育市场核心竞争力，而开放安全的混合云则是无边界企业的基础。无边界企业充分利用混合云架构所实现的灵活性、敏捷性和开放性，以便企业能够自由开放地与生态系统中的企业开展业务合作，而不受基础设施和技术架构的约束，进而充分发挥自身优势并快速形成自身行业竞争力。

基础设施的高适应性、高弹性，以及底层技术架构的开放性，是企业迈向无边界企业的先决条件，而混合云以其开放兼容、一致体验、全球范围互联互通和即插即用等特性，正成为无边界、多元化企业数字化转型的首选。利用混合云的独特优势，以满足企业多样化业务发展和特殊场景下的差异化需求，是大多数企业使用混合云的初衷，而混合云也将成为企业最优的云战略。

本质上，混合云为用户提供了更宽广的架构可能性，以应对需求的多元化和不确定性。而用户制定混合云策略则是在架构范围内寻求最符合自身需求的平衡点，在弹性敏捷和平稳可控之间权衡，均衡敏态业务和稳态业务的各自所需。混合云的建设愿景是整合各类云模式，以最贴合业务需求的形态，提供综合的基础设施平台能力，面向应用，实现数据的自由流动及应用负载的自由迁移，赋予业务系统更高维度的弹性、敏捷与自由，以及更坚实可靠的安全运营保障。

以此为目标，混合云需要系统化的架构设计，以及工程化的交付方案，而不仅是在不同 IT 形态、不同技术类型、不同体系架构之间进行简单的拼接与堆砌。整个混合云系统内部各组件之间是有机结合的，无论架构多么复杂，用户的使用体验与管理机制应该是统一一致的，用户可以在不改变使用习惯的情况下在不同模式之间自由切换，将业务负载自由安置在最适合的基础设施之上。

从内看兼容并蓄，百花齐放；从外看整齐划一，浑然天成，一致体验。这是对混合云最深层次的理解与定义，也是混合云建设目标的最高层次，同时还是当下多数混合云产品应该努力追求的目标。

二、分布式云的概念

分布式云概念最早由全球权威信息技术研究机构 Gartner 提出，其对于分布式云的定义是：将公有云服务（通常包括必要的硬件和软件）分布到不同的物理位置（即边缘），而服务的所有权、运营、治理、更新和发展仍然由原始公有云提供商负责。Gartner 认为，在混合云以及混合 IT 中云价值主张并未得到实现，这个所谓的云价值主张，即利用云的资源降低成本，同时减少运营成本，而过往无论是公有云、私有云，还是混合云以及混合 IT 实际上都无法实现这个效果。因此，Gartner 提出了分布式云概念，并对其寄予实现云价值主张的期望。从概念理解上看，分布式云满足了用户对云计算资源靠近数据和业务所在物理位置的需求，实现了业务低时延，降低了数据成本，做到了数据的本地存储。但是在 Gartner 对分布式云的定义中，云资源的提供者仍局限于公有云厂商，同时也缺少一体化管理等分布式云的核心要素。

中国信通院在 2022 年发布的《分布式云发展白皮书》中指出，分布式云是一种将云服务按需部署到不同地理位置，提供统一管理能力的云计算模式。在具体的落地形态上，分布式云由中心云、区域云和边缘云构成（如图 3-1 所示）。中心云具备对不同地理位置物理和虚拟资源池管理能力；区域云将中心云全部或部分云服务部署在特定区域，以支持用户业务对云服务定制化需求；边缘云位于尽可能靠近事物和数据源头的网络边缘侧位置，提供可弹性扩展的云服务能力，具有快速响应、低延迟和轻量计算等特点，并能够支持与中心云或区域云进行协同。

第三章 分布式混合云：广域无界，算力无边

与 Gartner 对分布式云的定义相比，中国信通院对分布式云的定义更具普适性，更强调将通用云能力（并非仅公有云）部署至不同地理位置的"分布式"特性，以及对分布式计算资源的统一管理能力。

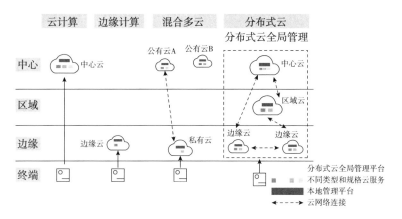

图 3-1 中国信通院对分布式云的定义

无论是 Gartner 的定义，还是中国信通院对分布式云的定义，二者都注重资源管理上的统一性和使用体验上的一致性。只不过在 Gartner 的定义中，强调的是由原本具备统一管理和一致体验的公有云厂商提供的分布式云；而中国信通院的定义并未特别强调分布式云由同一公有云厂商提供，而是强调将按需部署在不同地理位置上的云资源进行统一管理，而这里的"云资源"可能是多厂商异构云计算资源。

因此，对分布式云的通俗理解就是，针对企业用户分布在不同地理位置上的差异化业务对多样化算力的需求，进行分布式和差异化云计算能力的部署，同时将分布于不同地理位置的计算资源和服务进行

统一管理的云计算模式。

在概念模式上,分布式云与当前诸多云计算的主要区别在于,分布式云摒弃了公有云、私有云、混合云、多云等分类,首次将物理位置融入云计算架构模式设计中,同时为用户提供位于不同位置的云资源的统一管理平面。分布式云概念从用户实际需求出发,首次统一了当前多样化的云计算概念模式,是建立在混合云、边缘计算和云原生技术体系之上,对企业云网边端一体数字化基础设施的概括,也是产业互联网时代下最符合企业多样化、差异化业务全面上云用云实际需求的云计算模式。

三、分布式云与混合云的关系内涵

分布式云是混合多云发展到特定阶段,伴随企业用户上云用云的深入推进,以及企业对云资源一体化的管理和一致性的使用体验不断提升而出现的云计算模式。从计算模式上来看,广义上的混合云架构已基本可满足现代企业多元化业务发展的需求,但是正如一致性服务体验是混合云产品的核心竞争力,混合云架构下企业应用及服务的特殊性和复杂性对多云管理的一致性和统一性提出极大挑战。

在多地域、多地理位置构成的分布式计算需求场景中,由于实际应用中存在大量具有异构性和差异性的底层软硬件计算资源,混合云架构下的一致性服务体验往往只能停留在产品规划和宣传层面,在混合云管的实际建设中通常难以实现,最终使得混合云"混而不合"。混合云也并未真正实现企业降本增效的云价值主张和初心,企业上云、用云效率和体验也并未得到真正满足。因此,继承云价值主张的分布式云应运而生。

此外,尽管混合云兼具了公有云和私有云的优势,但是混合云本身同样也充满了复杂性,在多个资源环境中的灵活部署一定程度上面临着技术、业务和管理等方面的挑战。由于不同云厂商对于云的概念理解不同且 API 存在不一样的情况,而云服务和资源又分布在不同的云平台之上,致使被纳管的云仍旧是独立资源池。长期以来,多云管理的背后并没有真正实现跨云编排、跨云资源的统一调度,用户的一致性体验要求并没有得到满足。

总之,企业多样化业务场景下分布式、多地理位置一致性使用体验的计算需求与混合多云基础架构和资源使用上难以实现一致性之间的矛盾,即混合云多个资源池不能在单个控制面下一体化运行,是云计算模式需要由混合云升级至分布式云的根本原因。简言之,分布式云的出现"修复"了混合云的缺陷。

综上所述,分布式云正是混合多云一致性管理能力和使用体验的增强,分布式云是混合云的"进阶版",是混合云架构的理想状态,本质上还是一种混合云模式。混合多云模式的优势在于用户可以自主选择不同云服务以满足多样化业务的资源扩展、负载迁移、安全合规、容灾备份等特定需求,同时避免了云厂商锁定,通过构建异构技术栈云资源以增强云基础设施的高可用性。但是,由于混合多云环境资源异构,不同云之间技术架构、管理工具、服务类别等不一致,用户面临云服务使用不一致和管理复杂度增加等问题。分布式云则强调将中心云服务按需部署至用户指定的业务需求位置,通过统一管理平面,实现中心、区域、边缘等地理位置云资源的统一资源管理、统一服务更新以及统一使用方式和一致的云资源使用体验,因而更符合企业用户上云用云的实际诉求，更能体现"以用户为中心"的云计算服务理念。

四、分布式云与云原生的关系内涵

从中国信通院和 Gartner 对分布式云的定义中不难看出，云资源的统一管理和一致性使用体验是分布式云最核心的两大特征。云计算模式由混合云到分布式云的进化，云原生技术扮演了"只欠东风"的关键角色：云原生是推动云计算模式由混合云到分布式云的核心技术。

事实上，任何新技术概念的提出，都是在行业需求逐渐明朗的背景下技术与时俱进发展后的表象，分布式云概念的提出也不例外。在企业用户全面上云的背景下，多样化业务场景对近现场计算、低时延计算和本地安全计算的强需求，以及对分布式异构计算资源的统一管理和一致性使用体验的诉求，与近些年来持续落地并被业界广泛接受的云原生技术融合在一起，便孕育出了分布式云的概念。

在分布式云的具体实现上，一方面，可由单一同构公有云或大型私有云在多地理位置，按需部署差异化算力需求的同构技术栈计算集群来构建分布式云；另一方面，也可基于异构混合多云在多地理位置，按需部署差异化算力需求的异构技术栈计算集群来构建分布式云。前一种模式目前主要以公有云为主，如 AWS 云 Outposts、微软云 Azure Arc、谷歌云 Anthos。其优势在于部署在不同地理位置上的分布式云资源全栈技术一体化，由于是单一同构云构建的分布式云，因而天然具有一体化统一管理和一致性使用体验的基因。但是也将继承公有云模式的大部分缺陷，如厂商锁定、数据泄露、不能自主可控，以及难以兼顾存量私有计算资源等问题。因此完全基于公有云基础设施的分布式云建设模式，更多地还是一种较为理想、面向未来的云计算模式，是一种站在未来公有云视角对现阶段 IT 基础设施进行思考的结论。就现阶段国内的云计算发展格局而言，很难有落地应用的现实基础。

相比而言，后一种分布式云建设模式更符合当前阶段企业上云用云的现状，尤其是对于多数传统企业而言，兼容存量异构基础设施，基于多样化、多架构、多厂商，以及分布式云边端的存量 IT 基础设施，构建统一管理、一致体验的分布式云基础设施，是多数企业在混合多云时代便不懈努力和一直追求的目标。但是这一目标的实现，在云原生技术得到真正普及和成熟应用前，面临太多的技术挑战和现实阻力。

云原生技术以应用为中心，向下屏蔽异构分布式基础设施差异性，向上提供统一应用运行环境。云原生以标准化的应用支持多云多集群能力，覆盖应用的交付、管理、调度、容灾、运维全生命周期管理，通过标准化的分发机制，可将业务快速扩展至分布式云。借助云原生"以应用为中心"的理念，用户可从全局视角出发统一管理和运维分布式应用，轻松实现应用服务的全球分发，做到一次部署、处处运行。简而言之，云原生技术与分布式云是天作之合，是实现分布式云"应用全面治理、服务无处不在"的底层核心技术。

总而言之，正是云原生技术的普及推广和应用，才使得基于异构混合多云的分布式云构建模式成为可能，而这一具有深厚现实基础的分布式云构建模式，较好地满足了企业上云、用云的实际需求与现状,也是当下分布式云概念的真正内涵。

从整体来看,云原生技术的普及应用,以及云原生技术异构差异化基础设施的抽象屏蔽能力,使得基于异构分布式基础设施的混合多云直接阶跃至具备一体化统一管理、一致性使用体验的分布式云。因此在某种意义上,广义混合云在云原生技术的加持中不断演化成今天我们所看到的分布式云。从云计算技术发展的历程来看,这便是分布式云与云原生技术之间的关系内涵:云原生推动了分布式云概念的实现,解决了分布式云落地实践的技术挑战;而分布式云的出现,则加速了云原生技术在混合云和边缘计算等领域的广泛应用和推广落地。分布式云与云原生的结合,将成为未来云计算基础设施新范式。

五、分布式云与边缘计算的关系内涵

边缘计算中的"边缘"是一个位置,特指物理世界中的人或物与数字世界连接的位置,而边缘计算是指发生在边缘或靠近边缘的位置、由边缘基础设施承载的分布式信息处理。边缘基础设施是硬件、软件、服务和应用程序的集合,其位于靠近终端用户或消费者的网络中,而非中心云上,边缘基础设施使得数据处理能够更接近于其源头。此外,边缘基础设施的一个基本条件是其必须与核心基础设施(数据中心或中心云)进行连接,没有"核心"的边缘是虚无的边缘。

相对分布式云而言,边缘计算拥有更悠久的历史。多年来,由于缺乏与边缘计算相关的标准和规范,边缘基础设施目前呈现出极其碎片化和多样化的现状。现阶段,以传统垂直行业边缘计算、互联网云厂商云原生边缘计算、运营商 5G MEC 为主要代表的发展路径是当前边缘计算三大主流发展方向,而每一主流发展方向的内部,又呈现出百家争鸣的发展模式。碎片化、不统一、缺标准是当前阶段边缘计算健康持续发展所面临的"三座大山",也是真正阻碍边缘计算大规模应用落地的主要障碍。近些年,业界提出的分布式云,可认为是边缘计算所依赖的现代化边缘基础设施,或者说是边缘计算面向未来的边缘基础设施。

从概念定义来看,边缘计算与分布式云有诸多相同之处。首先,二者都极为重视"位置"这个关键因素,并将其纳入了核心定义中。其次,分布式云和边缘计算都追求业务导向的分布式部署,都体现了"以用户为中心"和"以业务为驱动"的云计算核心理念,是真正对算力资源按需部署的实现。

但是,二者也有着天然的差异。边缘计算的背后是基于供应商对边缘的看法和定义的形式各异、碎片多样的解决方案和软硬件产品,而且多年积累已根深蒂固,行业发展路径甚至概念理解都各有差异。而边缘计算的核心目标是从中心卸载计算、网络和数据拥塞,更多是从边缘场景或业务出发的考虑,并不特别强调边缘基础设施的统一管理,因此很难实现边缘基础设施的一体化管理和一致性使用。

对于分布式云而言,"统一管理能力"是其置入深处的核心理念,其更多是从技术架构的角度出发,追求计算资源的分布式部署,但是也强调分布式基础设施架构的一致性和同构性,其最终追求的是分布式云资源在管理上的统一性和使用上的一致性。

缺乏标准和广泛接受度的边缘计算架构,将会导致企业被动部署多个不兼容的技术堆栈,最终导致企业不同架构的激增,进而引起企业数字化基础设施管理和使用成本的激增。因此,基于分布式云来构建边缘计算，是目前我们所能看到的可以化解边缘计算发展顽疾的最理想方案。

通过分布式云与边缘计算的结合，将算力资源按需部署在近业务侧的不同地理位置上，并在其上运行差异化、多样化的企业边缘应用，同时对边缘和中心算力基础设施进行统一化、一致性的管理，这是当前数字化先进企业基础设施建设的追求，也是未来云网边端数字化基础设施一体化管理的要求。

分布式云的出现，将会极大促进边缘计算的发展和落地应用，而边缘计算广阔的市场需求和当前面临的碎片化挑战，则是推动分布式云出现和发展的关键驱动力。基于分布式云的边缘计算，未来将会成为主导传统企业数字化基础设施建设的主流方向，也终将成为企业数字化基础设施建设的理想状态。

第二节　分布式云关键技术能力需求分析与概述

分布式云与传统各类云计算模式最大的区别，在于首次提出"以位置为中心"进行计算架构模式的设计。事实上，"位置"永远相伴用户而在，因此分布式云本质上即是"以用户为中心"的云计算模式。相对"以设备为中心"的传统IT架构模式，以及"以资源为中心"的云计算1.0模式和"以应用为中心"的云计算2.0模式而言，"以用户为中心的"分布式云，事实上是云计算3.0模式。如果从云计算"按需"服务用户的角度看，分布式云更接近云计算的初衷和理想。传统集中化的云计算模式主要还是选择性地"按需"提供服务，由于监管、低时延等特殊业务需求而无法上云的应用，事实上并不在中心化云计算模式所谓的"按需"服务范围之内。

分布式云是混合云的理想状态,因此分布式云的技术实现并不简单。由于其涉及中心云、区域云和边缘云等差异化、多样化、定制化等异构基础设施,在国内公有云普及并不理想、企业用户存量私有化基础设施大量存在的现状下,分布式云的提出和实现面临诸多挑战,需要业界在多个技术领域齐头并进,才能实现分布式云所描绘的理想状态。我们认为,与分布式云密切相关的三大关键技术能力,由下至上分别是:基础设施全域覆盖及云服务化供给能力,云原生运行时屏蔽及应用任意位置交付能力,全局统一管理平台及一体化安全管控能力。只有依次实现三大关键技术能力,分布式云才有可能真正落地成为现实。

一、分布式基础设施全域覆盖及一致性服务

分布式云最核心的目标,是满足企业用户基础设施和云服务能力的就近按需部署。分布式云所覆盖的地域范围较为广泛,从地理空间上划分,分布式云支持从中心、区域,及边缘三个层次提供云基础设施能力,广域覆盖云边端全场景。因此,分布式云关键的技术能力之一,就是云服务能力在中心、区域、边缘,乃至生产现场多层级基础设施上的全域覆盖能力,即一朵分布式云实现全场景覆盖。

首先,相对集中式云服务而言,为最大限度减少用户在管理和使用上的复杂性,分布式云更强调中心、区域和边缘基础设施技术架构的一致性,也更强调分布式云服务能力的一致性和统一性,即位于不同地理位置上的云能力可以提供相同规格的服务产品和一致性的管理

使用方式。而这也是分布式云区别于混合云的关键所在，也是现阶段分布式云面临的主要挑战。

其次，为满足分布式云灵活按需部署的能力，分布式云应具备轻量化云基础设施部署能力，以及功能按需弹性扩展的部署环境适应能力，进而实现针对中心、区域和边缘不同场景需求下的弹性灵活部署，以及按需的软硬件服务升级能力。简而言之，分布式云应能基于不同环境需求以不同规格的资源池进行部署，支持包括中大型数据中心、用户本地机房、边缘业务现场等不同环境的部署能力，使得分布式云在某个节点所提供的服务可根据用户需求随时扩展和减少，无须预先设置。同时，分布式云具备独立自治性，确保在网络中断或抖动情况下，分布式云区域或边缘资源池能独立提供服务，保障服务稳定性和业务连续性。

最后，覆盖云边端的分布式云基础设施应实现完全一致的云服务供给能力。由于区域、边缘受限于资源、环境、成本等因素的影响，区域云和边缘云基础设施服务很难保证与中心云服务规格完全一致，但是分布式云基础设施服务至少应包含计算、存储、网络服务能力。在基础设施层面，应能提供基于裸金属、CPU、GPU、FPGA等异构计算类型构成的弹性敏捷基础计算服务，可提供不同性能的存储等级服务，以及通用网络虚拟化能力和与本地网络、终端设备互通的能力；在平台能力层面，应能提供数据库、中间件、云原生等云服务能力，同时基于分布式云统一的网络和管理一致性，区域云和边缘云应能远程调用云端部分平台能力，实现资源密集型云服务在区域或边缘云平台上的直接使用，以实现分布式云一致的产品服务规格和云服务使用体验。

二、云原生泛集群统一管理及应用任意交付

云原生技术是企业基础设施由混合多云阶跃至分布式云的关键核心技术。云原生技术体系最大的优势，在于其作为任意应用的运行时，可构建于任意基础设施之上，向下可实现底层异构基础设施差异性的屏蔽，向上可提供无差别的任意应用运行环境。而容器和 Kubernetes 已成为云原生技术体系的标准，因此利用标准化的云原生技术体系，可实现差异化、碎片化企业传统存量 IT 基础设施和云基础设施的整合，面向云、网、边、端差异化应用场景，以标准化接口方式，在分布式基础设施之上，提供无差别的运行环境和一致性的云资源管理使用体验，这也正是云原生作为分布式云最核心技术的关键所在。

对于云原生分布式云而言，如何实现中心云、区域云、边缘云，乃至现场终端设备上的云原生集群或容器运行时的统一管理，以及基于分布式云原生集群或容器运行时的应用分发与交付，实现广域空间内云原生泛在集群及运行时的中心化、一体化的集中管理，以及无差别的任意位置应用部署交付能力，是现阶段分布式云落地实践最为关键的问题。利用 Kubernetes 和容器技术，可实现分布式云环境统一的云原生技术和生态标准，可让企业用户如本地运行一样管理或访问分布式云资源，通过标准化接口集中管理和维护多位置、多云环境上的云原生运行时，可最大化实现分布式云服务能力的一致性和统一性。

在泛集群统一管理方面，分布式云应能支持多种方式灵活地部署与管理各种类型的 Kubernetes 集群，具备统一集群管理能力。相关集群包括混合部署模式集群（单集群混合部署在不同位置或环境下）、混合自治模式集群（多个集群独立部署在云上云下的不同位

置)、边缘自治模式集群(云端纳管用户多地域的边缘节点和边缘设备)。分布式云可通过纳管或注册集群的方式,将本地数据中心存量 Kubernetes 集群或外部云厂商 Kubernetes 集群接入统一容器服务管理平台,以实现泛云原生集群和运行时的统一管理、统一运维。

在应用交付管理方面,分布式云应能实现跨地域、跨网络环境的任意位置应用分发管理。通过配置分发策略,应能将容器应用发布到不同地理位置的不同集群上,实现远程灰度更新、热升级、变更回滚和批量发布等多种发布能力。利用分布式云应用跨地域、跨集群的统一应用管理和调度能力,应能配置手动或自动化跨地域、跨集群的弹性伸缩策略,实现应用在不同地理位置和网络条件之间的自动负载均衡与扩缩容等操作。此外,应能基于不同地理位置、网络质量、时延和资源使用等情况,以用户自定义方式,实现服务发现、负载均衡和流量统一管控等能力。

三、全局全栈统一管理平台及一体化安全管控

分布式云原生泛集群的统一管理是分布式云"以应用为中心"核心功能的实现,但是除去应用和应用运行时的统一管理,分布式云还需具备全局统一的全栈式管理平台和一体化的安全管控能力,实现分布式云在资源、数据、服务、应用、运维、安全、资源调度等方面的统一管理。

首先,就统一管理平台而言,分布式云应能提供对中心、区域、边缘的全局统一管理能力,进而破除地理位置、资源异构等不可变因素带来的云服务规格差异、使用差异以及管理差异,实现分布式云由

底层资源的调度到上层应用的分发、运维和监控的全栈式一体化管理，以及一致性的分布式云服务使用体验。构建横向覆盖全局分布式地理位置基础设施、纵向渗透全栈软硬云服务及应用全生命周期的统一管理平台。

其次，就分布式云而言，如何构建云边端一体化的安全防护能力，则是影响分布式云能否稳定运行的核心要素。与中心化云计算模式不同，分布式云基础设施异构、分散、多样化，而且网络条件参差不齐，区域云、边缘云和终端设备节点安全防护能力通常受限，广域分布在不同位置上的每个节点都可能成为潜在的安全攻击漏洞。分布式云一体化安全防护能力的建设，应确保分布式云基础设施的安全和分布式云应用平台的安全。在分布式基础设施安全方面，应最大限度在中心、区域和边缘资源池中部署安全服务，承袭数据中心安全防护模式，包括主机安全、云防火墙、网络访问控制、入侵检测等。在分布式云应用平台安全方面，应集中提供在分布式云不同地理位置的统一容器资产管理、镜像安全及运行时入侵检测等安全服务，保障容器从代码扫描、流水线编译、镜像生成、存储到运行时的全生命周期安全，构建中心化的统一应用安全防护体系，实现应用安全的统一管控和安全策略的集中分发。

最后，构建分布式云一体化安全防控能力，应实现分布式多点防护与中心化监控运营的结合，将分布式基础设施安全与分布式应用平台安全进行中心化的监控管理，构建分布式云统一云安全监控运营平台。实现基于中心云、区域云和边缘云等位置的云安全配置风险检查、流量入侵检测、泄露监测、日志审计等基础安全能力的一体化、中心化监控，同时结合统一安全态势感知，实现针对分布式基础设施与应用的威胁预警、提前预防、集中处置等能力,做到中心指挥与分布式边界防御的一体化协同。

第三节　分布式云场景应用及挑战与展望

一、分布式云应用场景归纳概述

从技术与架构的演进趋势来看,云计算在继公有云、私有云、混合云后,正开始加速向分布式云演进。根据 Gartner 的预测,到 2025 年将有超过 50% 的组织选择使用分布式云,超过 75% 的数据将在边缘侧处理。而根据 IDC 的预测,企业组织未来几年在边缘基础设施上的投入将远超中心云,边缘云的部署增速将是中心云的 3 倍以上。事实上,分布式云的出现和应用趋势,并非权威咨询或调研机构简单的概念包装或技术术语,而是对现实需求的深入描述和技术发展的前沿定义。

近年来,随着边缘计算、智能制造、云游戏、产业元宇宙等细分垂直行业的持续云化,原有中心化的云计算形态已经难以满足各行各业巨大的现场数据处理及应用场景需求。而基于物理位置的云服务模式——分布式云则表现出巨大的灵活性,使得客户能够随时随地上云用云,并以低成本、高效率、极简化的方式用云服务助力企业数字化转型,因而受到了越来越多行业的青睐。相比于公有云,分布式云可实现近距离提供云服务,可以降低延迟、提升用户体验;相比于私有云或混合云,分布式云强调统一架构、统一管理和持续迭代,不管云资源所处的物理位置分散在何处,从客户视角来看,只有一朵逻辑上的分布式云，因而具有更低的用云和管云成本。

相比于传统云计算模式，分布式云具有低延时、强合规、高安全、高灵活等特点，因而比较适合低时延和数据本地化场景需求。借助分布式云"无处不在的基础设施"优势，可将云服务下沉至本地数据中心、生产现场和边缘区域等近业务侧现场，降低访问时延和网络带宽传输压力。分布式云克服了集中式云计算无法满足时延敏感型业务的缺陷，同时也较好地满足了因监管、保密等要求而需本地化计算的数据合规和政策合规要求。

在消费互联网领域，在以直播、会议等为代表的音视频应用和以云游戏、AR等为代表的虚实交互应用中，时延对终端用户体验有较大影响，通过分布式云来部署此类应用，可将业务放置到离终端用户较近的物理位置，从而降低时延，提升用户体验。在产业互联网领域，在智能制造、自动驾驶等场景中，需要实时对生产数据进行监控、计算，并实时反馈至生产控制系统，分布式云提供的就近部署能力，不仅可以实现微秒及毫秒级的时延访问，还可减少数据在复杂长距离网络传输中带来的泄露等不确定性问题。

分布式云不仅在低延时、本地化计算业务场景下具有特别优势，利用分布式云架构，还可实现本地基础设施的利旧、应用跨云高可用容灾、多云应用治理、数据合规安全，以及多分支节点的统一管理等企业用户上云、用云的刚性需求。

场景1：利旧本地基础设施资源。通过云原生分布式云技术，利用跨云混合部署集群的方式，可实现用户在自有本地基础设施上运行与中心云上集群一致的Kubernetes容器服务，在中心云上托管Kubernetes集群的控制平面，本地自有基础设施作为受管业务运行节点，集群的创建、升级、监控等生命周期管理由分布式云平台方统一管理实现，进而可实现企业用户存量 IDC 资产的兼顾，帮助企业利旧本地数据中心资源扩充云能力。

场景 2：高可用跨云容灾备份。利用云原生分布式云技术，通过构建跨云、跨地理位置 Kubernetes 多集群方式，通过将集群和应用备份恢复到运行在不同区域的另一个集群，可实现业务跨地域迁移切换，实现应用服务在跨地理位置集群间的备份恢复或多活部署，实现企业应用多集群灾备和多集群多活容灾解决方案。

场景 3：跨云应用治理。利用云原生分布式云架构，可实现应用治理上的统一发布和跨云环境应用服务的统一管理，实现跨云多集群间的应用弹性伸缩，在多个集群上快速部署和管理应用，提高业务弹性敏捷，利用云原生服务网格等技术的流量配置策略，可实现业务流量在跨地域多集群间的灰度平滑发布，实现多云应用的治理。

场景 4：数据合规安全。企业用户敏感数据资产，通常需要采取固定部署位置、专属部署资源，以及严格的访问管理策略的措施。利用分布式云多地理位置灵活部署特性，可满足企业数据不出本地机房或园区的诉求，同时基于分布式云可以实现专属化的资源部署，以实现企业用户数据从存储到处理全流程均满足合规要求。

场景 5：分支节点统一管理。通过分布式云架构，可对大型企业集团下属不同分支节点的云资源进行统一管理，借助自上而下的分布式云战略统一集团分散的 IT 资产，降低异构或重复建设带来的额外成本，利旧传统分布式离散基础设施，构建一朵逻辑上使用和管理具有一致性和统一性的分布式云，进而实现集团型企业多分支节点的统一管理。

二、分布式云行业应用现状分析

2019年，分布式云概念首次被提出。2021年和2022年，分布式云连续两年被Gartner列入战略技术趋势。从全球云厂商的范围来看，自2020年以来，国内以华为云、腾讯云、阿里云、天翼云，国外以AWS、Azure、Google Cloud为代表的云厂商，都在探索分布式云架构和全系列产品组合。在分布式云的探索实践方面，国外云厂商相对领先。AWS推出Outposts，把云推到边缘节点，实现中心与边缘的融合，率先开启分布式云模式；Azure发布Azure Arc，将Azure云端成熟服务跨越中心云环境和边缘节点，扩展至任意分布式基础架构；Google Cloud推出Anthos平台，实现多个公有云、本地云和边缘云基础设施的统一和管理。国内以腾讯云、华为云和天翼云为代表的云厂商，已全面开启分布式云时代。

（一）腾讯云分布式云

腾讯云基于分布式云理念和架构，推出了本地专用集群CDC、边缘可用区TEZ、专属可用区CDZ、云托管物理服务器CHC，以及云原生分布式云操作系统遨驰Orca。其中，本地专用集群CDC可将腾讯公有云能力延展到客户本地或者生产现场，小到企业工厂智能质检产线，大到区县级政务云的节点；边缘可用区TEZ与腾讯公有云Region类似，都由腾讯云统一建设，但是TEZ主要部署在用户近端，专门针对一些延迟敏感型的业务，以提供更好的使用体验；专属可用区CDZ主要面向专有云客户，可以在用户自有机房、托管机房、第三方机房进行按需建设，主要满足用户数据监管合规等要求；云托管物理服务器 CHC 可以把用户自己的服务器，托管到腾讯云的中心可用区、边缘可用区，之后被赋予类似腾讯公有云的能力。

从中心可用区到离客户延迟更低的边缘可用区，以及按需建设和部署的本地集群、专属可用区，再加上用户自带设备的上云模式，腾讯云已开启全域分布式云的布局。此外，为实现分布式云资源和服务能力统一管理、统一调度的目标，腾讯云自研了 Orca 分布式云操作系统，Orca 具备超强调度能力，可让整个分布式云版图上的所有资源"浑然一体"，提供简单统一的管理体验和极致的资源利用率，是腾讯分布式云战略中极为核心的产品，腾讯云分布式云整体架构如图 3-2 所示。

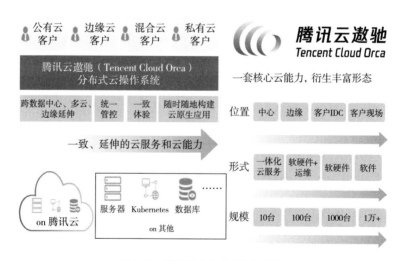

图 3-2 腾讯云分布式云整体架构

（二）华为云分布式云

与腾讯云相比，华为云分布式云战略似乎更为彻底与完善。华为云分布式云战略的核心思想与理念，是"分布式云 × 云原生"重构云基础设施，基于此构建企业全面云化、全栈智能化之路。华为云分布式云由华为云中心 Region、智能边缘云 IEC、智能边缘小站 IES、专属 Region、智能边缘平台 IEF 构成。华为云的分布式云战略的核心重点在于将云原生的构建能力与分布式云对云资源的调用能力和服务能力发挥到最大，从而达到全栈智能和全面云化的云服务效果。其中，中心 Region 代表的是华为公有云；智能边缘云 IEC 主要部署在重点省市、主流运营商优质网点等"热点"区域，实现本地大流量访问业务的低延迟；智能边缘小站 IES，则是以"机柜"形式呈现、客户可以"搬回家"的云，可以部署在客户数据中心内，整柜运至客户数据中心，极速一体化交付，可满足用户强监管、数据合规等需求；专属 Region 则是为政企大客户量身打造的"专享"云，可部署在政企行业大客户本地数据中心，满足这类超级客户"自营云"或"行业云"的需求；智能边缘平台 IEF，则是纯软件方案，可部署在各类边缘硬件上，可应用在车辆识别、AIoT 等对算力要求不高但是需要统一管理的边缘应用场景。

以上华为分布式云产品分别在物理位置上对应核心区域、"热点"区域、第三方托管机房以及客户现场等不同场景，并且底层完全基于华为云擎天架构实现。在整个分布式云体系之中，华为云通过自研的瑶光云原生分布式云操作系统，基于擎天架构实现整个分布式云的统一调度、管理和分发，以实现云服务的软硬件协同和云边协同。华为云分布式云整体架构如图 3-3 所示。

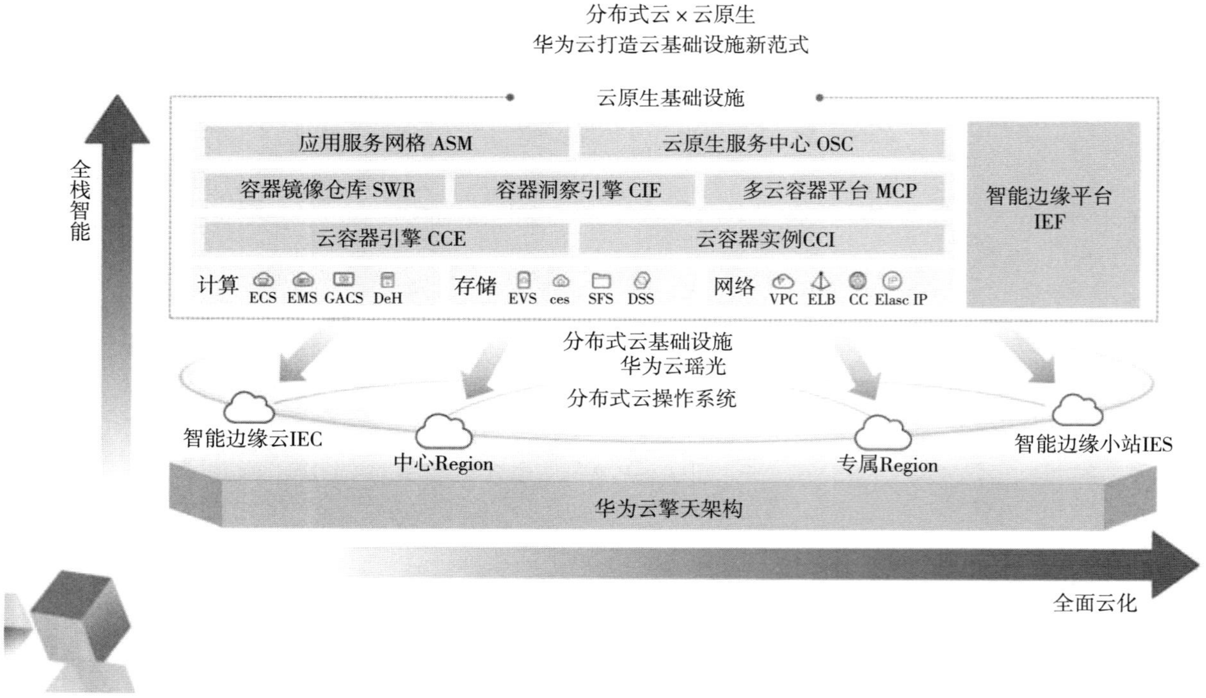

图 3–3　华为云分布式云整体架构

（三）天翼云分布式云

相比腾讯云和华为云，天翼云由于多年来早已遍布全国的基础设施建设，因此更具备分布式云基因和属性。天翼云 4.0 自发布伊始，就将自身定义为一朵"兼具公有云的服务和私有云的敏捷"的分布式云。天翼云 4.0 版本以云网融合战略为核心，全面升级分布式云基础设施、云操作系统、云产品能力，从而实现一云多态、一云多芯、一张云网、一致架构、统一调度、统一运维。天翼云分布式云基于运营商固有的分布式基础设施构建，其目标是构建"2+4+31+X+O"的层次化分布式云架构。其中，"2"是指内蒙古和贵州两个全国性云基地，将部署超大规模的融合资源池；"4"是指在京津冀、长三角、粤港澳、川渝陕四个国内最发达的区域建成大规模公有云中心；"31"则是指在国内部署的 31 个省级数据中心；"X"则是指在任意节点打造差异化边缘云；"O"则指是布局"一带一路"沿线国家，将算力体系延展至海外，在全球 27 个国家 42 座城市部署超过 100 个 PoP 点。因此，从天翼云布局的层次架构来看，其分布式云的格局潜力无限。

在分布式云产品方面，天翼云已推出本地轻量敏捷云 ACS、智能边缘云 ECX、超融合一体机 iStack 和边缘盒子 iBox。在地市层面，天翼云将基于轻量化敏捷云 ACS，全面部署算力资源；在区县层面，则基于智能边缘云 ECX 和天翼云 CDN 的布点覆盖能力，在 5~10ms 时延圈内实现算力的实时交付；通过超融合一体机 iStack 和边缘盒子 iBox，天翼云可将算力按需部署至园区、厂区，以及各级政企客户机房，从而实现 1~5ms 的超低时延算力实时交付。天翼云分布式云整体架构如图 3-4 所示。

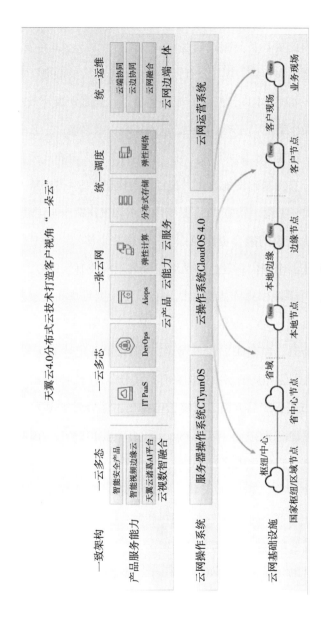

图 3-4 天翼云分布式整体架构

从整体来看，现阶段的分布式云战略布局实践主要还是以公有云厂商为主。在具体落地实现上，通常以中心云、区域云、边缘云及边缘设备的多层级形式组成分布式架构，并以云原生技术为内核，开发分布式云操作系统实现分布式基础设施的统一管理。纵向采用同构技术栈实现分布式云服务，横向利用分布式云操作系统实现统一管理，云服务部署位置随需而变，云服务使用模式一致不变，这便是当前分布式云的建设现状和追求目标。

三、分布式云面临的问题与挑战

分布式云是云计算行业的一次重大转变，其首次代表了位置成为云服务交付的基本和定义部分。分布式云的价值主张极为符合理想中的混合云架构，因此分布式云作为云计算未来的发展方向，已成为以公有云厂商为代表的业界共识。"分布式云"作为一个技术术语，涵盖了当前和未来的广泛技术。对于多数人而言，分布式云代表的是一种理想的最终状态，客户需求正在出现，云厂商也正在探索实践中，行业解决方案尚未完全成熟。整体而言，分布式云虽然是未来的方向，但是过渡需要时间，分布式云的发展应用，仍然面临很多现实问题和挑战。

首先，按照 Gartner 的定义，分布式云应是公有云模式的延展，因此也应是公有云模式在企业应用中受到广泛采用后的"第二阶段"。然而，回顾云计算的发展历史，会发现公有云模式的价值主张其实一直在"退缩"，公有云在企业用户，尤其是在传统行业中的应用至今仍未占据主流。云计算十几年的发展历史，就是从最初的公有云理想，不断向私有云妥协，直至孕育出混合云、边缘云模式的历史。因此，从云计算发展的历史角度来看，以"中心化服务"为特征的公有云"第一阶段"在行业用户中的普及和应用仍未占据主流，以"分布式服务"为特征的公有云"第二阶段"在行业用户中的普及推广，其被接受程度可想而知。在很大程度上，分布式云是典型技术演化周期中的"应用一波，预研一波"，以及商业市场中"人无远虑，必有近忧"下的提前布局。

其次，分布式云所针对的行业应用和场景目前并不成熟，对分布式云的需求紧迫性仍旧不高。虽然元宇宙、5G 行业应用、云游戏等需要高算力、低延迟的场景对分布式云有着明确的需求，但这些业务本身的方向仍不明朗，离落地实践还有很长一段距离。而以物联网、人工智能、边缘计算，以及 AIoT 为代表的边缘应用场景虽然正致力于万物智联时代的到来，且 AIoT 场景与分布式云息息相关，但是 IoT 行业本身的碎片化，以及 AI 领域高度的场景定制化，使得现阶段 AIoT 行业整体成长性偏弱，需求强劲但供给疲弱，行业应用和发展并不理想，因此对分布式云的需求紧迫性并不强。

再次，分布式云本身所依赖的技术成熟度有待提升，分布式云本身的功能实现远不如预期。一方面，分布式云的实践应用离不开云原生技术，而行业应用目前刚走完"托管上云"阶段，距"生于云上"和"长于云上"的云原生黄金时代还有较长距离，行业应用在云原生改造方面也缺乏动力，在现阶段缺乏云原生应用对分布式云的驱动。另一方面，现阶段实现的分布式云中，区域云、边缘云中的服务仅是中心公有云的子集，而且区别较大。例如 Google Cloud 的 Anthos 专注于 Kubernetes Engine，并无太多其他服务；AWS 的 Outposts 目前虽然提供了一套核心服务，但是也缺少更多的 PaaS 类服务。因此，现阶段的分布式云很难做到不同部署位置上云服务的一致体验，更多还只是公有云服务的功能子集。

最后，分布式云由不同地理位置基础设施共同组成，对网络连接的要求较高，在复杂网络条件下本身存在服务可靠性的不确定性。同时，基于公有云模式的分布式云使用，在很大程度上意味着企业全部基础设施的公有云厂商锁定。虽然分布式云通过公有云进行中心化的管理控制可提高全局基础设施运行的效率，但是公有云控制平面的设计本身也引入了故障点，由于其对网络连接的要求较高，如果出现长时间的网络中断，就有可能导致分布式云的不可用，或者区域云或边缘云上某些服务的失效。此外，分布式云解决方案在根本上是与公有云厂商绑定的，如何将企业多样化的应用，尤其是大型多元化企业的应用，迁移至某个单一云厂商的分布式云，这本身也是极大的技术挑战。

四、分布式云发展路径及未来展望

从云计算的初衷和最终要实现的目标来看，公有云一定是行业的未来，业界对此并无太多争议。云计算的初衷一直是公有云，希望通过一朵云覆盖全行业全场景，让计算犹如水电一样可自由按需、随时随地获取。不过，随着云计算不断深入各细分垂直行业，公有云模式在既定事实、大量存在的"非数字原生"企业应用面前，以及各行业合规政策监管、业务特殊性要求面前，不断向私有云和混合云模式"妥协"。纵观云计算的发展史，这种"妥协"的背后一直是云资源供给模式在公有云的便利性、高效性与私有云的本地灵活性、合规性之间的动态权衡,这种权衡的最佳状态,业界曾经给出的答案是混合云。

混合云兼顾敏捷与安全,既能获取公有云服务的计算资源、降低计算和运维成本,又能将核心业务与数据在本地部署。理论上,混合云应是未来相当长时间内规模化企业首选的云策略。但是,不同云厂商在公有云和私有云底层架构设计上的差异性,导致在公/私有云之间的切换存在很多问题。而混合云本身所倡导的多云"浑然一体"、一致使用体验的价值主张,经过多年实践并未得以实现,反而随着异构多云的递增和边缘计算的加入,混合云开始呈现"混而不合"状态,企业用云、管云成本持续上升。在此背景下,业界焦点再次回到公有云的初衷,希望将用户对私有云、混合云、边缘计算等计算模式的诉求融入公有云的架构设计中,引入基于分布式架构的公有云服务模式,同时保持云产品和服务供给使用上的不变性和一致性,因而提出了以公有云为底座基础的分布式云概念。

但是,正如前文所述,严格意义上的分布式云应是公有云应用的"第二阶段",在以"中心化"为核心的公有云"第一阶段"还未将云原生等技术理念渗透至各行业时,分布式云的成长土壤是较为贫瘠的,更多只是公有云厂商对于先进技术进行的提前布局,以及部分中小型行业用户先试先行的样板工程。

事实上,分布式云战略的决策和投入对于多数企业而言都将是颠覆性的转向,尤其对于大多数非数字原生的传统企业用户而言。单一云厂商分布式云公有云的引入,将会剥夺企业在多云之间权衡谈判的自主权利,也将与云厂商实现紧密捆绑和锁定,这对于大多数企业而言，在云计算还未如水电般成为全社会通用稳定基础设施之前，将存在极大不确定性。此外，多数企业 IT 信息系统都已有几十年的发展历史，在多样化和场景化业务驱动下，企业早已建立多样异构化的基础设施，如何在短期内将存在多年并已成为核心生产应用的存量基础设施及应用迁移至新构建的分布式云上，几乎不存在实现可能性。

因此，虽然我们认可分布式云一定代表云计算的未来，正如公有云一定是行业的未来。但是，直接由混合云阶段阶跃至分布式云时代，并不符合国内云计算发展行情，也难以匹配现阶段国内企业用户的实际需求。

事实上，由国外业界同行率先提出的分布式云概念，其在国内的发展轨迹应以符合实际现状、满足用户实际需求为导向。只有兼顾现状、面向未来的技术，才具备落地生根的可能性。因此，我们认为分布式云应遵循"公有云→私有云→混合云→分布式混合云→分布式公有云（分布式云）"的云计算发展规律（如图 3-5 所示），即分布式云应分为两个阶段。

第一阶段为分布式混合云。此阶段的云架构仍然以混合多云为主，异构云基础设施仍然占据多数，但是开始着重强调多云的无缝融合、一致的用云体验和持续降低的用云成本，并在云原生技术的推动下朝着理想化的分布式云阶段无缝过渡。

第二阶段为分布式公有云。该阶段为严格意义上的同构分布式阶段，这一阶段企业存量应用的云原生化改造基本完成，各种边缘应用场景持续爆发，通过云原生技术屏蔽封装的应用可在任意云上自由迁移，分布式云所倡导的价值主张得以真正实现：任何时候、任何地点、任意场景诉求，分布式云能力无处不在，云边端基础设施一体化管理，企业应用中心化任意位置分发，企业用云、管云成本降至最低。

分布式云只有按照以上两个阶段循序渐进地推进，才可做到理想与现实的结合，也才能真正代表云计算的未来。否则，若只顾揠苗助长，必然会与用户实际需求脱节。

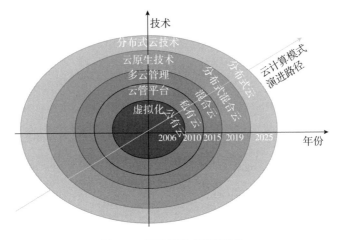

图 3-5　云计算模式演进路线

第四节　分布式混合云在传统产业中的建设原则及三个阶段

从行业用户的角度来看，无论是公有云、私有云，还是混合云和分布式云，并无实质上的区别。用户需要的，是一朵能解决实际问题的云，而混合云或分布式云的概念更接近用户心目中理想云的形态：随时、随地、随需的云服务满足，以及云资源的统一管理、云服务的一致使用体验，以最小的用云、管云成本，最大化满足多样化业务发展和创新需求。

而这是包括分布式云在内的所有云计算模式的初衷和需要实现的共同点，也是云计算模式不断演进的内核驱动力。同时也是企业用户云平台建设最应关注的目标，至于是不是分布式云，事实上企业用户大可不必关心，这仅是云厂商的品牌宣传或产品包装，企业用户更多关注的，还是云计算模式本身可为用户带来的价值内涵。

一、传统产业分布式混合云建设原则

时至今日，传统企业用户的 IT 基础设施，或多或少均已进入混合云时代。但是，进入云化基础设施时代的企业，并不意味着其 IT 成本的减少和业务敏捷的实现。相比传统 IT 架构，云计算解决了业务对 IT 敏捷的诉求，但是如何用 IT 敏捷激发业务敏捷？如何基于多云高效构建跨多地域安全灾备体系？如何实现企业全局层面的整体用云成本最优？如何满足遍布全球多元产业的数据存储与计算需求？中心算力如何突破边界下沉至一线边缘端？如何完成新旧架构体系渐进式的云化转换？如何实现异构多云之间的无缝融合、统一管理和一致使用体验？如何在最大化降低企业用云、管云成本的同时，实现业务敏捷创新和降本增效？以上问题，是每一个启动数字化转型战略的传统企业都应该考虑清楚的数字化平台建设问题。

而这些问题的答案，正是前文介绍的分布式混合云。就多数国内传统企业而言，云计算平台的建设使用路径应是公有云、私有云、混合云、分布式混合云，最终才有可能演化至完全同构一体化的分布式公有云。因此，现阶段传统企业用户云计算平台建设的目标和方向，应是分布式云混合云，即基于异构分布式基础设施，采用云原生技术，充分利旧存量云边端资源，实现分布式云资源的最大化统一管理和一致使用体验，构建中心管理、边端运行的应用交付运行模式，最大化降低多云资源的使用和运营成本。

事实上，传统企业业务发展多元化、板块需求多样化的现状与未来，必然要求企业数字化基础设施平台在架构范围内寻求最符合企业多元业务需求的平衡点：在弹性敏捷和平稳可控之间权衡，在稳态业务和敏态业务之间均衡，在集中处理与云边协同之间平衡，在异构多样化和一致使用体验之间并存，确保多云用户体验和管理机制的高度一致。以用户为根本，以应用为中心，实现业务负载在统一的编排、调度和管理下，自由安置于任何业务需求的任意分布式异构基础设施之上（包括边缘终端）。内看异构多样、兼容并蓄、各显所能，外看整齐划一、浑然一体、全域覆盖。这也正是分布式混合云的核心特征，以及现阶段企业云架构最为理想的状态。

在技术架构层面，分布式混合云基础设施实现了算力资源的广泛布局，并呈现云边端三级架构，基于统一的分布式混合云基础设施架构，云服务可按需部署至用户指定位置，通过一致的云服务管理和使用方式，实现用户视角的"一朵云"；在资源调度方面，分布式混合云全局调度能力实现云网边端资源统一编排调度，实现分布式云服务按需获取；在应用平台方面，云原生技术实现跨地域、跨集群的分布式应用统一管理、部署、调度和运维等，构建弹性、敏捷业务，实现应用的中心化管理与分布式运行的一体化管控；在安全方面，云边端立体化防护，基于SASE或零信任技术，构建分布式混合云基于网络、数据、应用和管理等方面的一体化安全防控体系。

对企业用户而言，分布式混合云的建设愿景，是以业务需求为导向，整合复杂多样的业务模式。并以最贴合业务的形态，提供跨底层异构基础设施域的综合平台能力，实现数据在异构 IaaS 层面的自由流动和业务负载在 PaaS 层面的自由迁移，赋予业务系统跨越平台桎梏和地域阻隔的广域分布式扩展、高维度弹性敏捷和异构平台自由伸缩的能力，以及分而不散的统一运营运维、调度监控及管理能力。传统企业用户分布式混合云的建设，应符合以下几个特征和原则。

（一）统一平面，一致体验

本质上，混合多云就是在相当长的一段时间内，统一平面下多种异构形态基础设施的并存。大型企业集团业务的多样性及广域分布性，必然要求形态多样的计算设施的存在。分布式混合云的建设，应通过异构设施的多样 API，抽象构建统一云管平面，通过 API 的无缝集成耦合，屏蔽异构资源的多样体验，建立统一运维管理面，实现运维管理及资源调度的统一，并最终实现统一云管平面下的一致用云与上云体验。

（二）互联畅通，数据流动

打通多云数据中心互联网络，实现云与云之间虚拟私有云（VPC）级别互通，构建云边端安全互联通道，建立有线、无线、专线、互联网、SD-WAN 等多形态基础设施网络通道。在此基础上，完成广域空间异构多云上应用之间的数据通路，实现数据自由流动和业务负载的自由安置。在异构数据中心平面内，自由实现应用数据在广域空间上的异地灾备与切换，保障应用在多云架构上的无障碍迁移和业务连续性。

（三）面向应用，自由迁移

以应用的敏捷开发、持续部署及全生命周期管理为导向，基于云原生技术体系，以应用为中心，构建跨越云边端多地域的泛云原生多集群统一管理平台，抽象并形成跨越分布式基础设施的 PaaS 技术平台层，屏蔽异构基础设施的差异性。以统一的门户、统一的应用封装与分发标准，实现多云集群上一致的资源编排、应用调度、运维管理与使用体验，实现应用的跨基础设施分布式部署，以及业务负载跨地域和集群的自由迁移。

（四）广域无界，云随业动

基于无处不在的基础设施能力，以分布式云混合云形态，构建无边界的云能力。任何时候、任何地点、任意场景诉求，分布式云能力无处不在。以云边端基础设施资源的统一管理，云服务的一致使用体验，应用的中心化、标准化任意位置分发，实现"业往之处，云随业动"的分布式混合云目标。

企业用户要实现分布式混合云的建设目标，满足分布式混合云上述几项特征，需要由下至上逐层规划。首先实现基础设施层面的互联互通和多云资源池的融合，其次实现应用层面的任意云基础设施交付，最后外拓扩展至云边端分布式基础设施的一体化管理。因此，传统企业分布式混合云的建设路径至少应经历三个阶段，即"以资源为中心"的狭义混合云阶段，"以应用为中心"的云原生分布式混合云阶段，以及"以用户为中心"的广域无界云原生分布式混合云阶段。

二、传统企业分布式混合云建设的三个阶段

（一）阶段一：以资源为中心的狭义混合云

传统企业用户为实现业务弹性伸缩、IT 资产利旧、跨云灾备、业务高可用，以及数据安全合规等场景需求，通常会采取混合多云策略。而如何基于多云基础设施，构建具备一致使用体验、统一运维管理的一体化混合云架构，实现用户层面基于多云资源池的"一朵云"使用体验，便显得极为重要。同时，这也是后续实现分布式混合云的根基。在此阶段，企业混合云的建设通常以多云资源的统一管理和使用为中心，通过企业私有云与外部公有云之间的互联互通，形成一体化混合架构。同时，构建面向以资源为中心的异构基础设施混合云，实现以企业私有云为中心的数据自由迁移和业务按需安置。

这一阶段的企业混合云架构，可以认为是以数据中心为边界、以资源管理为核心的狭义基础设施混合云，云基础设施还未呈现出广域空间内的分布式形态。这一阶段的建设目标，将以混合多云的统一资源调度为主，关注点在于中心云底层基础设施之间的互通与调用，构建逻辑上统一的异构多云资源池，是用户视角"一朵云"最底层基础设施层面的实现。

此时的企业混合云架构设计核心，是在异构数据中心平面内，以兼容并蓄的技术架构、整齐划一的统筹管控，实现公、私、混合一体化建设：以面向资源为中心的编排管控、计费优化和监控运维为核心，抽象构建出独立于多云之上，符合企业用云、管云特色的混合多云统一管理平面。在此基础上，构建虚拟同构数据中心平面，实现混合多云统一管理及运维，屏蔽异构基础设施在管理模式和使用方式上

的差异,打造用户体验近乎一致,数据可平滑无缝且自由迁移的混合多云基础架构设施(如图 3-6 所示)。传统企业用户狭义上的基础设施混合云建设,应满足以下三个特征。

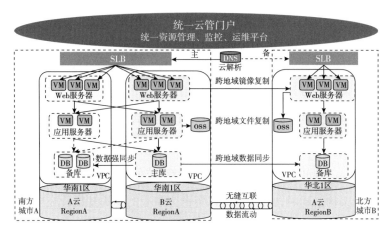

图 3-6 以资源为中心的狭义基础设施混合云建设阶段

1. 云网一体,深度协同

在企业私有数据中心与公有云之间构建专属企业级广域网络,实现异构云平台之间 VPC 级别的高质量、高可靠和高安全的网络互通,实现云网深度一体化融合,构建覆盖全场景的云网融合服务。建立覆盖业务所在区域的全球网络互联平面,以企业核心数据中心为瞄点辐射海外、全国及边缘数据中心,形成企业基础设施安全互联的云专网,为构建全球布局的分布式混合云提供底层基础保障。

2. 无缝互联,自由流动

基于异构数据中心之间高质量的网络保障和云专网能力,构建面向数据层面的远程同步、实时保护、定时备份、灾备恢复等跨云数据自由安全流动机制。以服务化的容灾备份及恢复管理功能,通过极简、按需形式，实现企业数据跨平台、跨地域的备份迁移与灾备恢复，为企业关键业务提供高可靠、基于异地或同城的跨云数据安全保障。构建基于混合云架构的跨地域业务容灾备份平台，确保云时代跨云、跨地域高可用业务系统的便捷灵活构建。

3. 统一平面，一致体验

一致体验是混合多云追求的极致目标，也是最大挑战。以资源为中心的企业混合云建设，应构建独立于多云本身之上的云管平台，以 API 形式抽象异构多云平台的服务及能力，将资源供给、运维管理、监控预警、计费优化等功能进行汇总整合，并最终抽象出面向混合多云、以资源管理为中心的标准化管理体系，构建企业范围内统一的资源使用及运维管理平面。通过统一平面，屏蔽资源使用差异，实现一致的用云体验与统一的运维管理操作，并以全局视角监控、管理企业云上资源，实现用云成本的统一核算与全局云资源成本的优化。

（二）阶段二：以应用为中心的云原生分布式混合云

在分布式混合云建设的第一阶段，企业"以资源为中心"的混合云底座已基本构建完成，通过覆盖多云的云管平面建设，异构资源池之间的融合和统一调度管理基本实现。但是，此阶段的应用部署仍然受限于异构多云本身定制化的技术栈而无法实现与云平台的解耦，很难做到应用负载在任意云上的自由交付与迁移。

因此，企业混合云建设的焦点需要从"以资源为中心"转移至"以应用为中心"。在完成基础设施层面的全面体系化构建后，转向敏捷开发、持续交付、快速迭代，以及一次构建任意运行的云原生应用管理平台建设上，构建"以应用为中心"的云原生混合云。利用云原生技术，实现以一套标准化技术体系，支撑企业任意应用负载的交付与运行。而这一阶段的建设目标，是在"统一"的异构多云资源池之上，围绕应用从部署交付到运行运维全生命周期的管理过程，屏蔽底层多云基础设施的差异性，构建应用的统一运行时，实现应用在任意基础设施上的无差别部署、中心化的应用分发、分布式的边缘运行，是用户视角"一朵云"和分布式云的核心实现。

"以应用为中心"的云原生分布式混合云建设的核心，是利用以容器和 Kubernetes 为代表的云原生技术体系，对企业异构基础设施层进行不断抽象与封装，最终屏蔽底层分布式异构基础设施的差异性。同时对上层个性化软件应用的运行时进行标准化封装，进而实现底层基础设施与上层应用软件彻底性和变革性的解耦，从而为企业提供基础设施标准化的能力和软件应用敏捷开发、任意云环境按需部署交付的能力（如图 3-7 所示）。

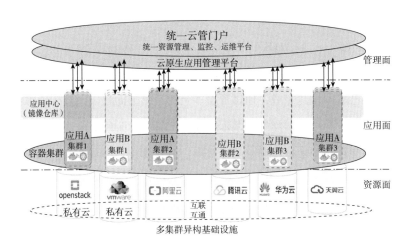

图 3-7 以应用为中心的分布式混合云建设阶段

而云原生分布式混合云上述能力的实现，关键在于如何构建具备应用跨平台无区别部署、应用负载跨云自由迁移、应用一次开发任意部署，以及应用全生命周期统一管理等功能的云原生应用管理平台。企业云原生应用管理平台的构建，应具备以下两个核心特征。

1. 平台能力下沉，业务价值上浮

云原生应用与底层基础设施的解耦分为三个阶段，即应用与运行时环境的解耦（应用的容器化）、应用与网络流量的解耦（应用的 Mesh 化），以及应用与基础设施层的彻底解耦（应用的 Serverless 化）。云原生应用管理平台的建设，需遵循三个阶段解耦思想，将传统应用开发过程中与业务逻辑无关的一切依赖和烦冗环节下沉到云原生共性基础设施层，从而将开发者从复杂的运行环境中解放出来，进而让应用开发聚焦于业务逻辑的实现，而非业务以外的任何支撑依赖性技术。

以"平台能力下沉，业务价值上浮"为终极目标，一方面，构建简单易用且高度可扩展，以应用的定义、描述和组装编排为核心的云原生应用管理平台，实现应用组件的高度抽象和自由组装，实现开发、运维和平台构建者的关注点分离，摒弃开发运维人员对底层资源调度平台复杂细节的关注，以应用组装方式最大化释放业务价值。另一方面，持续构建与语言无关、平台无关的微服务开发与治理能力，不断下沉应用代码中非业务逻辑的实现部分，高度聚焦核心业务代码实现，打造分布式微服务应用的高效开发与极简运维管理平台。

2. 应用跨云无区别交付，生命周期全流程闭环

云原生应用管理平台应能涵盖企业应用系统建设从构想规划到上云交付所需的一切环节，从创新应用最初的需求管理，到开发测试、镜像管理、部署交付，以及云原生运行时和应用上线运行后的数据分

析运营全环节，应能在云原生应用管理平台实现全生命周期闭环。实现一站式应用开发与运行管理平台，而且全流程以云原生化、全自动化方式实现，以此解决传统应用开发周期冗长、交付上线烦琐、底层资源难以解耦、运行环境缺乏弹性、版本更新不能敏捷、运行故障不能自愈等问题。实现一次 DevOps 流水线构建的任意应用可以无须修改、幂等多次地自由部署、安置在任何需要运行的云环境上，同时由于云原生运行时对多云的屏蔽，构建的应用负载可跨云自由交付与迁移，实现应用全生命周期在任意多云环境上的全流程自动化闭环，真正实现"以应用为中心"的混合云应用管理平台。

（三）阶段三：以用户为中心的广域无界云原生分布式混合云

在分布式混合云"以资源为中心"的第一阶段和"以应用为中心"的第二阶段建设中，企业云能力边界主要局限于数据中心内，难以覆盖云网边端广域空间内的业务场景需求。对于传统企业而言，在边缘侧往往存在大量的生产应用系统，而且由于时延、安全和网络带宽等因素，短期内并不具备完整迁移至中心云端的条件，云边协同的分布式运行模式成为此类应用系统云化的最佳选择。

因此，传统企业全面云化的目标，还是要寄希望于分布式混合云，即企业分布式云建设的第三阶段——"以用户为中心"的广域无界云原生分布式混合云。相比第一阶段和第二阶段的分布式混合云建设，"以用户为中心"的分布式混合云在架构上更强调云能力的随需、随地部署，在云资源的使用体验和统一管理上更追求"科技以人为本"的初衷，更强调分布式云资源在使用上的一致体验和随时、随地、随需的应用自由分发与部署，同时也更注重物联网、边缘计算、人工智能与云计算的融合，以及云、网、边、端基础设施的一体化管理。

最终也更接近云计算的终态，即以用户为中心的按需云服务。而这一阶段的建设目标，更多强调的是云能力的无处不在，将云能力的建设拉回至"以人为本"的初衷上，以用户需求为根本，构建广域空间内随时、随地、随需可获取的云服务供给能力，并强调云边端分布式云资源的一体化管理和云服务使用的一致性和极致体验，以及对用云、管云成本最小化的追求。

相对前面两个阶段以数据中心为能力边界的"狭义"混合云建设，第三阶段的广域无界分布式混合云建设，则属于"广义"云计算的范畴。所谓"广义"云计算阶段，即云能力突破数据中心边界，覆盖云、边、端全域数字化场景，云服务从中心、区域到边缘和终端无处不在的广义算力基础设施阶段（如图3-8所示）。

事实上，广域无界分布式混合云正是"广义"云计算的最佳载体和实现方式。因此，分布式混合云第三阶段的建设，需要在"以应用为中心"的云原生应用管理平台基础之上，实现云边端异构分布式泛云原生集群与运行时的统一管理，屏蔽不同物理位置上异构分布式基础设施的差异性，实现应用在云网边端任意基础设施上的无区别部署和自由迁移，真正实现随需、随地上云与用云的一致性体验，并最大化降低企业用云、管云成本。总而言之，企业分布式混合云第三阶段的建设，应具备以下两个基本特征。

1. 云网边端技术架构大一统和多样化应用负载在任意位置的无区别部署与运行

以云原生技术体系标准化统一企业云网边端分布式异构基础设施架构，让底层分布式异构基础设施对上层应用透明，通过云原生应用

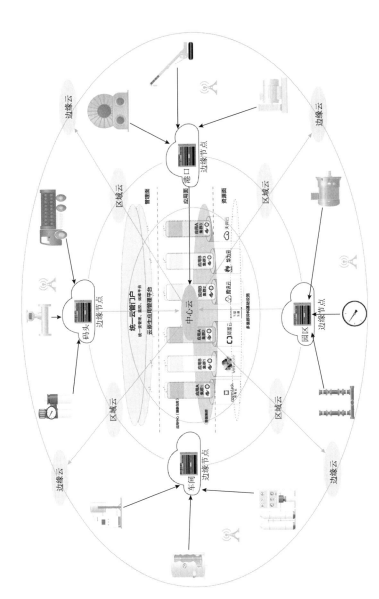

图 3-8 以用户为中心的广域无界云原生分布式混合云建设阶段

运行时向下覆盖所有异构算力设施，向上承载所有类型业务负载，构建企业级云原生分布式操作系统，以此实现云网边端技术架构的大一统，实现上层多样化应用与下层云网边端异构算力设施的完全解耦，最终实现企业任意应用负载在任意算力基础设施上的无区别运行。同时，实现云网边端异构基础设施的一体化编排调度和中心化监控管理，实现云网边端算力基础设施的统一管理和无区别使用，为企业提供边缘云、区域云和中心云一致的用户使用和一体化的管理体验，实现企业无处不在、一致体验的算力资源供给。

2. 云原生应用开发交付和运行监控在广域空间内按需部署全流程自动化的实现

在以云原生技术体系为核心，构建出企业级云原生分布式操作系统，将企业异构多样化技术架构在应用运行时层面实现大一统之后，企业还需构建以云端管理为中心、以任意边缘位置为业务运行环境的"中心控制、边缘运行"的分布式云应用运行架构，即将与企业全部软件应用全生命周期（从应用最初的构想到应用上线运行后的数据分析运营全环节，包括项目构想、项目管理、开发测试、交付运行，以及运营分析和运维管理全流程）相关功能和服务全部中心化、云原生化至云端，在云端实现运行在云边端广域空间、任意位置上应用的全生命周期管理，云边端全部应用在云端进行中心化开发测试、分发部署、迭代升级和运行监控。以中心化的管理、分布式的运行，实现企业全域空间、任意位置的应用自由分发、部署和迁移，实现企业无处不在的应用供给能力。

事实上，企业分布式混合云第三阶段的建设，更多是"以资源为中心"和"以应用为中心"混合云能力在空间位置上的能力扩展。将资源的一体化管理和应用的无区别部署外拓至边缘侧和终端侧，构建企业云网边端一体化的资源管理和应用任意位置的自由交付能力。最终实现企业随时、随地、随需的云服务满足，云资源的统一管理，云服务的一致使用体验，以及用云、管云成本的最小化和多样化业务发展和创新需求的最大化满足。至此，企业将正式进入真正释放云技术红利的分布式云时代，企业数字化建设的基础设施也将正式告别传统，进入现代化。

本章小结

在概念模式上，近年来业界提出的分布式云摒弃了公有云、私有云、混合云、多云等分类，首次将物理位置融入云计算架构模式设计中。分布式云概念从用户实际需求出发，首次统一了当前多样化的云计算概念模式，是建立在混合云、边缘计算和云原生技术体系之上，对企业云网边端一体化基础设施的概括，也是产业互联网时代下最符合企业多样化、差异化业务全面上云用云实际需求的云计算模式。但是，企业直接由混合云阶段阶跃至分布式云时代，并不适合国内云计算发展行情，也难以匹配现阶段的国内企业用户的实际需求。国内分布式云建设应遵循"公有云→私有云→混合云→分布式混合云→分布式公有云（分布式云）"的演化路径，并在建设阶段上遵循"以资源为中心"的狭义基础设施混合云阶段，"以应用为中心"的分布式混合云阶段，以及"以用户为中心"的广域无界分布式混合云阶段。唯有如此，分布式云所倡导的"任何时候、任何地点、任意场景诉求，分布式云能力无处不在，云边端基础设施一体化管理，企业应用中心化任意位置分发，企业用云、管云成本降至最低"的价值主张才可实现。也唯有如此，分布式云的建设才可做到理想与现实的结合，也才能真正代表云计算的未来。

第四章

云网融合与算力网络：云随业动，算网一体

要知道，电力之所以存在，就是因为用电被规模化了，靠摩擦产生的静电无法产生"电力"这个概念。我认为算力也一样，达不到规模效益的所谓"云计算"，称不上严格意义上的云计算。

——中国工程院院士　王　坚

时下，伴随全行业上云迁移的全面推进，云上系统的大集中和边缘算力的普遍存在，势必要求企业用户构建以软件定义为核心，以云网融合为方向，兼顾分支机构、消费互联端和产业互联端的先进网络架构，以满足企业全球分支机构及其差异化特殊业务场景对云端按需接入和高质量、低时延网络访问的需求。构建网随业动、云随网至，云网全域按需赋能的云网融合数字化基础设施，满足企业全域范围内分支机构及产业终端按需上云入网的迫切需求。

此外，互联网、大数据、云计算、人工智能、区块链等新一代数字化技术的创新应用，极大加速了数字经济的发展。数字经济的发展将推动海量数据的产生，数据处理则需要云边端协同的强大算力和广泛覆盖的网络连接。现阶段，算力已成为全社会数智化转型的基石，一个以算力为核心生产力的时代加速到来,而网络作为连接用户、数据、算力的主动脉,与算力的融合共生不断深入。"算为中心,网为根基"的算力网络正成为数字经济时代下企业数字化基础设施发展的重要趋势。

在本章中,我们将以企业用户上云、用云为出发点,研究如何以云网融合的理念,构建满足传统大型多元化企业全球业务发展需求的先进云网融合建设架构。同时探讨算力网络的实现机制和未来愿景,阐述云网融合与算力网络之间的逻辑内涵关系,并介绍企业用户不同阶段云网融合建设的路径和功能特征,以帮助传统企业用户构建面向未来算力网络时代的云网融合数字化基础设施。

第一节 云网融合及算力网络的概念

一、云网融合的发展背景及概念

云网融合是业务需求和技术创新并行驱动带来的网络架构深刻变革,是数字化基础设施从传统云网分离到云网高度协同、互为支撑和互为借鉴演化的一种概念模式,也是新一代信息网络从以信息传递为核心的网络基础设施向融合计算、存储,传送算力资源的智能化云网基础设施演进的必然结果。同时,云网融合也是云计算发展到特定阶段和边缘计算兴起后的必然产物。

当全社会的计算资源都在云化迁移,应用部署位置随业而安,数据在云上云下自由流动时,网络作为承载数字经济的血管动脉,肩负起将脑部(中心云)算力输送至躯体每个神经末梢(边缘节点)的重任。云网融合基础设施的建设，已成为全社会数字经济和算力经济成败的关键。

过去，承载于底层基础网络上的数据自由流动，带来了消费互联网在全社会的繁荣，但是云网分离的基础设施建设年代，也导致了如今产业互联网孤立被动的局面。云网作为基础网络设施服务，只有形如云服务一般实现动态按需、灵活弹性、按需定制，通往产业互联网的隧道才能打通，而当所有产业终端随需进入云网时，全社会产业互联的时代才能到来。因此，如何以服务化方式构建网络，做到网随业动、网络即服务，将云端能力以最快、最便捷的方式输送至产业端，做到云、网、边端一体化服务，是当前云计算行业的普遍价值认知和共识，也是公有云厂商竞相角逐、制胜产业互联网和数字经济时代的必经之路和战略布局。

云计算通过虚拟化等技术手段，将数据中心内物理设备以软件定义的方式实现了算力、网络和存储等基础设施的集中解耦、融合和重构，以资源池化的方式实现了基础设施资源的集中按需弹性供给。然而，传统云计算并未解决数据中心以外网络供给的服务化问题，专线、MPLS/MSTP、VPN等传统IT架构时代的技术仍然主导着云计算时代基础设施之间的互联互通，以及分布式离散终端与数据中心之间的连通性问题。互联网VPN和专线等传统互联技术，要么网络质量差、时延和带宽无保证，要么成本极高、链路开通和控制僵化，毫无服务化、灵活性和网络按需等使用体验可言，极大影响了企业用户在云时代对网络服务的使用。

而云计算的弹性灵活、按需付费、快速开通和便捷使用等特性更是难以企及，因此如何充分借鉴云计算的弹性、灵活和服务化等特性理念，实现网络与云的敏捷打通，提升网络资源在供给使用和运维管理上的效率，做到以云服务形式开通和提供网络服务，实现"网络即服务"；打通云端和产业端之间弹性灵活、按需定制和使用的网络通道，是云网融合当下的主要内容和目标，也是衡量云服务供应商能力水平高低的重要指标。主流云服务商的云网产品如图4-1所示。

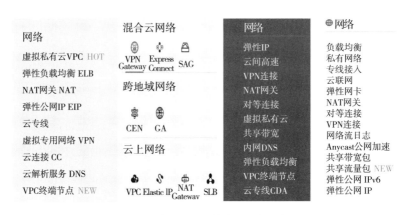

图4-1 主流云服务商的云网产品布局

在云网融合能力框架体系上，云网融合由两个层级构成，分别是底层的云专网和上层的云网服务产品。底层云专网又由位于下层的基础运营商网络（Underlay网络）和上层Overlay网络共同组成，基础运营商网络提供底层全方位覆盖的端到端物理链路和服务质量保障，上层Overlay网络通过SDN（Software Defined Network，软件定义网络）、NFV（Network Function Virtualization，网络功能虚拟化）等技术的引入实现网络的可扩展性和灵活性。

上层的云网产品是基于底层云专网资源池、面向用户构建于云平台之上的云网服务产品，为云网融合的各种连接场景提供互联互通服务，如云专线、对等连接、云联网和SD-WAN等常见的上层云网产品。换言之，云网融合的服务能力是基于云服务商的云专网提供云接入与基础连接能力，基于云服务商的云平台对外提供云专线、SD-WAN 等云网产品，并与计算、存储、安全类云服务深度结合，最终延伸至具体的行业应用场景（如图 4-2 所示）。

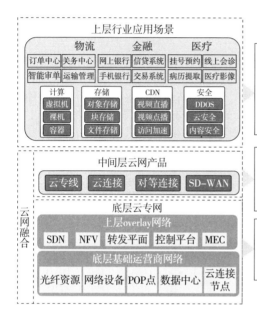

图 4-2 云网融合服务能力框架

云网融合的目标，是基于云专网提供的云接入和基础连接能力，借助新一代软件定义下的网络虚拟化技术和云计算服务理念，通过与传统云上服务（如计算、存储、安全等云服务）的深度融合，构建覆盖不同行业场景需求的丰富云网产品。打造云上云下全域一张网，满足产业端按需开通、动态扩容，集中控制、应用分级，一点入网、零触配置，智能选路和可视智能运维等网络服务需求，进而实现云计算时代网随业动、云随网至的云网全域赋能和产业互联的目标。

二、算力网络的发展背景及概念

我国在"十四五"规划中高度重视数字经济的发展，把"网络强国""数字中国"作为新发展阶段的重要战略进行部署。2022年年初，国家"东数西算"工程正式全面启动，通过构建数据中心、云计算、大数据一体化的新型算力网络体系，让西部的算力资源更好地支撑东部数据的运算，赋能数字化发展。

现阶段，数字经济已成为全球经济增长的主要引擎，而算力正成为数字经济时代的重要驱动力。数字产业化、产业数字化纵深推进，不断促进虚拟世界与物理世界紧密结合，以元宇宙为代表的下一代互联网技术，对算力的无处不在和网络的泛在连接需求与日俱增，如何基于泛在连接的网络，实现对各种泛在异构算力资源动态、敏捷、灵活、弹性、高效、安全的调度，已成为新型网络基础设施在数字经济时代必须解决的问题。

"东数西算"工程的挑战，在于如何合理调配和组织东部计算需求，调度西部的最优算力资源为东部计算需求服务，既高效满足东部计算需求，又降低功耗和计算成本，并拉动西部经济发展。对泛在算力资源进行统一调度和管理，是解决包括"东数西算"工程挑战在内的数字经济时代算力问题的核心和关键。因此，"算力网络"正成为时下云网行业关注的焦点，而国内运营商网络建设的战略，也正从云网融合开始向算力网络转移。在可预见的未来，算力网络将成为支撑数字经济高速发展的底层支柱，同时也将带来云网行业全新商业模式的变革。

从产业数字化的发展进程来看，伴随企业上云节奏不断加快，云流量持续增长，企业客户对网络云化服务的要求不断提高。传统产业数字化转型的持续加速，推动传统云计算由中心云计算向云、边、端泛在的分布式云计算转移，而网络作为云、网、边、端中承上启下的关键环节，迫切需要从纯粹的管道角色转变为承载更多价值、支持泛在算力调度的数字经济中枢。此外，随着5G、边缘计算和人工智能的发展，算力和智能将无处不在，网络需要为云、边、端算力的高效协同提供更加智能的服务，计算与网络需要进一步深度融合。

事实上，为满足大量存在的产业侧现场计算需求，依托分布式云架构和边缘计算模式，行业计算能力正在持续下沉，以移动设备、物联网设备和边缘盒子为主的端侧计算与日俱增。在数字经济时代泛在计算需求持续增加的情况下，虽然"网络化"的计算有效满足了单设备无法满足的大部分算力需求，仍然有部分计算任务受不同类型网络带宽及时延限制，且不同的计算任务也需要由合适的计算单元承接。因此未来形成云、边、端多级计算协同部署是必然趋势，即云侧负责大体量且复杂的计算、边缘侧负责简单的计算和执行、终端侧负责感知交互的泛在计算模式[①]，也必将形成一个集中和分散的统一协同泛在计算能力框架，在此框架下泛在算力的全网范围智能调度将是云网融合的最终形态。

泛在计算时代下，网络所连接的算力将呈现出集中向边缘、边缘向泛在的趋势（如图4-3所示）。这一趋势将演化为泛在连接、云网融合、资源编排、智能算法，动态、敏捷、安全地全网调度各种异构

---

① 中国联合通信网络有限公司研究院. 算力网络架构与技术体系白皮书[R]. 北京：中国联合通信网络有限公司研究院，2020.

算力资源，聚合公有云、通信云、边缘云、行业云，以及用户终端等各种算力，实现网为基础、云网融合、一体供给、按需分配和算力全网调度的云网基础设施，也即算力网络。

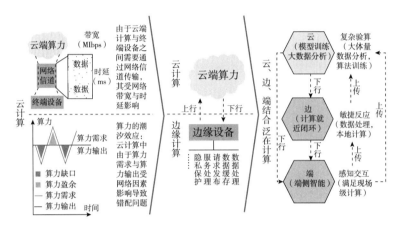

图 4-3　云计算向边缘计算与泛在计算演进

算力网络是指在计算能力不断泛在化发展的基础上，通过网络手段将计算、存储等基础资源在云、边、端之间进行有效调配的方式，并以此提升业务服务质量和用户的服务体验。在业务实现层面，算力网络是一种利用网络控制面传递算力等资源信息，并以此为基础实现多方、异构的计算、存储、网络等资源之间的信息关联与高频交易的技术体系，以满足新兴业务提出的"随时、随地、随需"的多样化需求，从而解决不同类型云计算节点规模建设后的算力分配与资源共享需求难题。

简而言之，算力网络是实现全社会分散、富余、异构算力资源的高效调度与共享的一种技术实现。目前，与国内算力网络相关的概念、定义及技术标准主要由三大电信运营商研究推动，中国电信集团有限公司（简称中国电信）、中国移动通信集团有限公司（简称中国移动）和中国联合网络通信集团有限公司（简称中国联通）均在布局并研究算力网络。当前算力网络仍然处于理论研究和技术储备阶段。

在技术实现层面，算力网络的技术组成包括控制面的算网协同调度、数据面的网络融合感知、管理和服务面的算力资源编排等。算力网络体系的整体技术架构，需要具备统一纳管底层计算资源、存储资源、网络资源的能力，并能够将底层基础设施资源以统一的标准进行度量，并抽象为信息要素加载在网络报文中，通过网络进行共享。

从目前的研究来看[1][2]，实现算力网络的技术关键在于四个方面：一是算力感知与算力评估，即面向全网泛在的算力资源，对各类算力资源的状态及分布进行评估和度量，以作为算力资源发现、交易、调度的依据；二是算力资源标识与调度，即通过统一的资源标识体系，来标识不同所有方、不同类型的计算、存储、网络等资源，以便于资源信息分发与关联，同时对分散异构算力资源进行最优路径的按需使用调度；三是多方、异构资源的整合，即通过网络控制面将来自不同所有方的资源信息进行分发，并与网络资源信息相结合，形成统一的资源视图；四是算力交易，采用基于区块链的分布式账本实施高频、可信、可溯的资源交易，以便于算力消费者便捷灵活地选购最适合的算力资源供给。

---

[1] 中国联合网络通信有限公司研究院. 云网融合向算网一体技术演进白皮书[R]. 北京：中国联合网络通信有限公司研究院，2021.
[2] 中国移动通信集团有限公司. 算力网络白皮书[R]. 北京：中国移动通信集团有限公司，2021.

现阶段，算力网络还处于理论提出和研究阶段。由于算力网络相关理论概念由我国先于欧美提出，且涉及诸多原创性技术的研究和开发，业界与算力网络相关的社区或标准组织尚未建立，市场上主要是运营商、设备制造商和云厂商在推动算力网络，而且各自对算力网络的理解也并不一致。因此，要实现算力网络所定义的算网融合新型基础设施，未来仍然还有很长的路要走。

三、算力网络与云网融合的内在逻辑

算力网络是云化网络发展演进的下一个阶段，是云网融合的再升级。在中心云计算时代，云网融合主要围绕云网的基础资源层，从云上、云间、云下等维度"以云为中心"在推进和深化。云网融合最初主要聚焦于数据中心内部（DC），以解决云内网络需求为主，通过叶脊（Leaf-Spine）架构和大二层网络技术的引入，实现了数据中心内部网络能力和云能力的有机结合和一体化运行，解决了云业务带来的海量数据高频、快速传输的需求。

而随着数据中心间流量的剧增，云网融合的重点开始转向云间网络（DCI），通过部署大容量、无阻塞和低时延的DCI网络，实现了DC间东西向流量的快速转发和高效承载。伴随企业上云入湖的大趋势和SaaS服务访问流量激增，云网融合的重心再次向入云网络转移，以SD-WAN为代表的新型组网技术，通过软件定义广域网的方式，实现了简单、灵活、低成本的入云连接，满足了企业广域分支机构入云的网络需求。

但是，伴随产业数字化转型的纵深推进，传统以DC为中心的计算模式已经不再适应数字经济时代对泛在算力的诉求。传统计算模式正在发生变化,从以互联网为中心的云计算,到业务可就近闭环、实现敏捷智能的边缘计算,再到未来云、边计算能力与端侧联动,计算模式正由中心云计算向云、边、端多级部署的泛在计算架构迁移。

计算范式由中心化向泛在分布式和多层级架构的迁移,对云网融合的深度提出了更高的要求。传统云计算资源主要包括计算资源、存储资源和网络(数据中心内部网络)资源,随着计算模式从单一集中化向边缘多层级、离散分布化的转移,计算、存储等基础资源呈现出形态多样化、分布离散化、来源异构化等特点。这些资源不仅增加了新的维度,而且可能为多方所拥有,并且具有不同的形态和结构。

为了解决多维、异构、分散资源的统一管控与调度问题,业界急需对以传统中心云计算为核心的云网融合进行再升级,让计算与网络的融合更加紧密,也因此提出了"算力网络"的思想。算力网络需要网络和计算高度协同,将计算单元和计算能力嵌入网络,实现云、网、边、端、业的高效协同,提高计算资源利用率。在算力网络中,用户无须关心网络中的计算资源的位置和部署状态,而只需关注自身获得的服务即可,并通过网络和计算协同调度保证用户的一致体验。算力网络还将借助人工智能、区块链等技术,构建面向多维、多方、异构的计算资源智能适配与交易体系。

从云网融合到算网一体,网络本身的地位和价值也在发生变化。网络正实现从"以云为中心"的底层基础设施服务向"以用户为中心"的上层应用价值迁徙。在云网融合阶段,网络以云为中心。从云的视角看,"一云多网"对网络的主要需求是连通性、开放性,以及云化后的灵活性和服务化,用户对网络服务质量的要求是尽力而为,网络起到支撑作用。而在算力网络阶段，网络以用户为中心。从用户的视角看，"一网多云"需要网络支持低时延、安全可信通信，对服务的质量要求是确定性，是云和算力嵌入网络，而非网络依附于云，网络成为算力经济时代的价值中心。从云网发展历程来看，两个阶段是相辅相成的，云网融合为算力网络提供必要的云网基础能力，而算力网络是云网融合的再升级。

整体而言，算力网络是一种架构在 IP 网之上，以算力资源调度和服务为特征的新型网络技术或网络形态，而云网融合侧重网络、算力和存储三大资源的融合。云网融合是中心云计算时代的概念模式，是对网络"以云为中心"进行云化发展时代的描述。在这一阶段，网络的价值更多是辅助和支撑云的发展和应用。在后云计算时代，边缘计算和分布式云强势崛起，计算模式开始由传统中心化向云、边、端分布式和多层级的泛在算力模式演进，传统以云为中心的云网融合格局被打破。计算开始进入网络内部，全社会的数字经济基础设施开始由"一云多网"向"一网多云"进化，以集中化的网络调度分布式的算力，成为泛在算力时代的刚性需求。

因此，业界急需将云网融合升级至算力网络，并通过算力网络充分吸纳全社会云、边、端多级泛在的算力资源，并综合考虑网络的实时状态、用户的移动位置、数据流动等要素，实现对算力资源的统一管理、跨层调配和应用的敏捷部署、动态调整。算力网络在提高全社会算力资源的调度共享和使用效率的同时，还能降低企业算力资源的使用成本，促进全社会数字经济的平衡高效和繁荣发展。

第二节　云网融合应用现状及算力网络发展未来

一、云网融合发展现状及应用趋势

在云计算时代，网络需要根据云的需求自动进行弹性适配、按需部署和敏捷开通，形成网主动适配云的模式，促成云网端到端能力服务化。突破传统云和网的物理边界，构筑统一的云网资源和服务能力，形成一体化的融合技术架构。为了灵活适应互联网和云业务的发展，传统封闭刚性的网络开始从以硬件为主体的架构向虚拟化、云化、服务化的方向发展，以期实现弹性资源分配、敏捷灵活组网、自动智能运行等目标。多年来，云网融合理念和技术的发展一直朝着这个目标演进。

过去十年，数据中心内计算、存储和网络的虚拟化和资源池化技术塑造了如今的云计算时代。而伴随云计算的发展和不可逆转的应用上云趋势，云网融合的功能范畴已从 DC、DCI，转移至以"上云"为中心的广域网。与此同时，网络功能的云化和虚拟化技术已将通信网络推入全云化的 5G 时代，而以 SD-WAN 为代表的广域连接虚拟池化技术则构建了面向全域上云需求的云专网。从数据中心内网络服务的云产品化到上云广域网络的云端自主服务，云网融合的技术和产品服务已渗透企业用户的用云和上云全环节。而云服务厂商的云网产品基本已覆盖以云上网络、跨地域广域网络、混合云网络为代表的云网服务。企业用户仅需云上自助开通，即可快速实现云上、云间和广域上云网络的创建和按需使用。

在云网融合的技术层面，以 SDN、NFV 等为代表的下一代网络架构和网络功能虚拟化技术，正在将传统网络设备及其功能云化和服务化。软件定义下网络架构的转控分离，使得网络的云端集控和底层链路的集中智能选路得以实现和普及，而网络功能的虚拟化、微服务化和云原生化部署，使得网络功能或网元得以剥离传统专用网络设备，以无差别、全兼容的云原生方式运行在各类通用基础设施上。一如算力形成池化，全网端到端的链路通信能力也正在池化，网络的云端自定义和网络即服务（Network as a Service）正在开启新的云网融合时代，网络功能的云服务化和云服务对端到端全网可达、按需开通、弹性扩容广域网络的强需求，是当前阶段云网融合技术发展的现状，同时也是产业互联网时代下云服务供应商正在全力构建的云网服务能力。

在云网融合的应用层面，伴随云网产品的成熟以及上云逐渐成为全行业的刚性需求，传统孤立的云市场和网络市场正在逐渐整合，通过统一云管平台实现"云管"和"网管"合二为一的理念正成为业界新的趋势。用户在选择不同云服务供应商的同时，通过统一云管平台即可实时开通混合多云之间的网络传输服务，将多种异构云网产品统一纳管，实现异构多云接入、网络可视可控、按需开通扩容、集中管控运维，以及广域终端一键入网等服务化能力，以中心化的云管平台，实现异构云上网络、跨云互联网络和上云广域网络的集中管控，是当前云网融合在企业应用中的主要发展方向和应用现状。

在云网融合的行业发展层面，在后云计算时代，各大公有云的护城河正由云端转移至网络和边缘。传统 IaaS 产品或云服务无论是在底层技术、产品模式上，还是在服务模式上均已趋向同质化，而单纯

第四章 云网融合与算力网络：云随业动，算网一体

的中心化私有云或公有云已然不能满足企业数字化转型需求，云计算已进入跨域混合多云时代和边缘计算时代。在此背景之下，云网融合必然成为云服务商差异化竞争的主要手段。继阿里云"云企业网"和腾讯云"云联网"产品之后，华为云"云连接"、天翼云"云间高速"产品相继推出，而类似阿里云的智能接入网关（SAG）和青云的SD-WAN光盒（CPE设备），已将云网能力下沉至边端，用户只需上电开机，零接触无配置，即可专网抵达自家云端。以云作为销售入口，通过CPE网络终端设备把流量牵引到自己的骨干网上来，再通过自有的网上自有的云，这是当前主流云厂商所描绘的云网融合形态。

事实上，能否兼顾云上云下网络，以云网融合模式让企业用户构建云上云下统一调度和管理的网络（如图4-4所示），同时将用户线下分布于广域空间的数据，以动态随需、便捷安全、智能选路和成本低廉的方式，全程专网护送至云端，已成为云服务商云网能力差异化的重要体现，同时也是云服务厂商在产业互联网时代的战略思考。

目前，业界对云网融合的关注点主要集中于SD-WAN和5G行业专网的应用上。事实上，SD-WAN以及基于SDN、NFV和云原生技术的5G网络，都是以云为中心进行网络云化的典范。

从云网融合发展的历程看，云上网络的云产品化和服务化已基本完成，剩余的更多是云下应用系统的上云网络和产业侧终端设备低时延、高可靠和大连接的上云入网需求。SD-WAN和5G行业专网因此成为当下被寄予厚望的云网融合解决方案和技术趋势。

从企业组网的角度来看，以云为中心，以遍布全球的产业为边端，则企业组网必然朝着云上云下一张全球广域网的趋势发展，以多种组网方式（专线、MPLS、Internet、LTE等）为WAN池，以软件

融合：产业数字化转型的十大关键技术

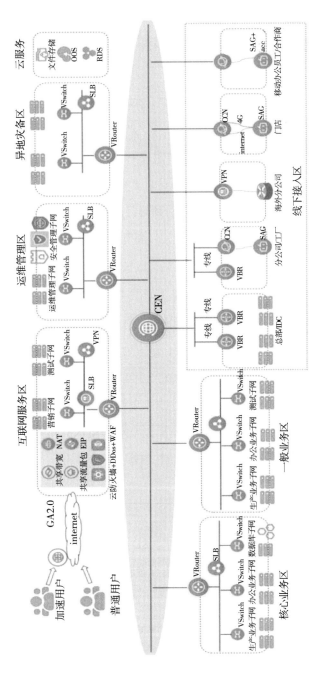

图 4-4 以云为中心云网融合下的企业云上云下一张网

190

定义方式实现集中控制、链路质量可视化、全程智能选路和弹性开通、灵活配置的 SD-WAN 正在成为上云入湖时代增长最快的云网产品和解决方案。

从底层专网角度来看，伴随 5G 相关标准的冻结和国内运营商 5G 行业专网的发布，具备低时延、高可靠、大连接和增强移动带宽的 5G 专网，极大满足了产业端个性化场景定制组网的需求，将云网融合边界推向了广域复杂的产业终端侧，为垂直行业的数字化转型实现了网络的精准供给，使得云网融合除了提供标准网络能力和服务，还能够为客户提供量身定制的专网建设与运营服务，包括高带宽保障、确定性时延、有界时延抖动、高精度定位以及网络无损传输等，并可基于确定和稳定的基础网络能力，针对行业客户需求提供可管可控和安全可靠的确定性服务。因此 5G 行业专网也正成为产业互联时代云网融合，以及底层云专网建设的主流趋势。

二、云网融合两大路径及发展趋势

云网融合是在全社会对云计算的态度从"要不要上云"到"怎么上云"转变的时代背景下，对"云与云之间、云与人之间"的关系进行思考的产物。从云网融合的概念提出至今，其技术路线主要围绕两大路径在演进：一是以云为中心，解决"云与云之间"及"云与人之间"如何高速、便捷、灵活互联的云间互联技术路径；二是以网为中心，解决运营商网络如何虚拟化和云化改造的电信云技术路径。即以云为中心、以网络能力云化封装为手段的云间互联和以网为中心、以网络功能虚拟化为手段的电信云，构成了云网融合发展的两大阵营和方向。

云间互联是在现有网络架构下，以云网协同方式为云计算提供连接服务的云网融合模式。其核心目标是"连接"，包括基于SDN的DCN（数据中心内部）网络、DCI网络以及用于云与用户互联的SD-WAN网络。云间互联关注的焦点在于资源池彼此之间或资源池与用户之间的链路打通，其实现的技术基础是传统的专线、VPN或者软件定义下的SD-WAN技术。

云间互联的主导方以云厂商为主，是以云为中心的网络服务化形式。通常云厂商会将底层网络连接技术进行云服务化封装，以便将与网络使用、开通过程相关的底层复杂技术和繁杂流程进行屏蔽，最终向用户提供灵活便捷、按需使用的云服务化网络产品，如主流云厂商提供的云专线、云联网、对等连接、云间高速等云产品。

云间互联是云网融合早期阶段，即云网协同时代的产物，其并不涉及原有网络内部架构或技术的重大创新与突破，更多还是基于现有底层运营商网络基础设施，在上层进行使用和管理流程上的应用创新，即将运营商原有网络连接能力上云和数据中心内原有网络功能云服务化，以使得云平台提供面向云内VPC、云间互联，以及云与用户互联的网络服务能力的过程，更多是网络应用创新而非核心底层网络技术创新。

因此，云间互联的发展趋势并非向下解决技术创新问题，而是向上整合现有技术，朝着业务融合方向过渡，即从过去"云+网"的状态逐渐向"云+网+业"方向延伸。通过"云、网、业"的融合发展，使得云网融合产品更具有业务针对性，让云网更贴近垂直行业用户需求，更具定制性和灵活性，使云网服务"所见即所得"，使千行百业的上云、用云过程更加高效、便捷和更低成本,是云间互联在当前和未来的主要发展趋势。

相比云间互联,电信云关注的则是运营商网络的云化转型,其核心目标是下一代网络架构的实现,是网络架构和技术实现的重大变革,属于更高层级的概念。在云网融合中,电信云是底层网络技术实现,云间互联是上层网络应用。电信云的核心思想,是利用云的技术理念来改造网络设备,使网络云化进入云网一体阶段。其中包括了对核心网网元进行云化改造(NFV),对承载网架构进行转控分离的改造,并实现转发面的极简(如 SRv6,基于 IPv6 的分段路由)和小型化(如 C/U 分离,控制面与用户面分离核心网)的成功实践。

电信云发展至今,已基本确定了"控制云化 + 转发极简"的云化网络标准架构。简而言之,电信云是以云化网络架构为基础,以 NFV、SDN 为主要技术实现,以突破传统软硬一体、控转一体架构限制为目标,以构建一张资源可全局调度、能力可全面开放、容量可弹性伸缩、架构可灵活调整的下一代网络为目的的云化平台。

电信云的目标,是将网全部云化,5G 网络便是电信云最成功的典范和应用。与传统运营商网络相比,电信云时代的网络将具备三个新的特征:一是网络功能部署层面,网络机房将被数据中心取代,且网络功能完全按照云计算模式实现并部署在数据中心云上;二是网络功能的实现层面,基于 NFV 虚拟化技术的网元将逐步替代软硬一体的传统网元;三是网络组网层面,SDN 技术将会被大面积使用,以实现数据中心内部和数据中心之间的网络抽象和调度。

在电信云的两大核心技术中,SDN 主要聚焦于上层网络架构层面的抽象,而 NFV 更加注重底层网络资源层面的优化。目前 SDN 和

NFV 的协同在数据中心内部已得到成熟广泛的应用，且 SDN 已实现了云和网的拉通特别是专线等级的连接，NFV 则实现了核心网功能的全面云化。但是现阶段 SDN 与 NFV 的部署仍然相互独立、各成体系，而且在广域网层面并无较多应用，传统网络架构模式依然是广域网主要实现方式。

因此，电信云未来的发展趋势，是推动 SDN 与 NFV 的协同由数据中心内向广域网延伸，拉通网络控制与服务编排功能，构建分布式电信网络云，实现云数据中心内部 SDN 与 NFV 的协同管控，云、边数据中心与承载网的业务协同分发和调整方案。按照算网一体的要求，在数据中心内外网络架构、网关设备、运维管理、管控优化等层面加强协同与融合，实现网络功能的集中控制和分布式转发。

三、算力网络支撑云网融合迈向 2.0 阶段

在前文中，我们介绍了云网融合的两大主流阵营和技术方向。一个是以云为中心，以网络连接为目标，对网络服务进行抽象化处理和云化封装，以屏蔽底层具体网络技术细节，为上层云服务或应用提供简洁、灵活网络开通调用能力的云间互联网络；另一个是以网为中心，以网络功能虚拟化和云化为目标，利用 SDN 与 NFV 等核心技术对网络架构和实现方式进行重构的电信云。云网融合两大阵营独立发展的阶段，可以被认为是云网融合 1.0 阶段。其主要特征体现为云网协同，云计算和网络服务一体化提供，以云为中心、网络为支撑，融合动作表现为网络主动融入中心云，强调的是"云调网"，围绕中心云呈现"一云多网"形态，但是此阶段的云与网相对独立。

在云网融合1.0阶段，云和网更多是一种服务上的协同，云和网相对独立，云计算和网络服务在体系架构上并没有深度融合。但是，随着技术的不断突破和行业应用的创新发展，云与网的融合正在发生深刻变化，云网融合正迈向2.0阶段。首先，在行业应用创新方面，随着5G、AI和物联网的发展及落地应用，算力正从云端走向边缘和终端，算力已经无处不在，网络需要为云、边、端算力的高效协同提供更加智能的服务，计算与网络将深度融合，迈向云网融合2.0，即算网一体的新阶段。其次，在技术应用创新方面，伴随摩尔定律的失效，单芯片算力在5nm之后将接近顶峰，传统集约化的数据中心算力和智能终端算力可增长的空间也将面临极大挑战。要支持数据持续增长的机器智能时代，传统"终端+数据中心"的两级处理模式已无法满足智能时代的算力需求，算力必然会从云和端向网络边缘进行扩散，数据处理必然朝着"终端+边缘+数据中心"三级算力协同架构演化（如图4-5所示），尤其随着5G网络的全面应用，将加速算力需求从端、云向边缘的扩散。在此背景下，层级分布式的泛在算力将会全面融入网络之中，云计算和网络将走向深度融合，此时的云网

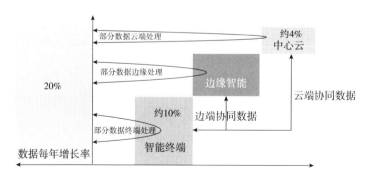

图4-5 云、边、端三级算力架构

融合将走向算力网络的全新发展阶段，即云网融合 2.0 阶段。

云网融合 2.0 或算力网络阶段的主要特征体现为算网的深度融合，以及"以网为中心"的分布式算力布局与协同，云网融合的动作表现为泛在算力融入网络，更多强调的是"网调云"。在云网融合 1.0 阶段，"以云为中心"的网络功能虚拟化和云化目标基本实现；在云网融合 2.0 阶段，伴随算力开始由集中式向网络化扩散，数字经济的基础设施开始由"一云多网"向"一网多云"演化，层级分布式的异构算力开始渗透并嵌入广域网络之中，算力开始"以网为中心"进行协同调度。总而言之，用云原生技术体系重构和部署后的网络，开始以分布式云的方式，在广域空间范围内，服务于千行百业对泛在算力资源的需求，这便是云网融合 2.0 的核心，也是算力网络发展的最终使命和方向。

云网融合 2.0 阶段，不是简单地将云和网拉通协同，而是在主动拥抱计算形态变化的基础之上，将泛在的算力融入网络，最终形成算力可智能调度的算力网络后，实现算网的深度融合。在算力网络时代，应用的部署要匹配计算，算力可能在中心云上，也可能在边缘云上，或者在终端上面，整个计算需要协同。此外，网络的调度转发也要感知计算，网络要根据计算的需求灵活地进行网络连接与构建组网。为应对算力网络时代的到来，中国联通提出了"应用部署匹配计算，网络转发感知计算，芯片能力增强计算"的云网融合 2.0 阶段发展思路，在云、网、芯三个层面实现 SDN 和云的深度协同；中国电信提出"网是基础，云是核心，网随云动，云网一体"的云网发展原则。二者均在顶层思路上较好地诠释了算力网络时代的新特征和云网芯一体化发展及下一代网络架构的建设理念。

本质上,网络的核心价值是提高连接与传输的效率。正如电话网提高了人类沟通的效率,互联网提高了人类协同工作的效率,算力网络的出现则是为了提高云、边、端三级算力的协同工作效率。其中的主要区别在于,包括云网融合 1.0 在内的传统网络,服务的直接对象更多是人类,解决的是"云与云之间""云与人之间"的连接问题;而算力网络则在此基础之上,增加了为智能机器服务的使命,更多解决的是"机器与机器之间"的连接协同和算力调度的问题,其对云网融合的深度、广度和智能化程度都会有更加苛刻的要求,同时算力网络也是多种数字化前沿技术的融合,需要诸多原创性技术的研究实现,因此其技术实现和复杂程度也可能超出现有的需求认知范围。

四、算力网络发展面临的机遇与挑战

算力网络是支撑国家网络强国、数字中国的根本要求,是对接国家重大战略规划,是落实"东数西算"工程部署的重要支撑,也是推动国家新型基础设施走向纵深的全新路径,是推动我国数字经济及算力经济繁荣发展的基础保障。算力网络还是数字化技术融合创新的新赛道,算力网络的发展建设必将引发以元宇宙等为代表的大量跨领域融合技术和原创技术的突破。算力网络是对云网融合的深化和新升级,将对网络运营、算力服务、资源管控、业务创新等多方面产生深远的影响。

算力网络的提出,不仅是落实国家新型基础设施建设的举措,也是技术发展的趋势和市场竞争的需求。算力网络不仅是对国家产业政策的响应，同时也具备广阔前景和商业模式，而且也是对技术演进趋势和新方向的顺应。从政策导向看，国家发改委明确将算力基础设施作为新基建的核心内容之一，通过顶层设计、政策环境、统筹协调等方式促进算力基础设施的持续发展、成熟和完善；从商业模式看，强大的算力是全社会智能应用的重要支撑，而网络将是算力触达用户、实现算力商业变现的重要手段；从技术成熟度看，以微服务、云原生、无服务等为代表的资源管控和调度技术已经趋向成熟，承载网SRv6（基于IPv6的分段路由）等技术也可实现云数据中心内外部网络的统一调度和智能路由。因此，从政策支持、商业模式和技术成熟方面来看，算力网络都已具备蓄势待发、破茧而出的基础必要条件。

但是，算力网络是一个复杂的技术网络体系，涉及异构硬件和芯片、接入和互联网络、数据中心、云计算、边缘计算以及大数据、人工智能、区块链等多产业链，算力网络需要推动的统一架构、技术标准和开源生态完备成熟，都需要多产业链协同发展。另外，算力网络是实现"算力"基础设施化的一个重要载体，是一整套从技术到运营的系统性技术运营体系综合体，算力网络体系架构从下至上涉及算网基础设施层、编排管理层、运营服务层三大复杂领域（如图4-6所示）。

算网基础设施层是算力网络体系架构中的核心资源层，其所涉及的技术极为复杂，包括与算力相关的算力原生、算力卸载、异构计算、边缘计算、端计算等技术，与算网调度相关的算力度量、算力标识、算力感知、算力路由等技术，以及与网络相关的全光高速互联、SRv6、确定性网络、应用感知、无损网络等技术。编排管理层是算力网络体系中的核心调度编排层，为应对高复杂度的算网环境，需在编排管理层引入一体编排、算力解构、泛在调度等技术，并构建融

第四章 云网融合与算力网络：云随业动，算网一体

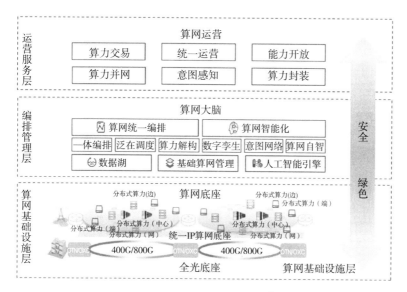

图 4-6 算力网络体系架构[①]

数注智的算网中枢——"算网大脑"，向上承接多元化业务逻辑，向下对接算网使能层及各类资源的管控系统，协同调度算网各域异构资源。同时，还需与 AI、大数据等技术深度融合，探索算网自智、数字孪生、意图网络等新方向，不断增强算力网络自动化、智能化能力，满足客户灵活、动态、多样的业务需求。运营服务层是整个算力网络资源的运营和对外服务层，通过构建包含算力交易、多量纲、算力并网、算力封装、意图感知等关键技术的运营服务体系，来实现社会算力的整合和算网服务的创新，打造全新的算网一体运营服务体系和算力交易商业模式，重塑 ICT 产业的价值链分配体系。

---

① 中国移动通信集团有限公司. 算力网络白皮书［R］. 北京：中国移动通信集团有限公司，2021.

从现有技术的实现来看，算力网络体系架构中的三大领域，均有诸多原创性技术等待业界去探索和实践，但会面临未知的困难，同时业界目前也还未出现一个全面、系统性地对算力网络进行架构和需求定义的组织，算力网络相关技术和架构的标准仍然处于各方自我共识或自我理解之中。2022年7月，中国移动牵头在OpenInfra基金会下成立了全球首个算力网络开源社区，但是社区生态的建设仍然任重道远。因此，算力网络的实现依然面临诸多未知的挑战，国内运营商想要实现以承载算力为主的网络架构，真正意义上做到全国算力资源"一盘棋"的智能调度，未来还有很长的路要走。

总而言之，算力网络在未来的持续发展，需要产学研各界进一步凝聚共识，在技术、产业、生态等方面攻坚克难，解决当前算力网络发展过程中存在的标准体系尚不完善、原创技术尚不成熟、应用场景尚不丰富、产业生态尚不健全等一系列问题。

对于传统企业而言，现阶段能做的是理解并认知算力网络的价值，把握其未来发展的方向，积极布局并利用好算力网络发展过程中诞生的技术红利，为企业上云、用云，以及云网边端的一体化基础设施建设做好赋能和服务工作。仰望算力网络的星空，践行云网融合的理念，建设新型基础设施，加速企业数字化转型，以云网技术驱动企业上云、用云以实现降本增效，这是传统企业用户在云网融合向算力网络变革之下的当务之急。

五、云网融合的产业发展历程及展望

截至目前，云和网在传统企业中的应用和发展大致经历了三个阶

第四章 云网融合与算力网络：云随业动，算网一体

段：第一阶段是云网独立，表现为云是云，网是网，云网独立建设或购买使用，云服务商不关心网从何来，运营商不关心网做何用；第二阶段是云网协同，伴随企业普遍的上云需求，以云专线和云专网为代表的云网产品开始盛行，这些云网产品与云资源之间存在深度协同关系，用户可按云服务的方式按需、灵活地构建自己的云上、云间以及云上云下互联的企业广域网络；第三阶段是云网融合，表现为网络功能虚拟化、网络连接资源池化，以及网络功能的云化部署，云化重构后的网络开始以云的方式提供服务，云网融合的持续发展形成了以业务为中心的云网服务格局，推动网随业动、云随网至的"云、网、业"融合时代的出现。

未来，云网融合将会升级至算力网络时代，云与网将深度融合，云、网、边、端分布式层级异构算力嵌入网络中，呈现"一网多云"的算网一体形态。此时的云网融合将由"云、网、业"融合升级至"云、网、边、端、业"融合一体形态，而运营商设想的"网络转发感知计算，应用部署匹配计算"的全网算力"一盘棋"集中调度，以及算力随选共享、如同水电使用的时代也终将会到来。

但是，与算力网络相关的技术、标准、行业组织，以及产业链均处在初始萌芽阶段，作为国内首创的理论概念和技术方向，算力网络的成熟应用还为时过早。现阶段，算力网络的研究主要还是由运营商主导，对于传统企业用户的云网融合建设规划而言，我们建议企业用户多做算力网络的理论认知并关注业界进展，暂无开展应用和探索实践的必要性，但是可以将算力网络作为云网融合第四阶段的长远规划来考虑。

第三节 云网融合在产业数字化中的应用规划及建设原则

对于多数传统企业，尤其是大型多元化传统企业而言，业务形态通常极为复杂各异，分支机构遍布全球，广域组网连接多样，移动终端无处不在，物联终端泛在连接，混合多云跨域互联，云网边端智能泛在，网络需求场景各异。因此，在传统企业数字化转型时代，以云为中心的云上云下多场景融合组网，企业广域分支机构全球一张网，以及"随需、随地、随时"入网上云，网随业动，云随网至的云网建设目标，是多数传统企业面向未来数智化和数字经济时代的云网融合建设目标。

在泛在算力时代，数字化基础设施以分布式云形式存在，作为云上云下全网融合的企业网，必然呈现出云、边、端一体化组网的趋势，因此传统多元化企业的云网建设，至少应在混合多云互联组网（云）、全球分支广域组网（边）、智能终端专网组网（端）三个领域聚焦，并实现三领域范围内的随需组网、按需入网和云网一体，做到覆盖云、边、端三级算力的网随业动。以此为基础，以泛在算力智能组网为目标，则可进一步规划和展望算力网络时代的到来，真正实现云网一体的深度融合。

一、混合多云互联组网：混合多云跨域组网，异构设施扁平互通

混合多云是现阶段多数大型多元化企业都必然会实施的云战略，也是企业云网融合建设必须考虑的重点领域。云服务商跨全球多地域

的数据中心布局和高速互通的广域骨干网络,为企业多元化的全球业务布局和广域空间的互联互通提供了开通即用的云网解决方案。传统企业基于混合多云互联组网的云网融合建设,应具备以下技术及功能特征。

以企业自有数据中心为锚点,云专线辐射各大公有云(如阿里云、腾讯云、天翼云和华为云等),借助云服务商数据中心云网互联之力(云企业网、云联网、云间高速和云连接等云网产品),实现混合多云多中心的跨域组网和异构基础设施 VPC 之间的扁平互通,多元化应用负载将在异构多云上自由安置和迁移,业务数据在混合多云多中心间自由流动,实现业务系统跨越边界桎梏和地域阻隔的广域分布式扩展,以及应用数据在广域空间异地多云间的互为灾备。

以云厂商遍布全球的数据中心为依托,围绕集团产业互联之需,构建企业虚拟云端资源池,屏蔽异构基础设施资源差异性,混合多云管理平台统一入口,形成企业私有数据中心承载后台核心业务,遍布全球广域空间公有云端资源池承载海外前置或边缘业务的混合多云格局。异构多云云网服务集中开通、统一监控,多云跨域云端资源统一编排,多云跨区分布式应用集中部署、统一管理,以云间互联构建企业对外整齐划一、对内包容并蓄的异构多元数字化基础设施。图 4-7 为企业典型混合多云互联组网示意图。

二、全球分支广域组网:云上云下融合组网,广域网络集中控制

在网络云化和云间互联实现基础之上,云网融合在企业之中的应用实践,必然将由云上拓展至云下,实现云下网络与中心云的云网融

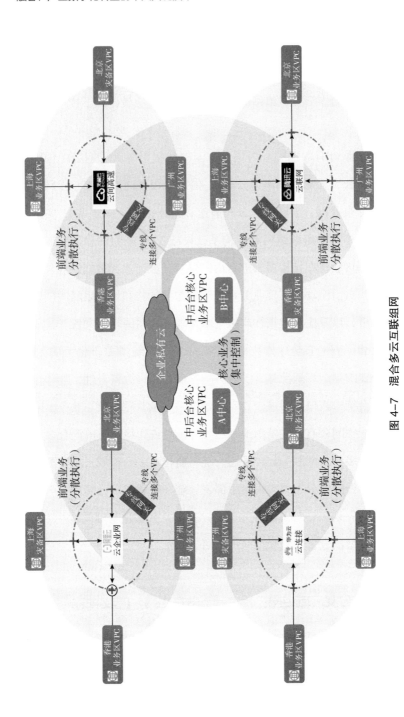

图 4-7 混合多云互联组网

合，以解决和应对企业持续增长的上云入湖对网络的需求。而在传统大型多元化企业中，基于云网融合的广域组网建设，也必然要求多样化网络连接的池化和软件定义下的广域网络集中管控化。同时，企业云下分支网络、云上虚拟网络、混合云间网络、跨多地域骨干网络、广域互联网络和智能物联网络必将多网融合，并逐渐构筑起以云为中心的企业全球一张网时代。传统企业基于全球分支广域组网的云网融合建设，应具备以下技术及功能特征。

以业务需求为导向，企业云网服务按需开通，用户操作一点入网，带宽需求动态扩容，多家运营商（中国移动/中国电信/中国联通）统一接入；国内、海外分支，云上、云下分支融合组网，5G、4G/LTE、MPLS/MSTP、xDSL 混合链路池化组网，全球海量分支 SD-WAN 集中智能管控，全网数据面、控制面和管理面独立部署、统一管理；关键应用智能识别、差异服务，基于应用多链路智能化选路，安全、加速 VAS（增值服务）应用统一分发部署；移动、物联海量设备上电入网，物理、虚拟终端（CPE、uCPE、vCPE）云上云下兼容部署，广域终端集中智能运维，异常故障快速可视定位，全网链路质量可视、可追踪，维护升级批量 OTA（隔空升级）；安全策略全网集中管控配置，接入认证、权限控制、入侵防御、隧道加密端到端全网立体安全防护；云上云下融合组网，全域网络虚拟池化，数据分布式独立转发，网络管理集中控制，网随业动，云控全网。图 4-8 为企业典型广域分支互联组网示意图。

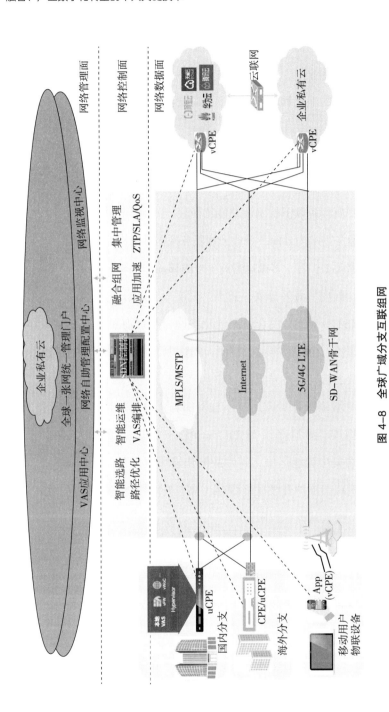

图 4-8 全球广域分支互联组网

三、产业终端专网组网：5G 行业专网定制，场景需求个性满足

云与网在云、边实现融合后，传统企业产业互联网的建设仍旧困难重重，其根本原因在于产业终端侧对网络和算力的需求，由于其特殊性和苛刻性，长期以来并未得到真正满足，因此云网融合还需下沉至产业终端侧，以解决"最后一百米"的云网融合问题。事实上，在万物智联时代，海量智能终端无时无刻地感知、监视和控制着物理世界，偏远、高温、粉尘、室外、移动等特殊场景，加之低时延、高可靠、强稳定和强安全的通信需求，使得智能终端，尤其是产线智能终端长期孤立于线下局域空间，长期以来与云端恍如隔世。产业侧多样各异的行业特殊场景、低时延弱抖动的控制信令要求、定制化差异性的专网需求，迫使云网融合能力必须下沉至终端侧，而 5G 行业专网正是为此而生，5G 行业专网定制，场景需求个性满足。传统企业基于产业终端专网组网的云网融合建设，应具备以下技术及功能特征。

5G 网络切片、5G MEC 并举使用，虚拟专网、混合专网高低搭配。开放空间虚拟专网，全网设备公用共享，成本最优服务质保；公网切分虚拟通道，切片隔离互不干扰；消费互联、产业互联各行其道，消费连接公众网络直通对端，产业连接虚拟专网直通云端；特殊场景独立切片，场景多样差异服务。局域空间混合专网，全网设备公私混合，成本适中服务独享；UPF 就近部署，MEC 本地分流；数据卸载不上公网，本地分流不出厂区，超低时延超高可靠，数据封闭安全保障，专网独享公网隔离；边缘机房就近服务，云边互通总分控制。图 4-9 为企业典型基于 5G 的终端专网组网示意图。

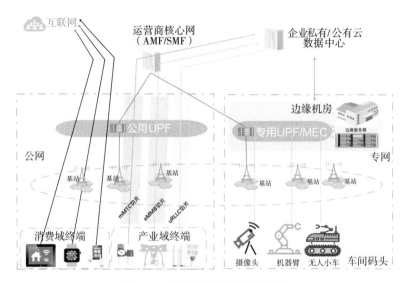

图 4-9　基于 5G 的终端专网组网

四、泛在算力智能组网：全网算力智能调度，泛在计算算力服务

基于算网一体的算力服务，是云网融合的终极形态，也是算力经济的表现形式。在云网融合时代，以云、AI 和 5G 为代表的数字基础设施发展将带动全网的算力密集分布、快速下沉，算力基础设施从集中式走向分布式，形成云边端多级协同算力布局。未来，算力网络将会整合泛在计算资源，通过可拓展的区块链技术和容器化编排技术，实现对泛在计算能力的统一纳管和去中心化的算力交易，整合算力贡献者的零散算力，构建统一的服务平台，实现泛在算力智能组网，为算力使用者和算力服务的其他参与方提供经济、高效、去中心化、实时、便捷、透明和公开的算力服务。企业用户在算力网络中，可以将富余算力并网成为算力供应者，也可以从算网中购买算力服务成为算

力消费者。作为云网融合的终极形态，泛在算力智能组网时代将会呈现出以下技术及功能特征。

网络基础设施实现以算力高效互联为目标的架构升级，中心算力节点基于骨干网实现云间互联，边缘算力节点间分支网络实现按需高效组网，算网布局协同模式基本形成。混合多云管理平台对云、边、端等分布式算力进行统一纳管，实现算力跨层调度；网络编排管理平台对接跨域、跨专业的连接网络，实现网络端到端拉通。算力路由、在网计算、数字孪生、意图网络、算力并网、可信交易等算网原创技术取得突破，基于全网泛在异构算力资源及网络链路的带宽、时延、抖动等指标的算力度量值被映射到统一的量纲维度，逻辑运算算力、并行计算算力与神经网络加速算力并网成池，形成业务可理解、可阅读的零散算力资源池。同时分布式算力资源状态融入网络路由域，算力服务节点的算力、存储、算法等资源信息通过网络控制面进行分发，最佳算网资源根据网络实时信息和业务需求进行分发、关联和调配。算网资源编排管理层融入AI和大数据能力，升级为超级"算网大脑"，通过意图引擎智能感知、分析业务需求，提供"智能极简"的算网服务。在算网运营层面，算力网络开始吸纳全社会算力资源，社会生态算力、企业用户富余算力将自己的服务注册至算力网络中，通过算力交易和运营平台，实现泛在多方算力交易，同时开放算网能力，社会多方算力、多层次能力共享的全新商业模式形成，算力经济时代正式开启。图4-10为泛在算力智能组网示意图。

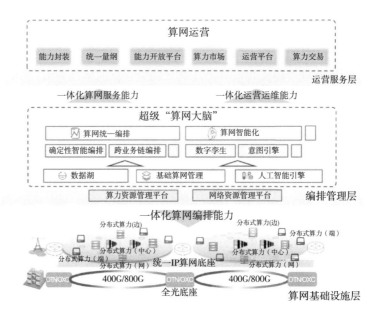

图 4-10　泛在算力智能组网

本章小结

计算资源的虚拟化诞生了今天的云计算时代，网络功能与网络连接的虚拟化，必然带来网随业动、按需部网和随需入网的云网深层次融合时代。软件定义之下，一切资源皆可池化，软件定义的广域网，软件定义的 5G 网络，软件定义下的云网产品正在带来网络资源的服务敏捷化、需求弹性化和接入便捷化。而云网融合下的企业网，正由云上云下独立组网走向全球融合一张网，物联设备、边缘设备，中心云、边缘云，海外分支、国内分支，移动用户、有线用户，当所有的终端与节点便捷自由、实时无碍地融入同一个网络平面，当我们所有数据在云网之间按需自由流动，数智化和数字经济时代便能真正到来。

在企业用户持续推进云网融合基础设施建设的同时,伴随摩尔定律的失效,面对全社会不断倍增的算力和网络需求,以网络集群优势突破单点算力性能极限、提升算力整体规模的算力网络,正成为业界共同关注的焦点。新一代网络基础设施也正从以信息传递为核心的网络基础设施,向融合计算、存储、传送资源的智能化云网基础设施演进。而个人消费者及行业用户对信息网络的主要需求已从以网络为核心的信息交换逐渐转变为以算力为核心的信息数据处理,产业数智化转型对泛在算力的需求和算力服务供给的不均衡、不充分正逐渐成为数字经济时代的主要矛盾。

因此,网络与算力急需深度融合,形成算网一体化的算力网络新型基础设施。在本章中,我们对云网融合及算力网络的发展背景、概念进行了深入分析与介绍,同时阐述了云网融合与算力网络之间的逻辑关系,并对云网融合的现状和算力网络的未来进行了深入描述。在此基础之上,给出了传统企业用户在混合多云互联组网、全球分支广域组网、智能终端专网组网几个场景下云网融合的建设目标和应有的功能特征,同时展望了泛在算力智能组网时代的未来。

第五章

5G 专网与边缘计算：网随业动，沉云拓边

一个计算无处不在、软件定义一切、网络包容万物、连接随手可及、宽带永无止境、智慧点亮未来的时代已经来临。数字革命进入了融合深化的新时代,人类站到换代发展的新起点。

——中国工程院院士 邬贺铨

在全球数字化浪潮和国内新基建的带动下,5G、AI、物联网等技术应用潜力迸发,产业化服务向垂直纵深发展,全社会的信息流量和计算要求也随之发生了巨大的变化。在后云计算时代,业界各方逐渐认识到,虽然中心化的云计算资源池具备足够的弹性、灵活性和敏捷性,但是云端中心化的集中计算解决不了垂直产业,尤其是传统行业的诸多数字化难题。因此,业内各方的关注焦点开始从云上转移至云下,沉云拓边已成为当前云厂商、运营商和各类设备制造商的核心产品设计方向和战略目标,而边缘计算的兴起,代表的正是后云计算时代下技术应用与发展的大趋势。

边缘计算在靠近用户或数据源的位置提供网络、计算、存储服务,不仅能够实现流量的本地化处理,降低对云端数据中心的流量冲击，而且能够提供低时延和高稳定的应用运行环境，有利于计算框架在终端和数据中心间的延展，有助于实现场景需求、算力分布和部署成本的最佳平衡。因此，边缘计算被认为是后云计算时代下5G与工业互联网、物联网、人工智能等前沿数智化技术的重要融合点，有望带来更多的业务模式和商业模式的颠覆性变革。

随着传统企业数字化转型的深入推进，众多垂直行业新兴业务表现出了对边缘计算的极大需求。其中，尤以时延、带宽和安全三个需求特征最为明显。此外，灵活、可定制的本地专网也正在成为边缘计算落地垂直行业的刚性需求。事实上，边缘计算的概念在传统垂直行业早已有之，但是云原生和5G技术的出现，才使得灵活可定制本地专网得以实现，时延、带宽和安全三大边缘场景需求得到全新满足，外加行业数字化转型带来的巨大市场需求，业界各方不得不对边缘计算进行再认知。

今天，我们所讨论的边缘计算，实际上是云计算和5G时代的边缘计算，而非传统简单的边缘现场计算。由于垂直行业需求的碎片化和边缘计算参与方众多，目前边缘计算的发展和落地应用均存在诸多挑战，且主要以供给侧的宣传和不切实际的需求痛点迎合为主，多数传统企业对于边缘计算的认知几乎处于朦胧状态。在本章中，我们将对边缘计算，以及与边缘计算密不可分的5G专网技术进行全方位的介绍，并给出传统企业边缘计算建设的两大阶段和路径规划，以帮助传统企业构建面向未来泛在边缘智能时代的云原生边缘基础设施架构。

第一节　边缘计算及 5G 行业专网的概念

一、边缘计算的概念

边缘计算产业联盟对边缘计算的定义是："在靠近物或数据源头的网络边缘侧，融合网络、计算、存储、应用核心能力的开放平台，就近提供边缘智能服务，满足行业数字化在敏捷连接、实时业务、数据优化、应用智能、安全与隐私保护等方面的关键需求。"在电信领域，边缘计算最初也被称为移动边缘计算，欧洲电信标准协会（ETSI）对 MEC 的定义是："移动边缘计算在移动网络的边缘、无线接入网（RAN）的内部以及移动用户的近处提供了一个 IT 服务环境以及云计算能力。" ISO/IEC JTC1/SC38 对边缘计算的定义是，"边缘计算是一种将主要处理和数据存储放在网络的边缘节点的分布式计算形式"。边缘计算在 IT 和 CT 领域的定义虽各有侧重，但是本质相同。

简而言之，边缘计算是基于云计算核心技术、构筑在边缘基础设施之上的新型计算形式，在边缘位置提供计算、网络、存储、安全等弹性能力，是一种靠近数据源的现场分布式计算，其通过网络边缘的智能网关就近采集数据并进行处理，而无须将大量数据传送至中心云平台。边缘计算的形态犹如生物界高智商的章鱼（如图 5-1 所示），通过一个大脑（中心云）和多个腕足（边缘计算）的灵巧配合（云边协同），实现伸缩自如、机智灵敏的捕猎操作（生产作业）。

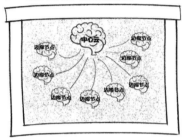

图 5-1 动物界中的"边缘计算"——章鱼

时延和带宽要求是边缘计算兴起的主要驱动力。相比于集中式的云计算服务,边缘计算解决了时延过长、汇聚流量过大以及数据传输安全性等问题,进而为实时性、带宽密集型和数据高安全等业务场景提供了更好的支持。从行业发展的需求侧和供给侧来看,边缘计算产业也主要围绕着时延、带宽和安全三个领域在持续演进,伴随 AI 智能的普及,边缘智能也逐渐成为边缘计算领域的重要分支。

与传统的数据中心云计算模式不同,边缘计算将存储、计算、分析和网络安全等云功能安置到网络边缘或接近数据源头的场所。在边缘计算的实际场景中,"边缘"或"接近"本身是一个相对的概念,可以是网络中的某个相对位置(如无线接入机房),也可以是地域上的某个位置(如客户现场机房或终端设备附近)。因此,关于边缘计算的定义,业内很难有统一的标准答案,不确定的边缘位置带来了对边缘计算不一样的理解。事实上,边缘位置的确定取决于多种现实因素,例如特定场景边缘应用的具体要求(时延、带宽、实时分析能力、传输数据量、安全性等)、技术实现(边缘配置、云和设备之间的距离等)以及业务需求与实现成本的综合考虑(实际需求、经济性）等。整体而言，行业和需求的不同，是造成对边缘计算产生不同理解的原因。

事实上，边缘计算的内涵很宽泛，不同产业视角下也有不同的理解（如图 5-2 所示）。相对而言，工业制造等要求网络高可靠、低时延，以及数据传输高安全的行业，关注的主要是现场计算，对边缘计算的认知主要是位于生产车间现场的边缘盒子或服务器；而对希望以新一代 5G 网络为契机、赋能垂直行业的运营商而言，其主要聚焦的是 5G MEC，对边缘计算的核心理解，是如何通过在遍布全国、下沉至区县甚至客户现场边缘机房中部署 MEC 计算平台，实现 5G 赋能千行百业的目标；以互联网生态和公有云为核心优势的互联网云厂商，则更多关注的是边缘网关和云服务，其对边缘计算的理解，是如何把中心云端的"云能力"拓展至网络边缘，以云边协同的模式拓展中心云的能力边界。

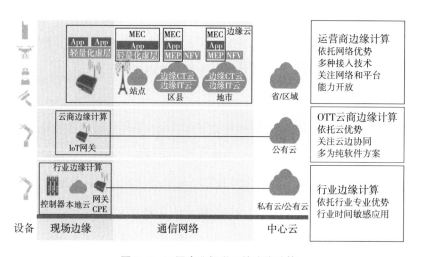

图 5-2　不同产业视觉下的边缘计算

而从目前边缘计算的市场占比来看，边缘计算供给侧主要以运营商和互联网云厂商为主。互联网云厂商云能力较强，但是缺乏网络核心能力；运营商有天然的网络能力壁垒优势，但是云能力较弱。因此，二者开放融合的程度将决定未来边缘计算的发展趋势。不过从当前双方的合作现状来看，运营商似乎并不希望在5G时代再次陷入"传输管道"的宿命，而是希望借助5G MEC进入边缘云市场；而互联网云厂商在运营商网络能力未完全开放的条件下，仅靠领先的边缘软件平台，很难解决垂直产业高要求、差异性和定制化的网络需求。因此，未来边缘计算行业的商业化落地应用和普及，仍需业界多方的共同努力。

摒弃不同产业视觉下的各自理解和利益诉求，从本质上看，边缘计算的发展意味着部分业务模式正从以网络为中心转变为以现场工作负载为中心，本地化将成为重要原则，而这一趋势也将成为产业互联网时代的核心特征。但是，这并不代表边缘计算将成为云计算的取代者，边缘计算和中心云计算之间并非此消彼长的关系，集中式数据中心云计算将会继续存在，而边缘计算仅是集中式云计算的补充，二者的发展与应用相辅相成。

边缘计算与云计算共同协作能够有效减少数据传输、合理分配计算负载和高效进行任务调度，边缘计算基础设施在网络边缘侧提供计算卸载、数据处理、数据存储和隐私保护等功能，很好地解决了中心云计算存在的问题。在云边协同模式的推动下，中心云的整体容量也将继续扩大，但是新的需求以及5G时代超低时延业务的兴起，正在将算力拉近用户、贴近现场。而伴随传统企业数字化转型的持续推进，边缘计算在一段时间内将会持续增长，并最终实现与中心云计算不分彼此的动态平衡。算力无界、云随业动的广域分布式基础设施终将成为传统产业数字化转型的主流；沉云拓边，也终将成为后云计算时代较长一段时间的主要特征。

二、5G 行业专网的概念

5G 是第五代移动通信技术的简称，在 2015 年瑞士日内瓦召开的无线电通信全会上，国际电信联盟（ITU）正式确定 5G 的法定名称为"IMT-2020"。与过去的移动通信系统相比，5G 充分考虑了人以外的通信主体需求，实现了通信主体从"人"到"人—物—行业应用"的跨越，将通信连接拓展到了人与人、人与物、物与物的万物互联世界。根据 ITU 对 5G 的定义，5G 主要应用于增强移动宽带业务（eMBB）、海量机器类通信（mMTC）、超高可靠与低时延通信（uRLLC）三大场景。与 4G 网络相比，5G 网络具有更高的性能，支持 100Mbps~1Gbps 的用户体验速率（是 4G 的 10~100 倍），每平方千米 100 万的连接数密度（是 4G 的 10 倍），毫秒级的端到端时延（是 4G 的 1/10），每平方千米 10Tbps 的流量密度，每小时 500 千米以上的移动性和 20Gbps 的峰值速率（如图 5-3 所示）。其中，用户体验速率、连接数密度和时延为 5G 最基本的三个性能指标。

5G 综合性能的提升是端到端各环节网络技术变革的综合体现。5G 通过制定全新的技术规范，在终端、频谱、无线网、传输网、核心网等领域均有较大技术变革和实现。5G 技术大量采用软件定义网络、网络功能虚拟化等新一代网络技术，将互联网化和云化基因融入通信系统的设计实现中，实现核心网控制面与数据转发面的分离。

融合：产业数字化转型的十大关键技术

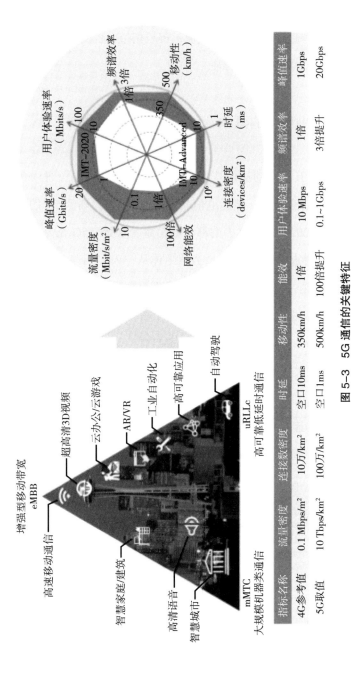

图 5-3 5G 通信的关键特征

5G技术基于微服务架构，采用标准化服务访问协议，以软件服务重构核心网，进而实现核心网的软件化、开放化和智能化。

相较3G、4G等前几代通信技术，5G可以被认为是云计算时代的通信技术，其充分吸收了网络虚拟化和云化的优势，在网络功能的架构上已实现彻底革新，不仅实现了网络功能与硬件设备的解耦、核心网功能的云化部署，同时还可根据业务场景需求进行自由组网，以及实现网络功能的灵活拆分和部署。5G网络功能的虚拟化和灵活组网能力，也正是其改变社会、赋能产业的核心基础。

5G为垂直行业应用而诞生，自2019年正式商用以来，5G主战场便一直聚焦于产业互联网。工信部前部长苗圩曾表示，5G应用场景20%是To C，80%是To B。5G具有覆盖范围更广、组网更自由、连接更稳定可靠的无线接入方式，可有效改进工厂车间、园区矿山、港口码头等传统行业的现有网络，打通内部生产和管理环节。同时配合智能化技术，可实现不同生产环节间的高效协同，使得产业数字化转型中的智能感知、泛在连接、实时分析、精准控制等需求得到满足，并推动传统产业向生产自动化、操作集中化、管理精准化和运维远程化转型升级。与此同时，5G与人工智能（AI）、物联网（IoT）、云计算（Cloud Computing）、大数据（Big Data）、边缘计算（Edge Computing）等新兴技术正走向深度融合，并重塑以"云、网、边、端"为基础构建的全链条新型数字化基础设施。而以"5G+AICDE"为轴心的技术应用与业务创新发展模式，已成为传统产业转型升级、提质增效的驱动引擎和必然的技术路线选择。

长期以来，垂直行业对网络要求较为严苛，且不同行业网络需求差异化极大，如对网络的强隔离、高安全、高可靠、大带宽、高稳定、移动性、超低时延等有着差异化的需求。运营商主流公网服务，往往以服务消费大众为主，网络资源为所有用户共享，缺乏满足行业客户网络定制化和个性差异化需求的能力，而行业用户的生产业务场景对无线网络覆盖质量、时延、上行带宽、数据保密性、设备移动性、网络控制权等的要求均高于公共大网。因此，可面向不同垂直行业差异化需求场景，提供定制化网络解决方案的 5G 行业专网应运而生，并已成为 5G 改变社会、赋能行业的主要网络实现手段。具体而言，5G 行业专网通过在特定区域为特定行业或企业用户提供专用通信网络，从而提供安全可控、能力丰富且具有差异化定制能力的通信网络，进而满足垂直行业用户多元化的业务场景需求。

事实上，在行业网络的早期应用建设中，专网技术普遍存在。但是早期行业无线专网主要基于窄带物联网、Wi-Fi 网络以及专有频段 LTE 局域网来实现，由于各类技术自身的原因，早期的行业专网存在各种缺陷或不足。例如，窄带物联网设备移动性受限，不方便实际应用；工业级 Wi-Fi 由于技术原理的限制，稳定性和安全性较差，无法满足实际行业需求；而 LTE 专有频段终端模组在实际应用中需要定制开发，无规模化优势，建设成本很高。此外，也有部分无线专网使用非 3GPP 标准或私有频段，此类专有网络限制较多、技术更新演进缓慢，跟不上行业应用的发展变化。

以赋能各行各业为目标的 5G 技术，从诞生之初，便在底层技术架构上围绕行业专网的实现进行了考虑和设计，天然具有服务行业的专网优势。5G 网络在技术层面上的演进趋势是朝着网元虚拟化、架构开放化、编排智能化方向发展，这是 5G 专网服务能力得以灵活化、定制化的底层技术保障。5G 专网除了具备大带宽、广连接、低时延、高安全性等5G共性特征优势，还具备部署区域化、网络需求个性化、行业应用场景化等特点，可以充分满足不同行业场景对网络的特定需求（如图5-4所示）。

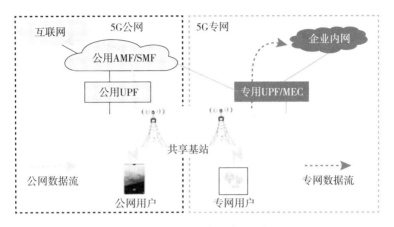

图5-4　5G行业专网应用示例

首先，5G专网部署范围可根据区域进行设计，可面向制造业园区、港口、矿山等封闭式场景进行区域化独立部署。其次，对于时延要求严苛、可靠性要求高、上行速率需求高、数据安全和隔离要求严格等个性化网络需求场景，5G专网中的网络切片、边缘计算、NFV/SDN可实现网络需求定制化和灵活部署。此外，5G专网还可为不同的行业场景就近部署算力并提供能力开放，实现场景化的行业应用服务。最后，对于大部分传统企业而言，更重要的是5G专网可与公网融合部署，复用公网部分通信基础设施，进而缩短建设周期，极大降低部署成本。

三、5G MEC 的概念

在边缘计算领域，以运营商为主要推动力的 5G MEC 扮演着极为关键的角色，是 5G 行业专网在垂直产业落地的主要模式。MEC 边缘云将高带宽、低时延、本地化业务下沉到网络边缘，成为 5G 网络重构和数字化转型的关键利器，数以万计的边缘节点助力运营商开启与 OTT（Over The Top，互联网厂商）及垂直行业合作的新窗口。MEC 边缘云是运营商揳入 5G 垂直行业的重要抓手，也是 5G 行业专网落地应用的主要方式。因此，MEC 被认为是 5G 赋能垂直行业和价值释放最核心的途径和方式，也是 5G 新基建的核心特征。

从发展历史来看，MEC 是 CT 与 IT 融合的产物。MEC 有两大核心功能，一是本地分流，二是本地计算。"本地分流"指的是数据不进入运营商核心网，而是直接分流进入用户本地局域网，属于 CT 领域的功能范畴；"本地计算"则是指数据在用户侧就地计算，而非传输至中心云上计算，属于 IT 领域的功能范畴。

作为 CT 与 IT 融合发展的产物，MEC 的背后是两个分别代表 CT 和 IT 的国际性组织，即 3GPP（3rd Generation Partnership Project，第三代合作伙伴计划）和 ETSI（European Telecommunications Sdandards Institute，欧洲电信标准协会）。3GPP 定义了 5G 通信中 C/U 分离的网络架构，并着重定义了 MEC 和 5GC（5G 核心网）网元的交互方式，该交互方式是数据得以实现本地分流的关键；而 ETSI 则定义了 MEC 的商业框架（包含软件架构、应用场景和 API 接口等），因此 MEC 也被认为是 ETSI 与 3GPP 融合发展的典范（如图 5-5 所示）。而 UPF（User Plane Function，用户面功能）则是 ETSI 与 3GPP 网络架构融合的关键点,是 5G MEC 的数据锚点,也是运营商在 5G 时代切入垂直行业从 2C 向 2B 转型的关键。

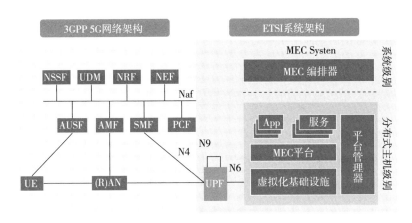

图 5-5 ETSI 与 3GPP 共同定义的 5G MEC 架构

在实际应用中,5G UPF 功能受运营商 5G 核心网控制面的统一管理,其分流策略由 5G 核心网统一配置。在图 5-5 中,5G 核心网与 MEC 实现了融合:左侧是 5G 网络,包含核心网(包含 AMF、SMF、PCF 等一系列控制面网元,以及用户面网元 UPF),接入网(RAN)以及终端(UE);右侧则是 MEC,包含 MEC 平台,管理编排域,以及多个提供服务的 App。5G 网络和 MEC 之间的结合点则是 UPF,在 5G 核心网中,所有数据必须经过 UPF 转发,才能流向外部网络,而 UPF 正是 5G MEC 实现本地分流的核心网元。从网络数据的流向看,MEC 设备通常位于 5G 核心网的 UPF 网元之后,主要负责处理 UPF 分流转发过来的数据流。

5G 网络对边缘计算的支持,核心在于 5G 核心网极其灵活的网络架构设计。为减少数据长距离的迂回传输,在 5G MEC 的应用中,核心网元 UPF 通常与控制面网元分离部署（控制面网元通常集中部署在有限的运营商中心机房内），其部署位置通常位于网络边缘或用户现场（UPF 下沉），如运营商地市区县的接入机房或用户园区码头的现场机房（如图 5-6 所示）。整体而言，5G MEC 的实现并不复杂，但是由于网络的归属问题，在 5G 核心网相关网元功能的接口对外足够开放之前，整个过程必须由运营商来主导或参与。

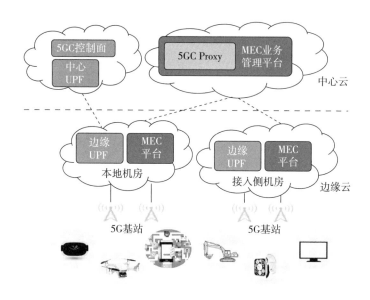

图 5-6　5G MEC 部署示意图

事实上，本地分流的功能实现，并非在 5G 网络架构中才第一次出现。早在 2009 年定义 4G 标准时，3GPP 便尝试在 R10 中实现本地分流功能，希望数据不经过核心网，直接在家庭小站分流，此时已具备"边缘分流"的功能。2017 年，3GPP 在 R14 标准中引入控制面和用户面的分离实现，实现分流功能更近一步。但是 4G 时代主要以面向消费互联网为主，垂直产业并非运营商的核心服务对象，因此 4G

时代的分流功能并未受到刚性需求的驱动从而得到普及。在 3GPP 启动 5G 第一代标准 R15 工作的时候，云计算已经成熟且边缘计算开始兴起，而 ETSI 对 MEC 的定义也在不断完善并被行业认可。

因此，在行业背景和 ETSI 的推动下，3GPP 也投入 MEC 的标准研究工作中，并在 5G 系统架构中给予了边缘计算支持，如今 MEC 已成为 5G 移动通信中最重要的技术之一。从 R10 最原始的分流功能开始，历经近 10 年，跨域 5 个 3GPP 版本，随着 5G 核心网基于服务架构的形成和云计算的快速发展，以及 ETSI 对 MEC 标准的不断完善和推动，最终以"本地分流"和"本地计算"为核心的 CT 与 IT 技术在 5G MEC 中实现了最佳融合，伴随 5G 标准的持续迭代和落地实践，MEC 边缘计算已成为 5G 赋能垂直行业的核心抓手。

事实上，5G 与 MEC 是相互促进的关系。5G 三大核心功能（uRLLC、eMBB、mMTC）的实现离不开 MEC，而 MEC 的发展也离不开 5G 三大核心功能的驱动。在 5G uRLLC 功能中，其承诺的 1ms 低时延，是指空口时延而非端到端时延，而 5G 时代影响时延的并非空口，而是光纤网络的传输距离。因此，5G 所谓的超低时延，并非端到端的超低时延，而是将 MEC 前置到核心网之前（UPF 下沉后），通过数据的本地分流实现短距离传输后得到的超低时延。因此 MEC 才是实现 5G 时代超低时延最核心的技术。

此外，在 eMBB 高带宽应用场景中，尽管 5G 可以提供高达 10G 的峰值速率，但是垂直行业全量数据的云端上传所带来的带宽成本恐怕也将难以接受，而通过 5G MEC 边缘计算，降低回传带宽链路及其由此产生的成本，才是 5G eMBB 在行业中得以落地应用的关键。

最后，在 5G mMTC 大连接场景中，海量连接设备必然产生海量数据，如果在云端进行海量数据的计算，势必造成大量资源浪费，而基于 5G MEC，则可实现数据的过滤预处理，并实现上行数据的汇聚和下行数据的及时快速反馈。因此，5G 三大核心能力是 MEC 发展的最大驱动力，而 MEC 是 5G 核心能力在垂直行业落地的关键载体。在 MEC 的支持下，云端算力下沉，终端算力上移，从而在边缘计算节点形成兼顾时延、成本和算力的汇聚点，而这正是 MEC 的核心价值所在。

第二节　边缘计算发展背后的技术与商业底层逻辑

一、传统计算架构的升级演进

在传统云和端两层网络架构中，计算要么发生在云上（服务器端），要么发生在手机、PC、网关设备等终端上（客户端），即行业熟知的 C/S 架构。随着 IoT 万物智联的普及和工业互联网、车联网、智慧城市、自动驾驶、智能制造、AR/VR 等新型产业应用的出现，全部计算发生在云端服务器可能已无法满足时延要求和承担大容量带宽的成本，而全部发生在端侧，对端的软硬件配置又有极高要求，另外，端侧的复杂性也会极大拖慢行业创新的步伐。因此，计算需要由原本的云、端（C/S）两层架构，在引入边缘端（Edge）的基础之上，逐渐迁移到端和云中间的位置，通过算力位置的安放实现距离与效率的平衡，演变成端、边、云三层架构（CES 架构），而这也将成为万物智联时代的主流计算架构。

边缘计算在本质上是从 CS 架构到 CES 架构的进化，引入 Edge

端可以解决 CS 架构在重载业务场景下捉襟见肘的难题。对于服务器端而言，Edge 端会把请求在本地进行分析和预处理，能够承担大流量访问和分散计算压力；对于客户端而言，Edge 端的运行环境可控，计算模型可实时更新，算力强大且电量无限，可与云端实现一体化协同管理。另外，Edge 端计算也可独立于云端服务存在，不受网络连通性的影响。由端、云两层计算架构到端、边、云三层计算架构的转变，是数字经济时代新型基础设施演变的要求，也是计算架构伴随行业应用发展自我进化的必然。

二、5G 通信技术的变革驱动

在 4G 时代，面对移动互联网的压力，传统 CS 架构已捉襟见肘，幸而有 CDN 救场，才让传统计算架构在大负载面前保持优雅身姿。在 5G 时代，大带宽、高密度和低时延的 5G 物理特性必然会引入海量设备和流量，这个数值可能是 4G 时代的十倍、百倍甚至更多，对于传统架构而言，已是兵临城下、四面楚歌。为迎接 5G 时代的到来，行业急需解放云端在计算、时延和流量上的压力，同时也需简化端侧复杂度的解决方案出现，边缘计算临危受命，成为 5G 时代新晋担当。

5G 是一种自带光环的技术。因为已预测到自身各种优势所带来的业务场景可能引起的各种问题，因此 5G 自带解决方案，这个解决方案就是 5G MEC，即 5G 移动边缘计算能力。5G 原生支持在通信管道内流量按需做本地分流卸载，可以理解为流量可以在通信管道中的任意位置剥离原通信管道，分流到处于任意位置上的计算平台，因此

5G在技术上提供了计算下沉到任意位置的网络可能性，这是5G对边缘计算最大的红利，甚至可以认为5G为边缘计算赋予了真正的生命。在4G时代之前，通信网络中一头是端，一头是云，这便是CS架构的网络基础。而在5G时代，通信网络中一头仍是端，一头还是云，但是中间有无数可自定义的网络站点，用户可以在这些站点上按需放置具有不同算力的计算平台，而这也正是5G时代边缘计算爆发的网络基础。如果把通信网络比作一条高速公路，在4G时代之前，它是没有服务区的，所有的信息流都在这条高速公路上从起点到终点流转，5G有一个非常好的特性，就是允许在高速公路上修建服务区，流量可以按需分流到这些服务区，而在这些服务区上的计算，就是行业长期以来所期盼的边缘计算。

三、低时延场景诉求与日俱增

超低时延场景在消费互联网中并不常见，但在产业互联网中却是一种刚需，并且已极大制约了新型业务场景的开拓，如无人驾驶、远程医疗、智能制造和智慧码头等场景（如图5-7所示）。如果低时延问题得不到解决，那么控制信号的传输将得不到保障，很多行业的创新应用也将永远停留在实验阶段。

边缘计算具有很多优势，但是低时延仍然是边缘计算最核心的价值点。在当代数据传输网络中，影响时延的主要因素并非网络传输速率和网络转发设备，而是传输网络中核心网网关的位置，或者说是核心网关与终端设备之间的距离。以手机终端收发数据为例，流量进入基站后，便进入运营商承载网，通过接入、汇聚、城域网再进入远离

第五章 5G专网与边缘计算：网随业动，沉云拓边

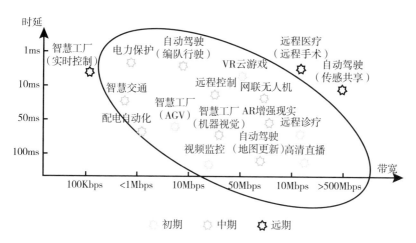

图 5-7 典型低时延应用场景

终端的核心网，进行计量计费后再传送给对端，在这个端到端的传输过程中，数据传输的时延由光纤传输时延和设备转发时延组成。如果按终端设备距核心网地域距离 500km，且网络非堵塞来计算，则光纤传输时延占比 85%，设备时延仅占比 8%（如图 5-8 所示）。计算结果充分说明，对超低时延业务而言，降低时延最关键的解决方案，就是核心网网关下沉以降低光纤传输距离造成的时延，比如核心网关由运营商省会数据中心下沉至客户现场机房，以实现客户数据最短距离的传输（事实上，这正是 5G MEC 所做的事情）。就局域网有线传输场景而言，便是将计算力由远离现场的中心机房迁移至设备现场或靠近设备的现场机房。靠近现场进行计算，最大限度地降低传输时延，这是边缘计算存在的核心诉求。

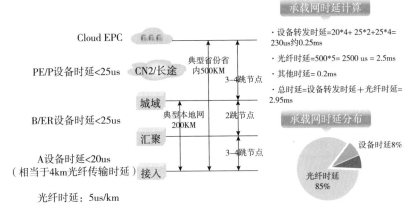

图 5-8 网络传输时延分析

四、传统 ICT 商业模式急需转型

就目前而言，边缘计算最主要的参与者，仍然还是运营商和公有云厂商，虽然部分设备制造商也参与其中，但是主流依然还是前面两者。传统运营商希望借助边缘计算实现运营商从"管道运营"向"平台运营"的历史演进，目前三大运营商都在积极布局边缘计算，尤以混改后的联通最为活跃。毫无疑问，在互联网和云计算大潮中，运营商并未摆脱"管道商"的宿命，而边缘计算却是运营商的历史机遇，也是拉动 5G 赋能产业的关键技术。在某种程度上，可以认为边缘计算是运营商借助 5G，由红海 C 端进入 B 端的唯一途径，也是运营商必须抓住的机遇。

运营商的天然优势，在边缘计算领域得到最大化的体现。一是遍布全国县市的边缘机房，二是触达每个角落的无线及有线传输网络。利用移动和固网的本地分流能力，根据业务场景和用户对时延的不同需求，将现场终端数据分流卸载到不同位置的边缘机房，再通过运营商提供的边缘计算平台实现对原始数据的分析和处理，将流量或专线、计算资源和软件服务费用收入囊中，是运营商在边缘计算规划方案中，用以摆脱管道宿命的核心设计理念。以 5G 网络为契机，借助运营商特有的本地分流优势，充分利用既有边缘基础设施，寄希望通过管道＋边缘云服务方式全量占领边缘市场，是运营商商业模式转型的主要布局之一（如图 5-9 所示）。

如出一辙，公有云厂商也不甘心盘踞云端。一直以来，云厂商的商业模式都是以逸待劳地向用户提供按需付费的云服务。随着产业互联网的到来，云厂商需要结合边缘计算，主动将云服务进一步延伸和拓展到产业端，大型、集中的计算仍然交由传统云中心来完成，对于时延、成本、本地化计算有强需求的客户，则提供边缘计算来满足客户需求（如图 5-10 所示）。

以中心云能力为核心，以边缘节点为依托，将数据中心云服务能力无界拓展至客户现场，通过云边协同实现边缘智能，持云端优势，借边缘开道，撬动传统产业端入口，正是云厂商布局和推动边缘计算的初心。公有云厂商边缘计算市场的开拓，产品层面基本呈现为云端 IoT Hub 和边缘端 IoT Edge 两大类产品，并以 IoT Edge 嵌入客户现场，以 IoT Hub 管理散落客户现场的边缘节点设备为主线进行产品打造。如微软的 Azure IoT Hub 和 Azure IoT Edge，亚马逊的 AWS IoT 和 AWS Greengrass，阿里云 IoT 平台和 Link IoT Edge，腾讯云 IoT 平台和 IECP 边缘计算平台，青云的 IoT 平台和 EdgeWize 边缘计算平台。

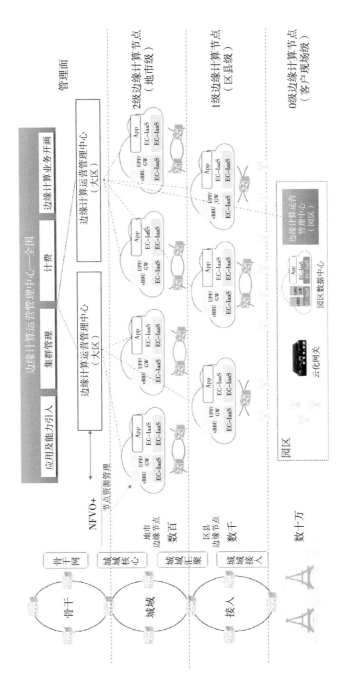

图 5-9 MEC 边缘云助力运营商构筑 5G 时代核心竞争力

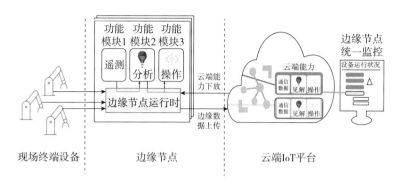

图 5-10　云厂商边缘计算整体架构

毫无疑问，多数云厂商并不具备底层的管道通信能力，在边缘计算领域显得心有余而力不足，借壳弄个 SD-WAN，基本已经触到能力边界。因此，在公有云厂商的边缘计算方案里面，基本不会提及流量卸载或本地转发的概念，因为那是运营商统治的禁区。随着 5G 时代的到来，如果不具备本地分流的能力，云计算厂商的边缘计算必然大打折扣，因此公有云厂商与运营商的联姻合作，必然会成为边缘计算市场的常态，这或许也是混改后的中国联通在边缘计算领域勇往直前的原因。而从目前来看，互联网云厂商与运营商在边缘市场的合作，其实早已开始。

第三节　5G 边缘计算的应用现状与挑战

一、5G 专网在传统产业中的应用现状

如前文所言，行业专网是 5G 赋能垂直产业的核心途径。垂直行业领域众多，网络需求呈现碎片化特点，工业、电力、安防、交通等

垂直行业对网络覆盖、时延、可靠性、安全隔离性、数据保密性、设备移动性、上行带宽、网络控制权等特性均有不同于公网的要求。

长期以来，行业用户对于一线生产网络的需求呈现五大特点：一是覆盖场景多样化，行业用户场景众多且对网络需求差异巨大，需要一套网络覆盖不同应用场景下的网络需求；二是网络部署局域化，不同于公网广范围覆盖的需求，行业用户对于网络覆盖的需求聚焦在局部区域；三是网元资源定制化，不同行业用户在部署行业网络时，对于通信设备的资源配置需求也不尽相同，通常需要对网络资源进行差异化定制；四是网络性能可配置，为适应不同场景下的网络需求，需要实现网络性能的灵活化配置；五是网络运维可管可控，不同于公网用户，垂直行业用户对于园区车间生产网络的网络设备、终端设备、数据流量等运行信息有自管自控及可视化管理的需求。

基于上述五大特殊网络需求，垂直行业的数字转型迫切需要灵活敏捷的行业专网，以实现行业专用、部署灵活、运维简单、功能可定制、SLA 可确定，并兼顾行业安全和成本需求的专用网络。在 4G 时代，受限于频谱尤其是专网昂贵的建设和运维成本，尽管专网优势明显且需求明确，但是大多数企业特别是中小企业很难承担自建专网的成本投入。在 5G 网络时代，网络切片技术、NFV/SDN、端到端自动编排技术等技术的成熟应用，使得运营商可利用公网资源为成千上万的企业用户定制专属 SLA 保障的专有网络。企业只需聚焦自身主流业务，通过购买或租用运营商的专业 5G 网络服务，即可构建专业可靠、成本经济的 5G 行业专网。

在具体实现层面，5G 专网建设主要有两种模式：一是运营商通过网络切片技术，使用 UPF 分流，将用户数据直接传送至用户内网；

二是向国家申请专用 5G 频段，用于行业用户自建 5G 专网。目前，国内出现的 5G 专网基本采用前者，主要依靠运营商，利用边缘计算、网络切片技术建立虚拟专网。而基于 5G 行业频谱自建的行业专网至今未有太多案例，行业频谱也很难能得到监管部门的批准授权。

为充分利用 5G 红利赋能垂直行业，国内三大运营商均已公布 5G 行业专网建设模式（如图 5-11 所示）。尽管三大运营商均有各自的专网产品名称，但是运营商专网建设无外乎三种模式：完全共享公网基础设施的虚拟专网模式（虚拟专网）；部分共享公网基础设施的混合专网模式（混合专网）；网络基础设施完全独立部署专网模式（独立专网）。三大专网模式有各自的技术实现、优势和解决方案，并有适用于不同垂直行业的应用场景。运营商 5G 三大专网模式各自特点及其应用场景如图 5-12 所示。

5G专网模式分类	中国电信 CHINA TELECOM	China unicom 中国联通	中国移动 China Mobile
与公网完全共享	致远模式	5G虚拟专网	优享模式
与公网部分共享	比邻模式	5G混合专网	专享模式
独立部署	如翼模式	5G独立专网	尊享模式

图 5-11　国内三大运营商专网产品

（一）5G 虚拟专网

5G 虚拟专网是指基于运营商 5G 公众网络资源，利用端到端 QoS 或切片技术，为企业用户提供一张时延和带宽有保障、与运营商公众网络普通用户数据隔离的虚拟专有网络。从无线基站传输到核

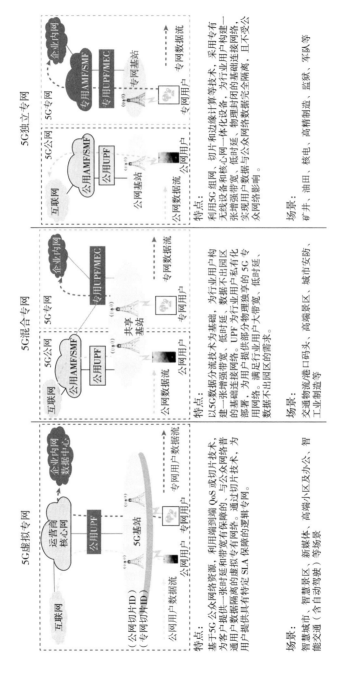

图5-12 5G三大专网建设模式及其特点

心网用户面及控制面端到端共享运营商公众网络，通过切片技术，为用户提供具有特定 SLA 保障的逻辑专网。5G 虚拟专网主要适用于两大场景：一是接入区域不固定或广域覆盖，既服务公网个人用户又服务专网用户的场景；二是有较为确定的业务质量要求和一定程度的数据隔离要求的场景。如智慧城市、智慧景区、新媒体、高端小区及办公、智能交通（含自动驾驶）等场景。

（二）5G 混合专网

5G 混合专网是指以 5G 数据分流技术为基础，通过无线和控制网元的灵活定制，为行业用户构建一张增强带宽、低时延、数据不出本地的基础连接网络。5G 混合专网的核心网用户面网元 UPF 为行业用户私有化部署，无线基站、核心网控制面网元根据客户需求灵活部署（可选共用公众网络核心网资源或在行业用户园区内独立部署），为用户提供部分物理独享的 5G 专用网络。可满足行业用户大带宽、低时延、数据不出园区的需求。在混合专网模式下，行业用户网内业务数据本地卸载，可通过功能定制优化，减小公众网络故障对用户生产业务的影响，保障生产安全。5G 混合专网主要适用于局域开放园区，如交通物流 / 港口码头、高端景区、城市安防、工业制造等领域。

（三）5G 独立专网

5G 独立专网是指利用 5G 组网、切片和边缘计算等技术，采用专有无线设备和核心网一体化设备，为行业用户构建一张增强带宽、低时延、物理封闭的基础连接网络，实现用户数据与运营商公众网络数据完全隔离，且不受运营商公众网络影响。在独立专网模式下，行业用户网内业务数据及终端/用户行为信息高度保密，企业专网与运营商公众网络端到端完全隔离。从无线基站传输到核心网用户面和控制面端到端为行业用户单独建设，提供物理独享的 5G 专用网络，满足行业用户大带宽、低时延、高安全、高可靠的数据传输需求。5G 独立专网主要适用于专属程度高、安全要求高、数据隔离要求高、业务连续性要求极高的场景，以及某些通信指标（时延、上下行速率）要求极高，且需要定制，对业务自主性要求高的业务场景。5G 独立专网适用于局域封闭区域，如矿井、油田、核电、高精制造、监狱、军队等。

目前，国内企业用户 5G 专网建设模式主要以共享运营商推出的三种专网模式为主。但是从运营商专网实际应用效果来看，5G 专网模式无论是从定价、商业模式来看，还是从行业用户应用场景的黏合度来看，都处于初步阶段，技术实现和商业模式都未完全成熟。在运营商三大专网模式中，5G 混合专网是落地应用案例较多的专网模式，借助 MEC 边缘计算平台的部署，将 5G 核心网用户面 UPF 下沉至客户现场，通过用户数据的本地卸载实现低时延和高安全，目前已在港口、矿山、钢铁等行业有较多的创新试点应用。

此外，5G 虚拟专网虽然实现成本相对混合专网更低，但是在运营商由 NSA（4G 与 5G 混合组网）向 SA（5G 标准组网）网络架构的演进过渡阶段，端到端的 5G 网络切片技术难以实现，落地案例也极为少见。而 5G 独立专网由于建设维护成本极高，多数企业用户难以负担，因而基本也无法实现规模化应用。

整体而言，国内 5G 专网呈现"雷声大，雨点小"的发展现状。

运营商和通信设备商是专网建设的主要推动者，而通信设备商同时也是5G行业频谱开放的主要倡议者，在供给侧专网优势的持续宣传和推动下，传统企业用户网络痛点被持续放大，而由于网络通信领域长期的技术封闭和行业壁垒，企业用户往往低估和误判现阶段的5G专网难度、成熟度，以及投入建设和运行维护成本，因此企业用户的5G专网建设往往浅尝辄止，难以形成真正的垂直产业赋能模式。

事实上，现阶段业界对专网的讨论和分析，很多还是基于纯理论的想象，以及厂商对客户痛点的迎合，看到的都是专网的优点，尤其是对于技术指标和特性的分析，而专网建设中存在的风险和后续运营中可能遇到的问题，往往被视而不见或缺乏深入探讨。换句话说，现阶段关于5G专网功能和优势的介绍，很大程度上是基于未来技术实现的超前宣传，当前阶段的技术应用和成熟度并不足以支撑诸多专网优势或特性的落地应用。这也是现阶段的专网只是模糊地给客户带来更便宜、更好用、更可控的心理期望，而迟迟未能创造出新的价值、给产业带来增量、受到产业用户认可和接受的主要原因。

现阶段，5G专网在传统企业中的应用，主要面临五方面的挑战：一是国内目前尚未开放行业频谱资源，企业无法独立自主建设专网；二是网络建设及运维成本较高，企业需考虑经营成本收益问题；三是5G技术处于持续演进中，商业化和技术稳定性不足；四是5G产业链尚不成熟，终端及模组价格较高，高价值应用场景缺乏；五是5G专网并非万能，对于通信控制时延近乎苛刻的场景，5G无能为力，而传统工业总线可以较好满足。

然而，尽管5G专网仍然存在诸多问题和不足，但是我们不可否认5G技术在专网领域的突破和对垂直行业的贡献。虽然5G虚拟专网、独立专网在落地实践中存在诸多障碍,但是我们可以看到,基于MEC 的 5G 混合专网已在产业侧生根发芽,并已受到诸多传统企业用户的普遍认可和接受。在可以预见的未来,5G 混合专网将会成为传统企业用户数智化转型的通用专网基础设施。

二、边缘计算在传统产业中的应用现状

边缘计算通过近现场提供计算、网络、智能等关键能力,将新一代基础设施能力嵌入各行业边缘一线,将中心化的云端算力、智能和各种云服务输送至生产线,将云计算的红利和价值最大化释放至产业高价值现场。边缘计算已成为传统企业数字化转型的关键,但同时也是各行业亟待解决的问题。边缘计算正在重构传统产业底层数字化基础设施,正在重塑传统企业迈向数智化新时代的动力,正在加速赋能实体经济转型升级。整体而言,边缘计算已成为计算体系的新范式、信息领域的新业态和产业转型的新平台。国内以中国科学院、中国工程院,国外以 Gartner 和 IEEE 等为代表的权威机构都曾将边缘计算列为年度十大技术方向。

从技术角度看,边缘计算是网络技术和计算技术的交叉;从行业视角看,边缘计算是 CT、IT 和 OT 行业的融合。当前,边缘计算正处于高速发展阶段,不同行业对其理解和应用不同,边缘计算存在三种发展路径:一是以传统行业现场计算为主的垂直行业边缘计算(传统意义上的边缘计算);二是以云厂商分布式云原生技术为主导的云原生边缘计算(后云计算时代的边缘计算);三是以运营商 5G 技术为核心的 5G MEC(后 5G 时代的边缘计算)。

垂直行业边缘计算和云原生边缘计算，又可归为以"边缘算力"为核心的边缘计算，其发展思路是以解决和管理"边缘算力"为出发点，其假定是网络交由运营商负责；5G MEC 则是以"边缘网络"为核心的边缘计算，其发展思路则是以 5G 行业专网为出发点，通过网络数据根据计算位置的按需卸载，将网络与算力融合成为边缘算网，进而实现网随业动和云随网动。但是，正如以"边缘算力"为核心的边缘计算缺乏对网络功能的灵活控制，以"边缘网络"为核心的边缘计算对算力的供给和管理是其短板，因此多发展路径取长补短的融合是未来边缘计算的发展趋势。边缘计算三种发展路径的核心理念与区别如表 5-1 所示。

整体而言，边缘计算赋能传统产业转型升级的重要价值已被普遍认可和接受，业界各方对边缘计算的重视程度也在不断提升。但是，由于边缘计算属于跨行业、跨领域融合技术，且与垂直产业生产一线密切相关，用户个性化、差异化需求显著，供给侧参与主体众多，存在需求多样化和供给碎片化等现状。

表 5-1 边缘计算三种发展路径对比

路径	核心理念	部署位置	设备形态	应用类型	特点
路径 1：垂直行业边缘计算	依托行业专业优势，关注行业时间敏感应用。传统意义上的边缘计算	针对应用需求灵活部署，位置可为现场级、车间级、企业级	边缘计算服务器/边缘计算网关/边缘计算控制器	对时延、安全、性能、自管理要求严格的应用	以"边缘算力"为核心，附加实现边缘网络调度管理

续表

路径	核心理念	部署位置	设备形态	应用类型	特点
路径 2：云原生边缘计算	依托云计算优势，关注边云协同，实现云端和边缘端一致用户体验。后云计算时代的边缘计算	企业自建边缘机房	边缘计算服务器/边缘计算网关	对有延伸云服务能力需求、企业数据管控有较高要求的云边协同应用	以"边缘算力"为核心，附加实现边缘网络调度管理
路径 3：5G MEC	依托网络优势，关注边网融合，实现网络能力和计算能力的实时调用。后 5G 时代的边缘计算	运营商机房/企业自建边缘机房	边缘计算服务器/边缘计算一体机	对网络能力要求较高、需要进行灵活组网的应用	以"边缘网络"为核心，附加实现边缘算力调度管理

在实际的部署应用中，边缘计算行业面临着四大难题。一是边缘计算标准化工作难以实现。垂直行业边缘计算、云原生边缘计算、5G MEC 等发展路径的相关标准组织均从各自领域对边缘计算进行了标准化工作，由于缺乏横跨多个发展路径的顶层标准化组织，导致标准化工作缺乏统一布局，各自领域的标准内容存在冲突和重复，标准化的缺失已严重阻碍边缘计算基础设施的规模化部署。二是边缘计算产业难以集约化。目前各个垂直行业在边缘计算领域中独自探索，产业链上下游联系不够紧密，边缘计算产业呈现封闭化、碎片化发展态势，产品互兼容或互联互通难以实现。三是边缘计算建设及商业模式不清晰。边缘计算往往涉及以 CT、IT、OT 为代表的跨行业多方合作，运营商、云计算服务商以及工业企业等核心参与者的建设合作模式很

难界定，而在标准化难以实现的前提下，边缘计算的商业模式也很难清晰，而商业模式的模糊严重阻碍了参与各方对边缘计算基础设施建设运营的资金投入。四是边缘计算难以实现规模化部署。目前产业各方正在积极推进边缘计算基础设施规模化应用部署，但是受限于标准化缺失、碎片化现状，以及建设和商业模式的不清晰，目前成熟且可复制的边缘计算建设模式尚未形成，需要业界各方进一步探索。

三、垂直行业边缘计算面临的挑战及其趋势

垂直行业是边缘计算最主要的应用场景，垂直行业边缘计算也是最古老、最传统意义上的边缘计算，是大众对边缘计算最初的认知与理解。从生产线上的控制器，到车间内部的工控机，再到企业现场自建机房内部的服务器，相对中心云计算而言，都可称作垂直行业边缘计算。垂直行业边缘计算与企业生产制造密切相关，而且由于数据处理时延性、安全保密性以及网络传输稳定性的要求，传统实业大多数应用并不具备上云条件，因而只能以行业边缘计算形式存在。

现阶段，为了实现大数据时代和智能化时代的产业转型升级，产业各方都在积极布局垂直行业边缘计算，但是实际应用中行业边缘计算依然存在两大挑战：一是伴随大数据时代下企业对数据资产重视程度的提升，数据的持续积累成为常态，导致垂直行业产生的数据量不断增大且数据结构各不相同，这给行业边缘计算的数据存储、实时计算等带来了极大挑战；二是目前产业各方都在布局开拓、并从不同业务理解的角度切入边缘计算行业，导致基于不同底层架构、针对不同行业应用的各类边缘计算软硬件平台及各样式产品层出不穷，致使垂

直行业边缘计算市场呈现出极其碎片化的发展态势,接口、数据标准不一,产品规范缺乏,数据难聚合、设备难管理,跨厂商边缘设备或系统的互联互通互操作存在严重挑战。

碎片化、封闭式、缺乏标准,是当前垂直行业边缘计算面临的最大挑战。而探索如何实现对异构多样化边缘设备的统一抽象和集中管控,实现垂直行业边缘计算生态的标准化,以及如何通过协议转换、数据预处理等功能,实现企业内由下至上各层数据的纵向融合集成和横向流通共享,是垂直行业边缘计算当前和未来发展的主流趋势。

四、云原生边缘计算面临的挑战及其趋势

云原生边缘计算本质上是对垂直行业边缘计算的升级,是云原生技术体系由上至下普及渗透至行业边缘计算的必然。在技术实现上,云原生边缘计算是对传统垂直行业边缘计算所面临挑战的应对和解决方案,利用云原生技术体系向下屏蔽异构设备,向上统一承载差异化应用的能力,垂直行业边缘计算标准缺失、设备异构、厂商封闭各成体系的现状有望得以改变。在具体实现上,云原生边缘计算是将传统云计算技术轻量化后,结合边缘原生新技术在边缘侧实现计算、存储、网络等资源的快速响应及可伸缩性。

作为后云计算时代兴起的技术,云原生边缘计算处在不断变化和高速发展中,并面临着以下三个方面的挑战:一是边缘计算作为一种新兴技术,目前生态尚未完全成熟,云原生技术体系作为后云计算时代的技术趋势,目前主要集中应用于中心云端,当前由各大云厂商主导的云原生边缘计算软件产品和开源社区层出不穷(如阿里云主导的

OpenYurt，腾讯云主导的 SuperEdge，百度智能云主导的 BAETYL，以及华为云主导的 KubeEdge 和 Rancher 主导的 K3S 等），垂直行业边缘计算软硬件厂商各自封闭发展的历史似乎又再次上演，现阶段用户在选择云原生边缘计算产品路线时面临多种不确定性挑战；二是业界对于云原生边缘计算及 MEC 概念的理解存在混淆，供给侧存在代表不同利益群体并互相博弈的生态，运营商 MEC 平台和云厂商边缘云平台的业务关系仍不明确，多数传统企业用户对边缘计算的理解仍然停留在对本地计算的认知上，对云原生边缘计算缺乏理解、无法匹配自身现状和需求，云原生边缘计算面临概念普及和推广实践的挑战；三是云边协同是云厂商推动中心云走向边缘侧的关键架构，也是云原生边缘计算的核心，但在实现过程中并不完善，当前仍然侧重于边缘运行环境的调度治理，而云边协同最核心的边缘应用及服务统一分发、统一调度、统一运维管控等技术实现并不成熟，"以应用为中心"的云原生技术理念并未在云边协同中得到充分实现。

云原生边缘计算面临各种挑战的主要原因，归结起来主要有三个。首先，云原生边缘计算本身处于概念混淆和普及阶段，用户的理解和接受度有限；其次，云原生边缘计算的技术实现仍在不断演进中，技术的成熟度和落地实践有待加强；最后，传统垂直行业边缘计算及其根深蒂固的碎片化现状，使得云原生技术难以消化历史技术债务，尽管云原生边缘计算代表未来发展方向，但是其普及和推广仍需时间。

未来，云原生边缘计算将会以全兼容原生 Kubernetes 为核心，从资源、数据、应用等多个维度实现基于云原生技术的云边协同，并根据现场负载的实际情况，朝着单机、轻量边缘集群和完整边缘集群方向演化，并最终实现云、边、端异构基础设施的统一。传统企业多年来异构离散和碎片化的底层基础设施资源，有望随着云原生边缘计算的普及而得到彻底解决。

五、5G MEC 面临的挑战及其趋势

5G MEC 是真正意义上网络和计算融合一体的边缘计算框架，是 3GPP 和 ETSI 两大组织协同推进的重要成果，其在边缘计算领域的推广应用，主要由电信运营商推动实现。伴随 5G 商业化落地和行业专网在垂直行业中的探索应用，5G MEC 方案在传统企业用户中逐步得到认可，并在低延时、高安全等需要进行数据本地卸载的边缘计算领域，已有较多的落地应用和案例。

但是，5G MEC 整体发展还处于初期阶段，其在传统产业中的落地应用仍然面临三个挑战。一是商业模式变化带来的合作模式挑战。现阶段 MEC 节点建设主要由电信运营商独立承担，借助 MEC 进入边缘计算市场，直接赋能垂直行业边缘应用建设，是 5G 时代电信运营商商业模式上的重大转变，与传统流量带宽计费模式不同，目前电信运营商与传统企业客户之间基于 MEC 的商业模式仍旧不清晰，未形成标准化产品，企业客户在使用 MEC 时面临合作和付费模式不确定性的挑战。二是供给侧各方博弈正酣，MEC 的技术实现和产品标准化尚未成熟。由于 MEC 实现需要借助 5G 专网能力，因此 IT 云厂商只能望而却步或寻求与运营商合作，但是运营商却又寄希望于 MEC 与云厂商在边缘计算市场进行博弈，加之 5G 商用刚起步，专网能力开放有限，因此 IT 云厂商无法进入 MEC 生态，而在三大运营商内部，MEC 基本也是独自探索和建设。因此 5G MEC 的发展面

临供给侧博弈和各自碎片化建设的挑战。三是应用生态尚需培育，目前各方均在垂直行业探索应用模式，相关产品及服务以多样化和定制化居多，缺乏云厂商的 MEC 应用生态难以建立。

未来，MEC 的发展将朝着融合开放、生态共建方向演进，运营商正积极推动 MEC 产品走向松耦合，例如中国移动发起 OpenUPF 计划，推动核心网 N4 接口解耦，以期降低 MEC 建设成本。与此同时，MEC 平台数据接口、应用程序接口将趋于标准化和开放化，不同运营商 MEC 平台的互联互通，以及不同边缘平台的联合服务，有望在 5G 成熟商业化和运营商网络能力充分开放的前提下得以实现。而伴随运营商 5G MEC 商业模式探索的不断成熟和垂直产业复杂场景数智化转型升级的提速，运营商和云厂商在 MEC 领域的融合共建将进一步加深，MEC 也将成为助力传统企业数字化转型升级的通用边缘计算基础设施。

第四节　5G 时代传统产业边缘计算建设的核心原则及两个阶段

一、传统产业边缘计算建设的核心原则

边缘计算是典型的以满足一线业务场景特殊需求为核心的计算模式，在传统垂直行业场景下，个性化、差异化和多样化是其显著特征，且垂直场景需求各异。因此，不同行业对边缘计算的理解不尽相同，导致了边缘计算的发展出现多种路径。整体而言，现阶段的边缘计算，不论在产业供给侧的产品实现上，还是在所采用的技术实现

上，以及场景侧对边缘计算的需求上，都呈现出高度碎片化的特征。

首先，从边缘计算产业的发展路径来看，目前以传统垂直行业边缘计算、云原生边缘计算和 5G MEC 为主导，三大发展路径的背后，是传统工业终端设备制造商、互联网云厂商和运营商三大边缘势力的博弈；其次，从边缘计算的实现形态来看，根据场景算力需求，边缘计算物理设施可包括终端设备、物联网关、智能网关、边缘服务器、边缘云等 IT 基础设施；再次，从边缘计算的发展方向来看，以云边协同为目标的云原生边缘计算已成为主流趋势，其实现机制包括国内主流云厂商开源的 KubeEdge、SuperEdge、OpenYurt、Baetyl、K3S 等项目；最后，从数字化技术集群式发展的趋势来看，边缘计算难以独自存在，必须与云计算、物联网、人工智能、5G 网络等技术融合发展、互为补充，才可实现边缘计算赋能产业转型升级的价值和意义。

总之，当前边缘计算的发展面临实现路径多样、实现形态各异、开源项目众多、融合领域复杂等挑战。从供需双方对边缘计算的理解，到业界产品形态和技术实现，现阶段的边缘计算均无标准可言，边缘计算当前正处于高速发展和演化阶段。

因此，传统企业从自身数字化建设的需求和技术架构的实现来看，边缘计算的应用和建设都应遵循两个基本原则：一是坚持"云网边端一体化"的数字化基础设施架构设计原则；二是遵循"云数智一体化"的云端技术融合建设和"云端控制、边端运行；云端训练、边端推理"的云边协同价值赋能原则。在这两大原则指导下，方可一统传统企业分散碎片化的边缘计算形态，实现企业数字化基础设施的统一和数字化应用的自由分发与运行（如图 5-13 所示）。在具体实现层面，基于传统企业的现状和技术发展的趋势，我们认为传统企业边缘

第五章 5G 专网与边缘计算：网随业动，沉云拓边

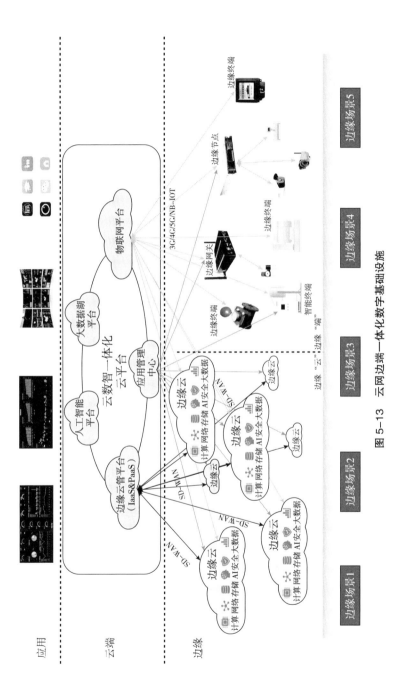

图 5-13 云网边端一体化数字基础设施

计算的建设需要经历两个阶段。

第一阶段，基于"云端集中式控制，边端分布式运行"原则，通过云原生技术体系重塑传统垂直行业边缘计算，构建与云计算全面协同的云原生边缘计算架构，第一阶段的主要目标，是为企业构建云网边端大一统、算力无界的新型数字化基础设施，并实现以"应用为中心"的边缘应用建设模式；第二阶段，融合 AIoT 和 5G MEC 技术，将边缘计算与云计算、物联网、人工智能和 5G 通信全面协同发展，第二阶段的主要目标，是实现产业侧超低时延、超高安全等高价值边缘应用场景的智能化建设，将汇聚云端的"云数智"能力通过 AIoT 和 5G MEC 等技术，全面释放至企业边缘侧高价值业务场景，实现传统产业全面的数字化转型和智能化升级。

事实上，现阶段多数传统企业边缘计算处于"作坊式"独立自主计算阶段，即典型的传统垂直行业边缘计算模式。在后云计算时代，这种边缘计算模式更多被认为是传统 IT 架构向云计算架构迁移后的"遗孤"，或者是借边缘计算之名，行传统 IT 架构之实。因此，从架构面向未来的角度，我们不再讨论这种老旧边缘计算模式，而是建议企业用户向本节论述的边缘计算第一阶段和第二阶段建设模式迁移。

二、传统产业边缘计算建设的两大阶段

（一）阶段一：云原生重塑边缘计算，云边端一体算力无界

从技术发展和架构演化的趋势来看，云原生技术体系可能是解决边缘计算碎片化的终极方案。以 Docker 和 K8S 为核心的云原生技术体系向下可以屏蔽异构基础设施的差异性，向上可以承载多样化的软

件应用负载，向外可以拓展至终端边缘侧。云原生以一套技术体系支撑任意负载，运行于任意基础设施环境之上，从而解决了传统企业长期面临的分布式、碎片化异构基础设施难题。

长期以来，传统垂直行业边缘计算一直存在且碎片化分散发展态势，加之边缘计算形态本身的多样化，致使传统企业边缘计算基础设施混杂异构、错综复杂，存在边缘应用管理难集中、运维难监管、故障难处理、应用难部署、版本难更新的"五难"问题，而且传统垂直行业边缘长期与云端隔离，云边协同能力缺失或协同不足。而云原生边缘计算的出现，将边缘计算真正带入了"云端集中控制，边端分布式运行"的全新阶段，即边缘计算建设第一阶段。

传统企业用户在边缘计算第一阶段的建设，即云原生边缘计算建设中，需要实现两个核心目标：一是"以资源为中心"，实现云边协同、一云多边架构下的云边端异构基础设施大一统，构建边缘异构基础设施在云端的统一管理；二是"以应用为中心"，实现边缘应用的云端中心化控制和边端分布式运行，构建边缘应用开发测试、交付分发、运行管理、运维监控在云端全生命周期的闭环管理。

1. 以资源为中心，云网边端异构基础设施大一统

边缘计算的碎片化，内因在于底层软硬件的异构碎片化和上层边缘应用的差异化，外因则是业界各方群雄并起，各怀诉求，缺乏完整统一的标准化工作。而最深层次的根因，则是垂直行业本身的特征决定了边缘计算本身不可能实现产业的标准化。因此，基于碎片化现状的架构统一，仅有的办法便是另起抽象层，以统一标准化的抽象层覆盖混杂异构的边缘基础设施。

通过抽象层，向下屏蔽边缘基础设施异构碎片化的同时，向上封装边缘应用的多样性和差异化，实现上层边缘应用对下层异构基础设施的透明，以及下层边缘基础设施对上层差异化应用的无区别运行。这个抽象层，便是后云计算时代的云原生，而这也正是云原生边缘计算的初衷。云原生边缘计算的核心目标之一，就是要在云边端异构基础设施之上实现应用运行时的统一，进而实现企业遍及全域云边端数字化基础设施的大一统。

事实上，在传统企业边缘业务场景中，并无标准化的需求。在边缘算力层面，嵌入式边缘设备/盒子、边缘单机服务器、轻量级边缘集群、常规边缘集群，都可能成为边缘计算基础设施；在边缘应用层面，物联设备协议解析、边缘数据分析预处理、边缘设备实时控制、边缘推理模型等，都可能是边缘场景中的具体应用。而云边协同又涉及基础资源层面的协同、运行时层面的协同、应用业务层面的协同。

因此，对于大型多元化的传统企业而言，理论上并不存在一套固定的标准化的边缘计算解决方案，可以满足多元化边缘场景的需求。而云原生边缘计算的核心，正在于其适配边缘场景的灵活性。在运行时层面，从 Docker、K8S、K3S 等单机或集群版独立运行时，到基于 Kubernetes 实现的 KubeEdge、SuperEdge、OpenYurt 等云边协同方案，目前云原生边缘计算基本可以适配并满足边缘多样化算力基础设施的需求。

对于传统企业而言，云原生边缘计算的建设核心，现阶段并不在于"边端分布式运行"，而在于"云端集中式控制"的实现，即如何将用于满足不同边缘场景需求的云原生运行时进行统一的调度和管理，包括单机版运行时、独立集群版运行时，以及不同云边协同实现机制（如 KubeEdge 和 SuperEdge）的边缘运行时。前者（边端分布式运行）利用社区开源解决方案基本可以得到满足，后者（云端集中式控制）更多只能根据企业需求自力更生。而建设后者的关键，则是"泛云原生运行时"统一管理平台的实现，企业通过泛云原生运行时的云端统一管理，即可通过云原生抽象层，实现边缘混杂异构基础设施的统一，进而实现云网边端异构基础设施的大一统（如图5-14所示）。

2. 以应用为中心，边缘应用全生命周期云端管理

在解决边缘计算多样碎片化和混杂异构基础设施统一管理的问题之后，可认为传统企业数字化基础设施基本进入了现代化阶段。事实上，多数传统企业云端基础设施早已迈入现代化，而边缘端仍是以传统IT架构为主，因此云原生边缘计算的建设在某种程度上是实现传统企业数字化基础设施全面现代化的最后攻坚战。在云边端基础设施全面现代化基础之上，传统企业边缘计算建设第一阶段的第二大任务目标，则是构建"以应用为中心"的边缘应用，实现边缘应用全生命周期在云端的集中化和统一化的管理。最终实现企业"边缘资源云端统一纳管，边缘应用云端统一管控"的目标。

过往的边缘应用建设，更多是以"作坊式"的项目制为主。边缘应用往往覆盖域有限，因而需求也呈点状分布，各需求方独立开发或外购实施自建，边缘应用建设缺乏标准规范，架构参差不齐，应用现场维护费时耗力，版本更新迟钝缓慢。在云计算时代，垂直行业边缘应用似乎成了被遗忘的领地，而云原生边缘计算的建设，正是要将云技术时代的技术红利普及至传统产业边缘侧，进而实现云边统一的应用开发交付、部署运维和运营使用全流程的一致体验。

在具体实现层面，边缘应用的开发测试和交付部署应全面融入云

融合：产业数字化转型的十大关键技术

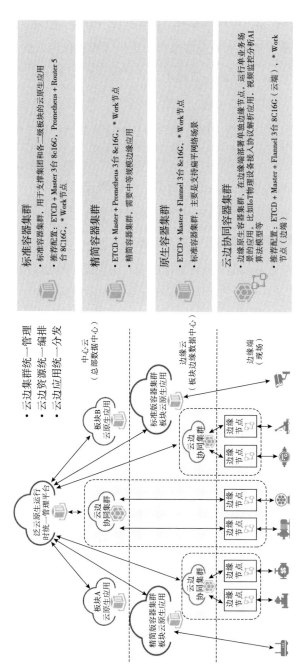

图 5-14 泛云原生运行时统一管理下的云边端大一统基础设施架构

258

第五章 5G专网与边缘计算：网随业动，沉云拓边

端，以应用为中心，以云原生为优先原则。通过云端 DevOps 平台，实现开发测试全流程的自动化，并以云端应用市场为中心，汇聚各类边缘应用，以云端应用市场构建边缘应用的集散分发中心，通过泛在云原生运行时管理平台，将各类边缘业务场景所需边缘应用由应用市场分发至各类边缘基础设施上，并通过云边协同机制，对已下发运行在各类边缘实施上的边缘应用进行中心化的监控与管理（如图 5-15 所示）。边缘应用需要迭代更新时，重复上述流程，将新版本下发推送至各类边缘设施，以实现边缘应用的滚动升级。

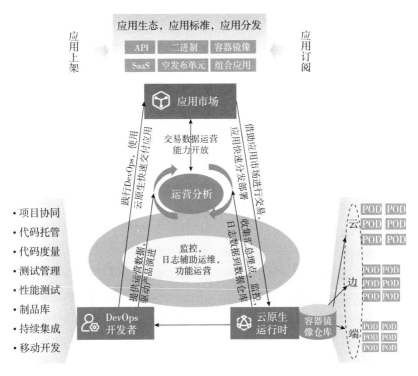

图 5-15　边缘应用在云端的全生命周期管理

最终目标则是实现边缘应用场景的一键下发、自动部署，以及边

259

缘应用的云端统一监控、远程升级、在线更新。进而实现"边缘应用长在云端，用在边端，中心控制，边缘运行"的传统产业边缘计算格局。

（二）阶段二：5G专网赋能边缘场景，AIoT释放边缘价值

传统企业边缘计算第一阶段的建设，本质上解决的是边缘基础设施和边缘应用技术架构的问题，实现企业云边端异构基础设施的统一和边缘应用全生命周期的云化管理，将边缘以一体化方式完全融入云端技术体系，实现企业全域基础设施的云原生化。但是，对于企业用户而言，边缘计算基础设施的云原生化仅是手段，不是目的。

企业建设云原生边缘计算的目标，是希望通过云计算的技术红利，最大化释放边缘应用场景的价值，实现企业的转型升级与降本增效。但是，作为通用性底层基础设施技术，云原生无法产生特定场景下的业务价值，边缘应用的高价值场景需要借助与场景密切相关的技术，如AI和IoT等来实现，同时对于实时控制等高价值边缘场景，需要依赖5G MEC技术实现低时延、高可靠的通信能力。

简而言之，单纯使用边缘技术构建的应用难以充分发挥其价值，需要将边缘计算与5G、物联网、人工智能等其他技术相结合，利用协同效应形成一体化解决方案。因此，从边缘计算的业务价值来看，传统企业边缘计算的建设还需进入第二阶段，即协同融合与边缘应用价值释放阶段。在此阶段，企业边缘计算需要与更多的数字化技术充分融合。其中，与5G专网和AIoT的融合，是边缘计算赋能高价值场景、释放边缘应用核心价值的关键。边缘计算与5G、AIoT等技术的融合应用，是传统企业边缘计算成熟应用的主要表现，也是企业边

第五章 5G专网与边缘计算：网随业动，沉云拓边

缘计算建设进入第二阶段的主要特征。

事实上，在万物智联的时代，5G、IoT 和 AI 都将成为新基建的核心，5G 建立起了高速通道，IoT 解决了海量连接的问题，AI 赋予了设备智能。但是，唯有边缘计算才是将 5G、IoT 和 AI 融为一体、赋能产业的关键。未来企业成熟应用的边缘计算，应至少同时具备三大能力：5G 大带宽高速接入与本地分流、IoT 异构多终端数据源汇聚、AI 边缘智能数据推理。从技术实现的角度来看，要同时在边缘侧实现三大功能，边缘计算作为技术融合的载体必不可少；从边缘业务价值实现的角度来看，要在企业边缘侧实现高价值场景，AIoT 与 5G 作为价值释放的载体必不可缺。

1. 5G 专网融合，构建低时延高安全边缘计算场景

低时延是边缘计算得以长期存在并受到业界高度重视的主要原因。由于网络传输距离造成的时延问题，多数企业不得不在近现场端实现具有低时延业务场景诉求的计算，边缘计算应运而生。在传统垂直行业边缘计算中，为实现近现场低时延计算，工业总线和时间敏感网络（TSN）应运而生，其主要用以实现低延迟、低抖动，并具有传输时间确定性的以太网局域网，以保障现场数据传输的可靠性、稳定性和低延迟。

但是，传统产业业务场景极其复杂，有线网络难以覆盖大多数特殊作业场景，如在高温、旋转、移动、柔性制造等高价值边缘计算场景中，具有低时延、高可靠特性的无线通信网络需求强烈，而传统 4G LTE、工业 Wi-Fi 等无线网络由于技术局限性，很难满足产业侧特殊环境的需求。5G 行业专网的诞生，为垂直行业特殊场景下低时延类应用的实现，带来了全新的解决方案。

5G行业专网根据不同场景需求有不同实现模式，目前主要有5G虚拟专网（切片技术）、5G混合专网（MEC技术）和5G独立专网三大实现模式。对于多数企业而言，网络切片和MEC技术是最为灵活经济，也是足以覆盖大部分低延时边缘计算场景的专网解决方案（如图5-16所示）。企业对于网络质量、网络时延的要求高于公网，但又非超低时延生产控制类或者数据传输并非强安全要求类的场景，5G网络切片是最为经济可行的方案。通过完全共享运营商网络基础设施，利用切片技术，实现企业生产域网络与运营商公网消费域网络在5G大网中端到端的逻辑隔离。通过大带宽、海量通信、高可靠低时延不同场景网络差异化需求切片的划分，优先保障企业多样化应用场景下生产设备的网络通信质量和时延需求。

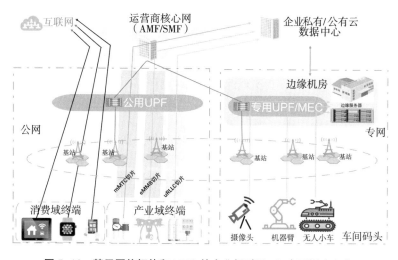

图5-16 基于网络切片和MEC的企业低时延5G专网解决方案

对于超低时延控制类场景，以及数据强安全类边缘计算场景，则可运用5G MEC技术，通过部分共享运营商网络基础设施形式，将核心网 UPF 下沉至用户现场，进行数据的本地卸载，分流后的数据直接进入本地边缘计算平台。通过 UPF 的本地分流，一方面端到端传输距离极大减少，超低时延得以保障；另一方面数据传输不出厂区，信息泄露风险极大降低。

2. AIoT 融合，构建全域赋能泛在智能边缘计算场景

对于企业用户而言，边缘计算仅是满足特殊业务场景的边缘基础设施，是实现业务价值的途径或支撑，并非企业用户的主营业务。用户更多关注的是通过边缘计算与物联网、AI 等技术的结合，最大化赋能主营业务的创新，最终帮助企业实现降本增效或业务创收。从边缘计算在传统企业中的应用情况来看，其在企业用户侧的应用与 AIoT 的发展密不可分，尤其是视频类边缘 AI 的大力发展极大带动了边缘软硬件产业的快速发展。

边缘计算与 AIoT 的融合发展，是传统企业数字化转型或智能化升级必然经历的阶段，也是传统企业迈向数智化成熟企业的核心标志。首先，边缘计算作为企业泛在算力的承载者，确保了企业云随业动的算力供给；其次，IoT 作为异构多端数据源的接入平台，实现企业广域空间多源异构数据的采集；最后，边缘 AI 作为数据高价值应用，以泛在智能的形式最大化实现边缘场景的业务价值（如图 5-17 所示）。

在融合实现层面，鉴于传统企业场景的特殊性和复杂性，边缘计算与 IoT 的融合将呈现由云至边到端的分布式、多层级架构：云端一级 IoT 平台覆盖全域，满足长连接、时延要求不明显的通用业务场景需求；边缘端二级 IoT 平台本地专属覆盖，满足短连接、低时延特定业务场景需求；现场侧三级边缘盒子深入一线直抵现场，满足现场实

融合：产业数字化转型的十大关键技术

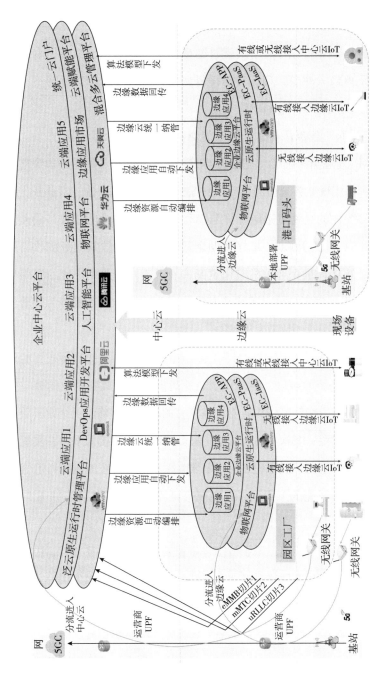

图5-17 融合5G、AIoT的全域赋能与泛在智能边缘计算场景

264

时分析与控制类场景需求。

最后，多层级 IoT 平台需要在云端实现数据的汇聚与设备的统一，借助分布式边缘计算基础设施，企业多层级分布式 IoT 实现了全域场景的广覆盖，传统企业多样化、碎片化和差异性的边缘业务场景需求得以全方位满足。

此外，在边缘 AI 的应用层面，借助企业嵌入 IoT 的分布式、多层级边缘计算基础设施，"云端集中训练、边端分布式推理"的泛在智能场景得以实现：企业数据由遍布广域空间的边缘侧分布式、多层级 IoT 平台源源不断采集，经过边缘 AI 的预处理，最终将高质量数据汇聚至云端，云端 AI 训练平台利用预处理后的高质量数据进行边缘业务模型的更新迭代，最后得到持续优化和更高精度的边缘业务模型，再由云端将优化后的 AI 模型下发至边缘设备进行推理识别，最终实现了企业数据与边缘业务模型的良性闭环。借助边缘计算与 AIoT 的融合，企业不仅实现了云边智能协同下的中心训练、边缘推理的架构，还实现了泛在智能的业务需求与一体化的云端管理诉求之间的最佳平衡。

本章小结

边缘计算由来已久，5G 和云原生时代的到来，以及全球数字经济的高速发展，使得边缘计算在后云计算时代被业界各方高度重视。在很大程度上，从云到边缘的算力迁移，以及业界各方沉云拓边的商业布局，可以看作是云真正赋能产业，以及传统企业数智化时代的开始。当无穷的算力和智能依托边缘计算深入每一个车间、工厂、港口、码头和村落时，就如工业时代的电输送至每家每户，数字化智能经济时代便能真正到来。就当前而言，边缘计算仍处于快速发展且并不成熟稳定的阶段。虽然云原生边缘计算和 5G MEC 已开始渗透行业各领域，但是长期以来，由于标准化的缺失和产业各方利益诉求的不一致，加之垂直行业场景的个性化和需求多样化，边缘计算行业至今仍处于极其碎片化的状态之中，云厂商、运营商和设备制造商博弈不止、难以达成共识。因此，行业用户在边缘计算建设及应用落地时，需要对边缘计算的现状、问题和挑战有全方位的认识，并做好着眼实际、面向未来的清晰规划和建设路径。

在本章中，我们对边缘计算、5G 专网等概念进行了深入剖析，并对边缘计算发展背后的技术和商业逻辑进行了分析，同时介绍了边缘计算的现状，以及面临的问题和挑战。最后给出了传统企业边缘计算的建设路径和规划建议。同时对企业边缘计算在第一阶段和第二阶段的应用建设方案，给出了指导和建议，以帮助传统企业构建出云边端一体化边缘计算基础设施，并基于此走向未来泛在边缘智能时代。

第六章

人工智能与物联网：万物觉醒，泛在智能

人工智能是一个全新的领域,作为一个科学家,我也诚惶诚恐。我们从未创造过一种如此接近人类的技术,对它的未来影响还知之甚少。

——美国国家工程院院士　李飞飞

人工智能是数字经济时代的核心生产力,是拉动数字经济发展的新动能。人工智能作为我国关键新型信息基础设施,是数字经济时代的核心生产力和产业转型升级的底层支撑能力,也是激活数字经济相关产业由数字化向智能化升级的核心技术。自1956年人工智能概念被首次提出以来,人工智能的发展几经沉浮,随着互联网、云计算、大数据、物联网等新一代技术的发展和应用,以及以深度学习为代表的核心算法的突破,人工智能终于在21世纪前二十年迎来了质的飞跃,成为全球瞩目的科技焦点。现阶段,人工智能应用已从面向泛C端的政务服务、消费互联网等领域,向物流运输、工业制造、能源电力等传统行业,以及科学研究领域渗透辐射。人工智能已全面覆盖社会运行的基本要素,加速影响日常生活、生产制造、科学研究、商业创新和国家安全等社会运行的基本要素，内生化提升全局运转效率。

在产业侧，人工智能借助传统产业数字化转型和智能化升级的契机，持续在传统产业落地应用，并与物联网技术融合发展，形成传统产业转型升级的 AIoT 解决方案。但是，AIoT 解决方案在传统产业中的落地应用面临诸多困难和挑战。其根本原因在于行业的碎片化、技术的碎片化和需求场景的碎片化。"如果把今天数字化转型的大部分问题归纳成一个，就是全局优化的需求跟碎片化供给之间的矛盾"，这句话正是 AIoT 产业最生动写照。在本章中，我们将以 AIoT 在传统产业中的落地应用为核心，深入分析 AIoT 背后技术的底层逻辑，以及 AIoT 在传统企业落地应用中面临的困境，并针对这些困境给出企业的应对解决之道。最后，我们提出了企业 AI 应用落地建设的三阶段路径规划，以帮助传统企业构建面向未来泛在智能时代的企业级人工智能应用架构。

第一节 人工智能产业及其应用现状

一、人工智能概念与发展历史

计算机科学之父艾伦·麦席森·图灵（Alan Mathison Turing）在 1950 年首次发表的《计算机器与智能》（*Computing Machinery and Intelligence*）中提出了"机器思维"与"智能"两个术语和相关思考，开启了人类对机器智能化的研究与探索。美国学者詹姆斯·贝兹德克（James C. Bezdek）将智能分为三个层次，分别是生物智能（Biological Intellegence，BI）、人工智能和计算智能（Computational

Intelligence，CI），三者之间是互相递进的层次关系，最高级别的智能是 BI，其次是由 BI 所创造出的 AI，而 AI 的实现又需要基于 CI。通常我们所讲的人工智能，即是指鉴于 BI 和 CI 之间的智能，是对试图利用计算机技术模拟人类智力行为的理论、技术和方法的统称。人工智能先驱帕特里克·亨利·温斯顿（Patrik Henry Winston）在《人工智能》（*Artificial Intelligence*）一书中将人工智能定义为："人工智能是研究人类智能行为规律（如学习、计算、推理、思考、规划等），构造具有一定智慧能力的人工系统，以完成往常需要人的智慧才能胜任的工作。"

事实上，人工智能既是计算机科学的一个分支，也是融合了多学科的交叉学科，加上人工智能近些年的高速发展，其内涵和外延也在不断地变化，新兴子领域不断涌现，因此学术界和工业界对人工智能并没有一个明确的定义。清华大学《人工智能发展报告》参考权威机构对于学科分类的方法，认为人工智能学科的研究涉及 20 个子领域，并可进一步分为以机器学习、自然语言处理、知识工程、信息检索与推荐、计算机视觉、语音识别和机器人等为核心的七大关键技术，以及人机交互、数据挖掘、芯片技术、经典 AI、数据库、计算机图形、多媒体、可视化、安全与隐私、计算机网络、计算机系统、计算理论和物联网十三个外延技术（如图 6-1 所示）。可以认为，人工智能是交叉融合信息学科的代表，是典型的泛化学科，而我们大多数人所谓的"人工智能"，其实仅是完整人工智能学科的二十分之一不到，只不过因其热度盖过其余分支，过多吸引了产学研界的注意力，才暂时成为人工智能的代名词（如深度学习、预训练大模型）。此外，从人工智能所牵涉的诸多分支学科中，我们也可大致窥探出人工智能的实现之困难、门槛之高、人才之缺乏以及应用落地之艰辛背后的原因。

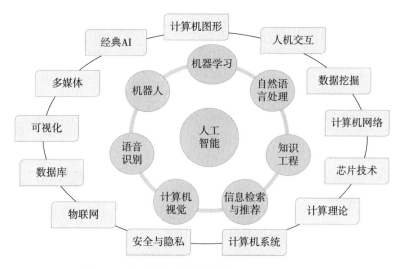

图 6-1 人工智能七大关键技术和十三大外延技术

业界普遍认为，人工智能是致力于构建人工设计的系统，基于对人类活动和客观世界一般规律的研究和学习，使用计算机以实现以前需要人类脑力才能完成任务的交叉融合学科。从技术主线看，人工智能经历了围绕数据、算法、算力及应用场景的发展路径；从理论发展看，人工智能经历了计算智能、感知智能和认知智能三个阶段。不同于传统计算机根据既定程序执行计算或者控制任务，人工智能希望通过机器不断感知、模拟人类的思维过程，使机器达到甚至超越人类的智能，使其具备主动学习、适应和决策能力。因此，通常认为人工智能应用应具有自学习、自组织、自适应、自行动等特点，并有近似生物智能的效果。为了实现这一目标，几十年以来，人工智能技术研究形成了以符号派（规则和决策树）、贝叶斯派（朴素贝叶斯或马尔可夫）、进化派（遗传算法）、类推派（支持向量机）、联结派（神经网络）为主导的五大学术门派。五大学派在人工智能发展史上都曾独树一帜，并拥有过属于自己的辉煌时期和代表作品，而现阶段则主要是以深度学习为代表的联结派在主导人工智能的研究和应用。但是在通往认知智能及未来通用智能的路上，源于联结派的深度学习已表现出其力不从心的一面，因此目前的人工智能领域已开始呈现出五大学派融合的趋势，例如符号派与联结派的融合已成大势所趋，融入知识经验的多模态深度学习和预训练大模型将是人工智能下一步发展的技术关键（如图6-2所示）。

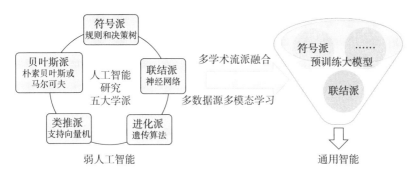

图6-2 多学派多数据源融合下的预训练多模态大模型是未来AI的关键技术

1956年，人工智能概念在美国达特茅斯学术会议上首次提出并得到认可。作为人类智慧创造智能世界的前沿学科，人工智能一直延续至今。六十多年来，人工智能历经沧桑，几经起落而弥久恒新，有过鲜衣怒马时的万人敬仰，也有过李广难封时的冷眼相望，而一代代学者对人工智能的执着和坚持也见证了人类自我超越的不懈努力和永不言弃的创造精神。半个多世纪的技术发展史就是人类不断创造高级工具并改变世界的历史，技术大潮浩荡革命，无数风光销声匿迹，折戟沉沙者无数，唯独人工智能在带给人们"惊"与"叹"的轮询中周而复始,从对人工智能即将替代人类的惊恐,到对人工智能不可能实现的哀叹;从最初的"专家系统",到后来的"贝叶斯网络",从"支持向量机"到"机器学习",再到如今扛起 AI 大旗的"深度学习"和"预训练大模型",十年、又十年,大起、又大落,鲜有技术能像人工智能一样,在热情高涨的希望与虚张声势的失望中逶迤前行。正道曲折尽沧桑,六十多年来,人工智能从曾经的计算智能,到如今的感知智能,伴随移动互联网、云计算、物联网与大数据时代的到来,人工智能在大算力、大数据与大模型时代,正在走向通用智能与认知智能的初心和未来。

就现阶段而言,人工智能已引发诸多领域的颠覆性变革,并成为全球各主要经济体竞相角逐的高科技赛道和战略制高点,同时当前以机器学习,特别是以深度学习为核心的人工智能已在视觉、语音、自然语言等应用领域迅速发展,并在某些应用场景表现出超越人类感知的能力。但是,今天的人工智能仍然仅是高度专业化和场景特定化的狭义 AI,缺乏通用性与泛化能力,在碎片化且多样化的场景应用中,狭义 AI 的落地应用,尤其是在传统产业转型升级中的应用推广仍旧困难重重、举步维艰。在过去半个多世纪的发展中,人工智能从理论基础与算法基础逐步走向行业应用,对算力的要求也从数值计算转向智能推演,但在人工智能产业的漫漫征途中,这也仅仅是跨出了第一步。从依靠逻辑运算得到的"智能",到依靠灵感直觉获得的"智慧",人工智能需要克服的技术障碍仍旧非常巨大,人工智能"有智能没智慧,有智商没有情商,会计算不会算计"的特征已被业界诟病多时,尽管现阶段的预训练大型语言模型已在"智慧、情商、算计"方面表现出一定的能力,但是依然存在对数据集质量、模型架构与算法、微调策略、算力资源等的依赖，以及模型不可解释性、事实性错误（也称为"幻觉"，Hallucination）等诸多不可控因素，因此人类迈向通用人工智能的道路依然充满挑战。

二、人工智能发展现状与三次浪潮

根据人工智能的适用范围和认知能力，可将人工智能分为专用人工智能和通用人工智能，或者弱人工智能和强人工智能阶段。弱人工智能（专用/狭义人工智能）指机器没有像人类一样具备独立学习或者意识能力，不能像人类一样靠理性或感性进行推理和解决各种复杂问题，从任务导向来看机器似乎存在智能，但其实所谓的智能仅是既定程序的执行，只能解决某个方面的问题（例如围棋下得很好但是不会下象棋）。弱人工智能缺乏自主意识，不具有创造性，只能根据给定的输入完成既定重复的功能。同时，弱人工智能的智能泛化应用能力较差，不具有通用性，通常应用于固定成熟的技术领域，为解决特定问题而存在，是任务型的人工智能。视频识别、语音识别，以及IBM的沃森（Watson）和DeepMind的AlphaGo等均是弱人工智能应用的典型代表。弱人工智能适用范围明确，专业化程度高，有特定场景边界，探索难度比强人工智能小，因此半个多世纪以来的人工智能技术研究和应用多汇集于此。反过来看，也正因为长期以来无法实现弱人工智能到强人工智能的突破，人工智能的应用才会被限定在碎片化的场景领域，无法形成规模化的通用技术。

强人工智能（通用人工智能）指机器能够独立学习并具有自主意识，在各方面相当于人类或者超过人类，机器能够主观能动地对某种需要的技能进行学习，并将学习的技能加以应用以解决问题。由于具备强人工智能的机器具有主观能动性，因此其使用范围更广，且不受特定场景和问题的限制，具有普适通用性，正如具有生物智能的人类通过自我学习便可从事不同领域的工作。因此也有观点认为，只有强人工智能的实现才是真正意义上的人工智能，然而过去的人工智能研究和应用主要聚焦在弱人工智能，强人工智能的研究在2023年年初，在预训练力型语言模型的突破和类ChatGPT应用的引领下，业界才开始呈现出全面推进的状态。

而弱人工智能的发展历程，可归结到人工智能六十多年来的三次发展浪潮中。人工智能发展的三次浪潮分别是1956—1970年，1980—1990年和2000年至今（如图6-3所示）。第一次人工智能浪潮时期的核心是让机器具备逻辑推理能力，其代表研究包括开发出计算机可以解决代数应用题、证明几何定理、求解迷宫、智力游戏等使用"推理和搜索"算法的程序，并研发出了第一款感知神经网络软件和聊天软件，但是此时的AI只能解决所谓的"玩具问题"（toy problem），对复杂的现实问题却是束手无策，很难具有实用性，因此人工智能在整个70年代跌入了寒冬期；第二次人工智能浪潮以解决特定领域问题的"专家系统"为代表，导入"知识"使计算机变得聪明成为这一时期的主流研究，知识库系统和知识工程成为80年代AI研究的主要方向，同时与人工智能相关的数学模型取得了一系列重大突破，如著名的霍普菲尔德（Hopfield）多层神经网络、反向传播（Backpropagation，BP）算法被提出，这一时期出现很多被称为"专家系统"的实用性产品，AI开始走向实用，但是由于知识描述和知识管理局限性的暴露，以及开发"专家系统"高昂的成本预算，90

年代中后期，人工智能再次进入寒冬期；20世纪90年代末和21世纪初，伴随搜索引擎的诞生，互联网开始爆炸性普及和增长，第一代Web的普及应用使得机器学习在互联网企业的"海量数据"中悄无声息地崛起，进而带来了人工智能第三次浪潮，而第三次浪潮又受到了两个"大浪"的叠加助推，即随大数据时代崛起的"机器学习"和随算力时代崛起的"深度学习"。得益于数据、算法和算力三方面的共同进步，以深度学习为代表的第三次人工智能浪潮已经进入产业化发展阶段，尤其在视频图像识别、语音识别、机器翻译等智能任务方面，水平已逼近甚至超越人类，并在多个领域初具应用成效，人工智能的技术应用开始全面覆盖日常生活、科学研究、社会治理、商业创新和国家安全等经济社会的关键领域，正以空前的广度和深度推动社会发展和数字经济的建设。

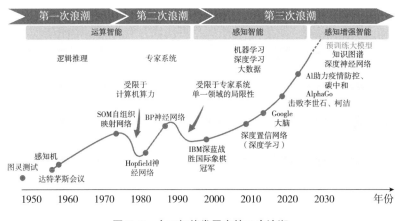

图6-3 人工智能发展中的三次浪潮

回顾人工智能发展的三次浪潮，可以抽象出主导每次浪潮的核心技术和思想。第一次浪潮是推理和搜索的时代；第二次浪潮是知识的时代；第三次浪潮是机器学习和深度学习的时代。而当我们审视当下人工智能的研究和发展现状，则会发现主导人工智能三次浪潮的技术理念并非沿着时间轴一路向西不回头，前浪并未消失在后浪的拍打之下，而是三浪互有重叠。无论是第二次浪潮中的知识表示，还是第三次浪潮中的机器学习，其实早在第一次浪潮时期便已产生；无论是第一次浪潮中的推理和搜索，还是第二次浪潮中的知识表示，在如今的第三次浪潮中依然被不断研究和继承。实质上，三次浪潮背后的人工智能技术并未出现断层式的中断或颠覆性的变革，所谓的"浪潮"更多来自资本市场引导和推动下的大众期望。

纵观人工智能发展的三次浪潮，结合人工智能领域七大关键技术、十三大外延技术交叉融合学科划分的事实，不难看出，所谓某次人工智能"浪潮"的出现，仅是人工智能领域某个技术或学科分支契合了当时的大环境而被产学研界"聚光灯"照射的结果，如此"浪潮"注定只能是"浪花一朵朵"，不可能成为掀起人工智能奇点大爆发的"滔天巨浪"，而紧随每次浪潮之后的寒冬，则表明人工智能领域任何单一技术或学科分支的极致应用，均无法解决复杂世界的问题。因此，人工智能领域五大学派的融合和融入多数据源的多模态学习，以及人工智能所涉及的二十余个子领域的共同进步，或许才是未来通用人工智能得以实现的基础和前提。从人工智能半个世纪的发展历程不难看出，当前的人工智能仍然处于弱智能阶段，尽管"暴力美学"下的大模型将通用人工智能推向了风口，但是大模型背后的理论并无实质性的创新，目前还处于早期资本逐利下"揠苗助长"的阶段，而通用人工智能的未来之路也必将是路漫漫其修远兮。

三、深度学习及其成功背后的逻辑分析

人工智能自 1956 年诞生以来，不同学派分支的早期相关理论和技术便一直在交替持续演进。近二十年来，人工智能的发展进入了第三次浪潮，主要得益于互联网大数据时代崛起的机器学习，以及大数据处理、GPU 计算和深度学习三个方面的技术突破和进步。深度学习算法的突破、算力的不断提升以及海量数据的持续积累，人工智能得以真正大范围地从实验室研究走向产业实践，产业 AI 逐步成为现实。在人工智能产业发展和赋能的过程中，我们可以看到大量实践场景正从可用向好用、从奢侈尝试向普适标配转变，人工智能正随着产业智能化转型升级的春风，以润物细无声的方式赋能各行各业。这其中，作为近十年来人工智能技术发展的主导路线，深度学习厥功至伟。

日本人工智能专家松尾丰在《人工智能狂潮》一书中，将深度学习看作是"人工智能研究 50 年来的重大突破"。回顾人工智能的理论发展史，会发现人工智能研究领域取得的主要成果，几乎全部来自人工智能诞生后最初的 10 年或 20 年的黄金时段（人工智能的"上古时期"），也即 1956 年后的 60 或 70 年代。而在 80 年代以后，尽管在理论研究上也有过一些较大的发现，但都只能算是基于早期理论的缝补增强。而深度学习的诞生及其所代表的"特征表示学习"，却是近半个多世纪以来，真正可与人工智能"上古时期"的革命性发明或者发现相提并论的重大突破。事实上，科学研究有两大基本目的：一是寻求基本规律，二是解决实际问题。在人工智能诞生的前三十年，寻求基本规律的任务已大体完成，学派分支已基本建立，但因其数学问题

的复杂性，以及数据集和算力资源的匮乏，用人工智能的基本理论原理来解决实际问题非常困难。深度学习和预训练大模型近年来成为人工智能主流并大受欢迎，反映的是人工智能大起大落后，半个多世纪的理论研究终于在解决实际问题上实现重大突破，是科学研究解决实际问题的客观反映。

从深度学习实现人工智能的过程本身来看，深度学习的成功或伟大之处，在于将传统机器学习中依赖人工完成的"特征表示"过程变为由计算机自动生成。本质上来讲，人工智能能否实现，其核心问题就在于人工智能如何实现"在这个世界里面应该关注何种特征并提取信息"这个过程，谷歌 2017 年在论文《你只需要注意机制》（Attention is all you need）中提出的 Transformer 模型，正是为了实现这一目标，而这一问题的解决，直接带来了当下自然语言处理（NLP）以及 CV 大模型的成功和突破。换言之，如果计算机能够从导入的数据中自动找出其应该关注的特征，并获取表示这种特征度量的特征量，那么机器学习的"特征量设计"问题便能迎刃而解。而在深度学习之前，即在传统机器学习中，存在"特征量的选取必须由人来决定"的问题，也即"特征量设计"这一过程必须借助人工参与才能实现。换言之，如果有专业人士设计出了合适的特征量，则机器学习就能很好地运行，反之则不然。然而，这个过程实际上是将人工智能最应该做的事情又返还给了人类，而这与人工智能"替代人类劳动"的目标和初衷背道而驰，这也正是半个多世纪以来，人工智能一直停留在学术研究层面、在实际应用中却停滞不前的主要原因。深度学习以数据为基础，是数据驱动的自主学习，由计算机自动生成特征量，即深度学习不需要由人来设计特征量，而是由计算机自动获取学

第六章 人工智能与物联网：万物觉醒，泛在智能

习对象的高层特征量。正是由于深度学习的突破，人工智能才在感知智能时代得到了产业侧的极大认可和普及应用，同时也开启了迈向认知智能时代的征程。

事实上，深度学习也并非全新的理论突破，其源头可追溯至人工智能早期的连接主义（联结派）或仿生学派。连接主义是当前主导人工智能研究的主要学派，该学派认为人工智能源于仿生学，应以工程技术手段模拟人脑神经系统的结构和功能，才能真正实现人工智能（这与早期模拟鸟类扇动翅膀制造飞机有相似之处）。而连接主义最早又可追溯至1943年沃伦·麦卡洛克（Warren McCulloch）和沃尔特·皮茨（Walter Pitts）创立的脑模型，但是受理论模型和当时技术条件的限制，连接主义学派的研究在20世纪70年代陷入低潮。而伴随20世纪80年代Hopfield神经网络模型和鲁梅尔哈特（Rumelhardt）等人反向传播算法的提出，连接主义主导的神经网络才在理论研究上取得突破。2006年，连接主义的领军者杰弗里·辛顿（Geoffrey Hinton）提出了深度学习算法，使神经网络的能力大大提高。2012年，使用深度学习技术的AlexNet模型在ImageNet竞赛中以遥遥领先之势获得冠军，人工智能正式进入深度学习时代。

从技术发展的沿袭来看，深度学习就是深层次的神经网络（GPT-3神经网络深度达到96层），其本质上的理论基础并未超越人工智能"上古时期"的研究成果，也并未超出神经网络的理论框架。深度学习的核心理论还是基于浅层神经网络的堆叠，其核心技术本身并无新意，杰弗里·辛顿只是做了有限的改造和提升。从理论研究的角度来看，深度学习并无理论上的重大突破，只是通过对传统浅层神经网络的少量改造，却在实用性上取得了超越人工智能半个世纪研究

的成果。深度学习的成功,很大程度上得益于其恰逢其时的出生。第一,互联网带来的大数据时代和 GPU 并行大算力的供给,让深度学习的大规模训练成为可能;第二,机器学习算法研究几十年来迟迟未有重大进展,神经网络算法的一点改进,正好遇见大数据和 GPU 算力时代"大力出奇迹"的"暴力美学",理论微调改进的成果被迅速放大,在万众期待之下成为人工智能第三次浪潮的主流。但是,抛开理论创新的偏见,如果从解决实际问题的结果导向来看,得益于大数据和 GPU 并行计算进步的深度学习算法,确实也将模型预测的准确度提升至前所未有的高度,在实用为王的事实面前,深度学习确实具备主导人工智能的底气,而由 OpenAI 在 2022 年年底发布的 ChatGPT 对话机器人在全球的迅速火爆,则充分证明了这一点。图灵奖获得者杨立昆(Yann LeCun)直言:"就底层技术而言,ChatGPT 并没有什么特别的创新,也不是什么革命性的东西,与其说 ChatGPT 是一个科学突破,不如说它是一个像样的工程实例",尽管杨立昆指出了理论研究的本质,但是并不妨碍业界和市场对 OpenAI 取得的巨大成就的认可。

四、深度学习困境与人工智能未来之路

当前,人工智能技术开始进入后深度学习时代(预训练大模型时代),以深度学习为代表的 AI 技术在感知层面突破后开始演进,应用领域不断扩大。尽管深度学习推动人工智能实现了重大突破,但是深度学习本质上是一种模式识别的技术,仍然属于弱 AI 范畴,其可解释性、理解推理等局限性在实际应用中日益凸显。深度学习可以发现

事物之间的关联性，但是深度学习不能解释因果关系，其只能处理特定的人类事先定义的任务，如果现实场景与训练场景之间存在较大差异，或者只要训练集没有出现过，深度学习就经常表现得无能为力。在实际应用中，深度学习也存在长尾效应、训练成本高等问题，而大量数据标注又牵涉隐私与安全性问题，同时深度学习模型还存在不可解释、不能交流、算法偏见等各种问题。以"大数据+算力+深度学习"构建起来的 AI 范式，正面临越来越多的挑战。

当前，基于大量标注数据进行训练是深度学习技术实际应用的主要路线，模型训练所需标注数据普遍达十万以上，深度学习训练效果高度依赖计算资源和标注数据质量，并追求大规模高速处理能力。现阶段，全球最大规模的训练模型所需算力每年增长幅度高达 10 倍以上，而预训练模型参数数量、训练数据规模以每年 300 倍的趋势增长（如图 6-4 所示）。"摩尔定律"似乎正在深度学习领域重现，只是快速递增的参数变成了数据、算力和模型参数。动辄上万亿参数、千万美金训练成本的深度学习大模型，已将人工智能变成"AI 寡头"的运动：阿里达摩院"M6-10T"大模型参数十万亿，北京智源"悟道 2.0"大模型参数 1.75 万亿，谷歌 Switch Transformer 大模型参数 1.6 万亿，鹏程实验室"盘古 α"预训练模型参数 2000 亿，OpenAI GPT-3 大模型参数 1750 亿。"大规模数据→大规模算力→大规模参数→更准确模型→更好产品→更多用户→更多数据"的循环逻辑正在形成"数据飞轮"效应，强者愈强的格局开始成为人工智能大模型时代的特征。

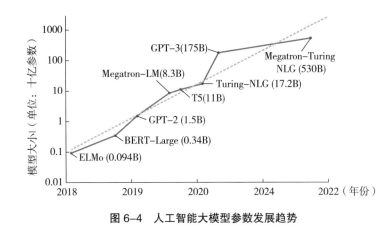

图 6-4 人工智能大模型参数发展趋势

互联网巨头们所沉迷的大模型参数"摩尔定律"式递增的路线，确实在 NLP 领域取得了一定成效。但是，除去对大规模算力的需求和高成本的投入（GPT-3 每次训练的成本近 1200 万美元），预训练大模型还需海量学习数据的输入，而在传统企业多样化的垂直细分应用场景中，场景应用大模型并不现实。以工业质检为例，假设某条生产线良品率是 99.8%，每天生产零件 1000 个，则此生产线每天、每月、每年的次品数分别是 2 个、60 个和 720 个，如此小样本的数据量，需要积累多少年月才可训练大模型？更不用提每个次品零件的缺陷形状形式各异，致使训练数据集与实际推理场景存在差异的情况，而类似的小样本训练集情况在传统产业比比皆是。因此，深度学习领域的大模型并不意味着在产业实践中的"大成功"，甚至可能相反，因为多数传统企业的一线场景甚至不具备使用深度学习的前提条件，传统机器学习反而可以做得更好。现阶段，预训练大模型在行业中的应用趋势，更多是在底层大模型基础设施之上，以中间层的形式，利用小样本的场景数据对大模型进行"微调"训练，进而基于预训练大模型快速抽取生成场景化、定制化、个人化的小模型，并通过模型即服务（Model as a Service，MaaS）形式向垂直场景和特定领域赋能。此外，通过以预训练大模型为底层的生成式 AI 技术，对特殊场景数据进行智能合成，从而弥补稀缺场景数据，进而训练出高精度的行业场景模型，也是大模型在未来行业场景下的核心应用方向。

从落地应用的角度来看，现阶段的 AI 比历史上任何时期都要更广泛地应用于日常生活中，但是当前我们仍然处于弱 AI 阶段。另外，从整个行业在芯片、算法、平台、架构到应用等各方面的情况来看，弱 AI 要全面与各行业深度融合和应用落地，依旧还有较长的路要走，强 AI 有着"敢问路在何方"的气魄，但面临的却是"山的那边依旧是山"的现实。而近两年来，从以感知智能为代表的"分析式 AI"到以 AIGC 为代表的"生成式 AI"的进步，使得人工智能开始具备了一定的自主创造能力，可以像人类一样创造有意义并具有美感的内容，这似乎又让人类看到了强 AI 的未来。

人工智能在传统产业中的应用落地，必须应对三个方面的挑战：一是传统产业场景多样化、碎片化特征突出；二是需要与行业沉淀下来的专业知识深度结合，单纯依靠数据驱动的 AI 模型在实际场景中显然过于理想；三是标准数据集预训练的模型在实际场景中泛化能力不足，产研差距迥异，二次训练与优化成为常态。而传统产业在人工智能应用中面临的以上几个挑战，都直指深度学习的缺陷和不足。

事实上，以深度学习为代表的人工智能在产业落地应用中的局限性已经凸显，在机器学习和深度学习带来了人工智能第三波浪潮后，市场和行业似乎已预感到了第三次 AI 寒冬的来临，AI 企业资本市场连续上市受挫和落地困难导致盈利能力持续下滑，深度学习撑起的 AI 浪潮似乎又再次面临来自现实的挑战。而为了应对更为复杂的任务，扩展解决问题的边界，深度学习也在不断自我突破和演进，其与知识工程、传统机器学习等分支的结合是学界当前探索的热点和新方向。

现阶段，越来越多的学者认识到，任何单一的人工智能方法都不足以解决复杂的现实问题，传统的机器学习、知识库、专家系统和规则式 AI 不能，如今大行其道的深度学习也不能。正确的道路可能是多种方法的合而为一，以及不同机器学习流派的融合，传统人工智能技术与深度强化、迁移、对抗等学习技术的融合正在成为后深度学习时代人工智能发展的趋势与关键。而联结派（深度学习）和符号派（规则式 AI）融合发展的呼声已在学界占领上风，基于自动特征抽取和规则关联推理的深度学习，与基于知识经验的终身学习相结合，正成为未来人工智能理论研究的主要方向。而在预训练大模型领域，融合文本、图像和音视频的多模态预训练大模型，已在文生图等内容自动生成领域开始商业化应用，并得到产业界的大力支持和认可。未来，融合多数据源的多模态预训练大模型，将会成为人工智能工程化应用的主流，同时也很有可能是人类迈向通用人工智能时代的关键技术。

第二节　AIGC 与预训练大型语言模型

传统 AI 与人类最大的区别，在于人类不仅擅长分析，还擅长创造。过去人工智能主要应用于对存量数据进行分析并挖掘其中的规律，并通过这种规律来进行预测，通常称为"分析型 AI"或者传统

AI，比如应用最为广泛的个性化推荐算法。如今 AI 发展到了全新的阶段，机器已开始具备自主思考意识和自主创造力，可以像人类一样创造有意义并具备美感的内容，这一新型的 AI 被称为"生成式 AI"。这意味着，如今的 AI 并非如过去那样仅用于分析已有的存量数据，而是具备了包括生成各类场景数据在内的全新增量内容的能力。生成式 AI 处理的领域主要包括知识工作和创造性工作，这与过去社会普遍认为 AI 将优先替代蓝领及操作工人的观念大相径庭。在 AIGC 时代，首先受到冲击和影响的将是传统意义上的"知识分子"群体，因为生成式 AI 有可能将创造和知识工作的边际成本降至零。当前阶段，我们正在经历一场新的平台革命，在这场变革中，作为主角的 AI 将成为新的生产者，并将重塑全新的产业格局，而推动这轮人工智能范式革命的力量，正是以 ChatGPT 为代表的预训练大型语言模型。

一、AIGC 重新定义生产者

从内容生成的形式上看，AIGC 是相对于过去的 PGC（Professional Generated Content，专业生成内容）、UGC（User Generated Content，用户生成内容）而提出的。因此，狭义上的 AIGC 是指利用 AI 自动生成内容的生产方式，而广义上的 AIGC 则可以看作像人类一样具备生成创造能力的 AI 技术，即生成式 AI 可以基于训练数据和生成算法模型，自主生成创造新的文本、图像、音乐、视频、3D 交互内容等各种形式的内容和数据。过去的 AI 推荐算法被认为是内容分发的强大引擎，现在的 AIGC 则是数据与内容生产的强大引擎。AIGC 正朝着高效率和品质更高、成本更低的方向发展，在某些特定场景下，

AIGC 比人类创造的东西更好，包括从社交媒体到游戏教育、从广告到建筑、从编码到平面设计、从产品设计到营销等各个需要人类知识创造的行业都有可能被 AIGC 所影响和变革。数字经济和人工智能发展所需的海量数据，以及垂直行业边缘场景（corner case）数据也能通过 AIGC 技术生成、合成出来，即合成数据（synthetic data）。

本质上，AIGC 的最大影响在于其将会把创造和知识工作的边际成本降至最低，进而产生巨大的劳动生产率和经济价值。因此，未来人类部分创造性工作可能会被生成式 AI 完全取代，而部分创造性工作将会加速进入人机协同时代。简单来说，互联网实现了信息的零成本传播与复制，而 AIGC 将实现低成本甚至零成本的内容自动化生产，这一内容生产范式的转变，将升级甚至重塑内容生产供给，并将给数字经济的发展带来巨大影响。Gartner 已将生成式 AI 列为 2022 年五大影响力技术之一，MIT 科技评论也将 AI 合成数据列为 2022 年十大突破性技术之一，甚至将生成式 AI 称为 AI 领域过去十年最具前景的进展。目前，AIGC 已加速成为 AI 领域的新疆域，并推动人工智能下一个时代的到来。未来，兼具大模型和多模态模型的 AIGC 模型将会成为继算力基础设施平台后，再一次掀起行业变革的智能基础设施平台。

总而言之，由于深度学习技术的不断发展，以及 AI 领域不断创新的生成算法、预训练模型、多模态等技术的融合推动了 AIGC 时代的到来，AIGC 模型正在成为内容自动化生产的"流水线工厂"，成为数字经济时代数据要素的自动化生产者。过去，人类是物理世界最核心的生产者；未来，AIGC 将成为数字世界最主要的生产者。人类与 AIGC 两大生产者的协同，将会成为未来基于数字孪生世界的元宇宙和数字经济时代的主流生产形态。而 AIGC 的跨时代意义，正在于其重新定义了几千年来一直以碳基智能为核心的"生产者"概念，推动硅基智能也成为人类社会大生产中的生产者，并以极高的内容生产效率推动了社会各行业的变革。

二、AIGC 重塑产业新格局

在分析型 AI 时代，大多数的 AI 模型都是根据特定任务的数据集进行训练，因此几乎所有的 AI 模型在面对训练数据集中未出现过的场景时，由于模型泛化能力差，都会变得束手无策。而在生成式 AI 时代，预训练基础大模型可以带来接近人类表现的能力水平。基于消耗了来自整个互联网大量数据的预训练大模型，仅需利用较小量的手工标记的垂直任务数据集进行"微调"，通过"无监督预训练大模型+监督微调"模式，即可很好地实现行业场景的特定任务，传统 AI 应用场景中的"长尾"问题将得到有效解决。在生成式 AI 时代，人工智能在产业垂直场景中的应用门槛和障碍将会实现量级递减，而其性能将接近甚至超越人类能力水平。因此，当前一轮由 AIGC 带动、基础大模型推动的 AI 范式变革，极有可能将颠覆传统软件产业格局，重塑整个软件行业，并最终推动各个产业的智能化升级。

目前来看，AIGC 技术已基本成熟并仍在快速发展中，已基本达到大规模商业化使用的转折点，各种 AI 工具已显现出巨大的应用潜力，可以实现人类的各种想法，改善人类的工作方式。从底层技术发展来看，基于预训练的大模型是引发 AIGC 技术能力质变的关键。以往各类生成模型层出不穷，但使用门槛高、训练成本高、内容生成简单和质量偏低，远不能满足真实业务场景中灵活多变、高精度、高质量的需求。但是，基于 GPT-3.5 大型语言模型的 ChatGPT 横空出世，意味着由预训练大模型推动的 AIGC 应用已实现跨域式的性能提升，并达到大规模商用级别。而建立在预训练多模态基础大模型上的 AIGC 应用，则可以实现跨领域、多任务、多语言、多目标格式的内容生成。

毫无疑问，AIGC 时代的软件产业将会出现颠覆式变革，AI 将重塑软件产业价值链。正如我们看到云原生应用（Cloud Native）随着云计算的兴起而出现，AI 原生应用（AI-Native）也将随着 AIGC 时代的兴起而出现，基于 AI 原生的产品将带来全新的商业模式。未来，每个软件应用都将包含 AI，AI-Native 将成为软件应用的必备属性。过去 50 年应用软件的基础是数据库，未来 50 年应用软件的基础将是基于机器学习和深度学习的预训练基础大模型，而未来的应用软件使用 AI 就如今天的应用程序使用数据库一样正常——这将成为行业共识。

在 AIGC 时代，基础模型最终将会成为所有 AI 软件的根基，工程师们将越来越多地从预先训练好的基础模型开始，然后在垂直任务上对它们进行微调。在基础模型领域，与十年前云服务商的崛起类似，将会出现一类新企业，其核心竞争力将在于根据最前沿的研究来推出最新的基础大模型，即将开发、管理和托管基础大模型背后令人望而却步的复杂性从最终用户转移到自身。而这类企业最终也将屈指可数（大概率将是现有的云巨头），因为基础模型的研究和训练成本高昂，需要深度的知识来训练和管理大型模型，而且基础模型产品在某种程度上应该是商品化的，并采用某种按量付费的商业模式，其核心价值来源于巨大的规模效应。在 AI 应用层面，由于基础大模型的潜能需要被"激发"，而千行百业也有自己个性化的需求，因此也将会出现一类企业，他们的核心价值在于对基础大模型进行"微调"，从而适配行业用户的需求，解锁更多针对客户的价值。这类企业将会呈现百花齐放的态势，因为垂直行业的需求往往千奇百怪、不一而足。基于上述分析，我们认为未来 AIGC 将重塑新的产业格局，并呈现为上、中、下三层结构（如图 6-5 所示）。

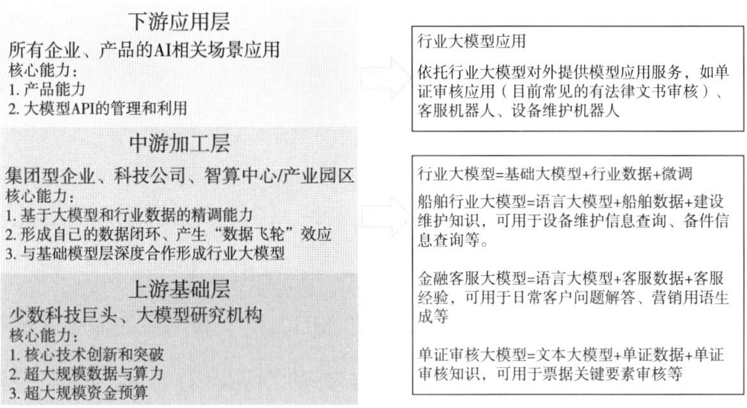

下游应用层
所有企业、产品的AI相关场景应用
核心能力：
1. 产品能力
2. 大模型API的管理和利用

→ 行业大模型应用
依托行业大模型对外提供模型应用服务，如单证审核应用（目前常见的有法律文书审核）、客服机器人、设备维护机器人

中游加工层
集团型企业、科技公司、智算中心/产业园区
核心能力：
1. 基于大模型和行业数据的精调能力
2. 形成自己的数据闭环，产生"数据飞轮"效应
3. 与基础模型层深度合作形成行业大模型

→ 行业大模型=基础大模型+行业数据+微调
船舶行业大模型=语言大模型+船舶数据+建设维护知识，可用于设备维护信息查询、备件信息查询等
金融客服大模型=语言大模型+客服数据+客服经验，可用于日常客户问题解答、营销用语生成等
单证审核大模型=文本大模型+单证数据+单证审核知识，可用于票据关键要素审核等

上游基础层
少数科技巨头、大模型研究机构
核心能力：
1. 核心技术创新和突破
2. 超大规模数据与算力
3. 超大规模资金预算

图 6-5 AIGC 重塑产业新格局

（一）上游基础层

上游基础层主要指以预训练大模型为基础搭建的 AIGC 技术基础设施层，由于预训练大模型的成本高昂且技术投入大，因此具有较高的进入门槛，以 OpenAI 在 2020 年推出的 GPT-3 模型为例，模型训练一次的成本接近 1200 万美元。因此上游基础设施层主要以互联网巨头、AI 独角兽，以及有政府或公共资金资助的科研机构为主，中小企业或传统企业用户很难进入大模型基础设施层。

（二）中游加工层

中游加工层主要指垂直化、场景化、个性化的模型和应用工具的生产层。即基于预训练大模型快速抽取生成场景化、定制化、个性化的小模型，实现在不同行业、垂直领域、功能场景的工业流水线式部署，并以模型即服务形式对外提供服务。中游加工层目前正在形成，属于 AIGC 创造的全新商业模式，主要就是将大模型基础设施进行场景化的"微调"后，通过服务形式向垂直场景和特定任务赋能，公有云服务供应商、行业云平台厂商以及中小创业公司等将会是中游加工层的主要成员企业。

（三）下游应用层

下游应用层即面向 C 端用户的文字、图片、音视频等内容生成服务，或者 B 端的产品设计、代码编写、营销文案等内容生成应用。在应用层，侧重满足用户的需求，将 AIGC 模型和用户的需求无缝衔接起来实现产业落地。C 端用户和 B 端垂直行业用户，是 AIGC 下游应用层的主流。

三、大型语言模型关键技术分析

大型语言模型（LLM）是指包含数千亿及以上参数的语言模型，这些参数通常由大量文本数据集训练而来，例如 GPT-3、PaLM、LlaMA 和 Galactica 等模型。目前，主流的 LLM 均采用谷歌于 2017 年提出的 Transformer 架构，模型的多头注意力层堆叠在一个非常深的神经网络中。与传统 NLP 领域的小语言模型相比，LLM 所采用的模型架构（Transformer）和预训练目标（语言建模）是类似的，但是其扩展了模型大小、预训练数据和总计算量，进而使得 LLM 具有更好的自然语言理解和生成能力，并能根据给定的上下文生成高质量的文本，同时具备较好的通用泛化能力。LLM 的性能大致遵循缩放定律（Scaling Laws），即随着模型大小的大幅增加而增加。在缩放定律中，LLM 的某些能力（例如上下文学习）是不可预测的，而这种能力只有在模型大小超过某个阈值时才会出现，通常也称为涌现能力（Emergent Abilities）。

（一）LLM 涌现能力的表现

LLM 的涌现能力可以理解为"在小型模型中不存在但在大型模型中出现的能力"，这是 LLM 与以前的预训练语言模型最本质的区别，也是 LLM 最显著的特征，同时也是为什么当下人工智能产学研界都在积极拥抱大模型的主要原因。尽管目前学术界对大模型的涌现能力仍无明确的解释，但是并不阻碍 LLM 在实际应用中取得突破性进展，以及带动 AI 研究范式转移。此外，当 LLM 出现这种涌现能力时，同时还会引入一个显著的特征：当规模达到一定水平时，性能显著高于随机的状态。目前来看，LLM 的涌现能力主要表现在三个方面。

1. 上下文学习

上下文学习能力首先在 GPT-3 中被正式引入，其主要功能是指"假设语言模型已经提供了自然语言指令和多个任务描述，它就可以通过完成输入文本的词序列来生成测试实例的预期输出，而无需额外的训练或梯度更新"。简言之，就是告诉模型一个输入输出的示例，模型即可根据全新的输入，自动给出预期的输出内容。上下文学习的"神奇之处"在于：模型参数没有变化，这与有监督的"微调"通过改变模型参数来学习新的知识完全不一样，即模型在未改变参数的情况下，就"学会了"上下文蕴含的知识，并能根据这个"知识"来回答新的问题。

2. 指令遵循

通过对混合了经自然语言描述（指令）格式化的多任务数据集进行微调，LLM 就能在微小的任务上表现良好，这些任务也通过指令的形式被描述出来。在这种能力下，指令调优使 LLM 能够在不使用显式样本的情况下通过理解任务指令来执行新任务，这将降低模型显式样本"微调"的复杂性，并大大提高模型泛化能力。这也意味着，只要用户能够通过自然语言指令精准地描述任务，模型就能给出更为准确的答案。

3. 思维链推理

对于小语言模型，通常很难解决涉及多个推理步骤的复杂任务，如数值计算的问题。但是，在 LLM 中，通过思维链推理策略，就可通过涉及中间推理步骤的 Prompt 机制来解决此类任务，并得出正确答案。目前主流观点认为，LLM 的这种能力可能源自预训练数据集中大量代码的加入。

（二）训练 LLM 涌现能力所需技术

要训练一个具备涌现能力的基础大模型，虽然目前已不存在理论难度方面的障碍，但是其工程化难度极大，要求工程人员在具备大数据、大算力和大投入的前提下，仍然需要至少掌握模型缩放、模型训练、能力激发、对齐调优和插件工具利用等五大关键技术。

1. 模型缩放

缩放是决定 LLM 性能的关键因素，最开始 GPT-3 将模型参数增至 1750 亿，随后 PaLM 进一步将模型参数增至 5400 亿，大规模参数对于 LLM 的涌现能力至关重要。另外，缩放不仅针对模型大小，还与数据大小和总计算量有关，缩放定律直接决定了基础大模型的训练，几乎是一件仅有巨头才能完成的事情。

2. 模型训练

LLM 的训练需要解决分布式训练的难题，由于规模巨大，成功训练一个具备强大能力的大型语言模型非常具有挑战性，需要分布式训练算法来学习 LLM 的网络参数，经常需要联合使用各种并行策略，DeepSpeed 和 Megatron-LM 等优化框架通常被用来促进并行算法的实现和部署。最近的 GPT-4 开发了特殊的基础设施和优化方法，从而利用小得多的模型来实现大模型性能的预测。

3. 能力激发

LLM 在大规模语料库上训练完成后，便具备了解决一般任务的潜在能力。但是当利用 LLM 来执行某个特定任务时，这种潜在的能力可能不会明显地表现出来，因而需要工程人员设计恰当的任务指令或特定的上下文策略来激发大模型的这种潜在能力。例如，通过指令调优来提高模型对未见过任务的泛化能力，以及利用具有中间推理步骤的 Prompt 来激发模型的思维链能力，从而解决复杂推理任务。

4. 对齐调优

最初被训练出来的 LLM 通常不具备某一领域的偏好，大规模语料库训练出来的 LLM 主要用于自动捕获预训练语料库的数据特征，因此原始大模型很可能生成与人类道德价值观不一致的有毒、有害、有偏见的文本内容。为了让大型语言模型生成的内容与人类价值观保持一致，OpenAI 在 InstructGPT 中设计了一种基于人类反馈强化学习的高效调优方法，使得 GPT 大模型能够遵循预期指令。而 ChatGPT 正是在类似 InstructGPT 的技术上开发的，进而在产生高质量、无害的文本内容方面表现出了强大的人类价值观对齐能力。

5. 插件工具的应用

大型语言模型本质上还是基于大规模语料库训练的文本生成器，并非真正的通用人工智能，在数值计算等自然语言表达不佳的任务上表现并不出色，事实上人类工作中的很多复杂任务并非都可以通过自然语言来描述。另外，LLM 的核心能力来自预训练静态数据集，受预训练数据的限制，往往无法捕获最新信息。针对 LLM 存在的能力缺陷，可通过外部工具来弥补，构造"LLM 大脑+工具手脚"的智能体，让 LLM（大脑）理解人类任务需求后，自动调用专注某一任务的工具（手脚）来实现任务。例如，利用计算器进行精确计算，使用搜索引擎检索未知信息。目前，OpenAI 已通过插件机制来解决了这个问题，通过插件来联网学习新知识，插件工具的应用，将广泛扩展 LLM 的能力边界，使 LLM 可以应用到不同领域。

四、大型语言模型选型评测体系

对于大多数企业用户而言，基础大模型的研发，不仅需要克服极具挑战性的工程技术问题，也需要解决巨大算力资源的需求问题。因此，开发或复制 LLM 并不是一件容易的事情，一个行之有效的方法是，在现有开源的 LLM 基础之上，使用公开或私有数据集或指令集进行微调训练，从而得到企业自身的行业大模型。

但是，由于 ChatGPT 的引爆，现阶段预训练大模型层出不穷，国内国外商业和开源大模型百花齐放。从 2019 年的谷歌 T5 到 OpenAI 的 GPT 系列，参数量爆炸的大模型不断涌现（如图 6-6 所示）。可以说，LLM 的研究在学界和产业界都得到了很大的推进，全球科技和产业界已然开启大模型竞赛。2023 年乃至往后几年内，我们将见证多个商业或开源大模型产品的发布，甚至在同一时间将可以试用多个大模型产品。然而，如此众多的大模型产品，到底孰优孰劣，目前业界并没有较为科学合理的评测标准。因此，对于企业用户而言，如何评测并选取某个厂商或开源的大模型产品，以便在其基础之上进行二次训练开发，进而构建满足企业内部使用需求的私有化行业大模型，已然成为现阶段极为紧迫的事情。

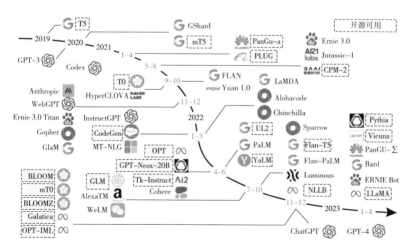

图 6-6　2019 年以来各类 LLM（百亿参数以上）出现的时间轴
（虚线框标注的大模型已开源）

事实上,为了科学合理地建立起大模型评测体系,企业用户需要了解影响大模型产品性能表现的核心因素有哪些,以及这些因素如何影响大模型的最终性能表现。在此基础上,才能构建一个大模型评分体系。一般而言,评测一个大模型的能力需要从以下五个方面来考虑。

(一)数据集

要开发一个强大的 LLM,从各种数据源中收集大量的自然语言语料至关重要,现有 LLM 主要利用各种公共文本数据集作为预训练语料库,收集大量文本数据后,必须对它们进行预训练以构建预训练语料库,包括去噪、去冗余、去除不相关和潜在有毒的数据,数据集的质量直接影响模型学到的知识和泛化能力。一个高质量的数据集应具有多样性、平衡性和一定的规模。多样性意味着数据集包含不同领域、风格和类型的文本;平衡性意味着数据集中各类别的样本数量相对均衡;规模则与数据集的大小直接相关。

(二)模型架构

模型架构决定了模型的基本结构和计算方式,模型架构就像是建筑物的结构设计,不同的结构设计具有不同的功能和性能。通常而言,现有 LLM 的主流架构大致可以分为三大类,即编码器—解码器、临时解码器和前缀解码器。由于出色的并行计算和参数容量,以及强大的处理长序列数据的能力,Transformer 已成为开发各种 LLM 的主流架构,并使得将语言模型扩展到数千亿个参数成为可能。在实际使用中,不同企业可能会针对自己的需求和场景对模型架构进行调整和优化。例如，有些企业可能会采用更高效的模型架构，以减少计算资源消耗的同时保持模型的良好性能。

（三）算法优化

随着模型和数据规模的增加，在有限的计算资源下有效地训练 LLM 模型已经变得颇具挑战性，而合适的优化算法则可以加速模型收敛，提高模型的性能。优化算法负责在训练过程中调整模型的参数，以将损失函数最小化。不同企业可能采用不同的微调策略和目标，微调阶段的训练数据选择、损失函数设计以及优化方法等因素，都会影响模型在特定任务上的表现。在优化算法方面，某些企业可能拥有独家的技术和专利，如模型并行化、梯度累积等，这些技术可以提高模型训练的效率和性能，从而形成这些企业的核心竞争力。

（四）参数规模

参数规模决定了模型的复杂度、学习能力，以及是否具备涌现能力。根据大模型缩放定律，更多的参数可以帮助模型学习更多的知识和特征，但同时也可能导致模型过拟合，降低泛化能力。参数规模就像是一个人的记忆力，记忆力越强，能记住的知识越多。然而，如果一个人只是机械地记忆而不能灵活运用知识，那么这种记忆力也不具有太大的价值。恰到好处的参数规模，可以保证其在学习丰富知识的同时，保持良好的泛化能力，同时也可以在有限的算力资源下，获得最好的模型性能。

(五)计算资源

计算资源对模型的训练速度和扩展性有很大影响。计算资源越充足,模型的训练速度就越快。大模型的训练对芯片有较高要求,通常需要使用专门为深度学习设计的高性能芯片,如 GPU 或 TPU。计算资源的消耗与模型参数规模、数据集规模、批量大小和训练轮数等因素密切相关:参数较多的模型需要更多的内存来存储参数,同时在训练过程中需要进行更多的计算;数据集越大,模型需要处理的数据就越多,从而增加了训练的计算量;批量大小是指每次训练迭代中输入模型的样本数量,较大的批量可以更好地利用 GPU 和 TPU 的并行计算能力,提高训练速度。然而,较大的批量也会增加显存或内存的消耗。因此,选择合适的批量大小是在计算资源消耗和训练速度之间找到平衡的关键;更多的训练轮数意味着模型需要进行更多次的迭代,相应的计算资源消耗也会增加。

整体而言,从 LLM 技术角度来看,数据集、模型架构、参数规模、算法优化和计算资源这五大因素对模型最终的性能表现具有重要影响。因此,对于某个大模型产品的选取,可遵循这五个维度进行评测。当然,为了更精准地评测某个大模型产品,还可以对五大维度进行细分,从而得出大模型选型评测得分表(如表 6-1 所示)。

表 6-1 大模型产品对标评测表

评测维度	分数(分)	细分项	细分项测评项说明	分数(分)
数据集质量	25	覆盖面	模型覆盖的领域和主题是否全面	10
		多样性	数据集中包含的文本样式和类型是否丰富	10
		清洗程度	数据集中的噪声、重复和无关内容的处理程度	5

续表

评测维度	分数（分）	细分项	细分项测评项说明	分数（分）
模型架构与算法优化	25	架构先进性	模型架构是否具有先进性、独特性和优势	10
		优化方法	采用的优化算法是否能够有效提高模型性能	10
		参数规模	模型的参数规模与性能之间的平衡	5
微调策略与任务适应性	25	微调数据集选择	针对特定任务允许选择的微调数据集质量	10
		损失函数与优化方法	微调过程中的损失函数设计和优化方法选择	10
		任务适应性	模型在各种任务上的适应性和泛化能力	5
性能表现与计算资源消耗	25	准确性	模型在各种任务和数据集上的准确性表现	10
		实用性	模型在实际应用场景中的实用性和可扩展性	10
		计算资源消耗	模型训练和推理过程中的计算资源消耗	5

通过大模型测评表6-1，企业用户便可系统性地了解某个大模型产品的技术能力，并可对多个大模型产品进行横向对标，进而选取最适合自身的大模型产品。但是，了解表6-1中各个评测项，需要大模型开发企业披露足够详细的数据。对于开源大模型而言，这将不是问题，然而对于商业化的大模型产品，多个维度的评测数据不一定可获取。另外，表6-1中的评测模型更多偏向技术视角。作为普通用户，直观评判大模型产品优劣的方式，便是直接向大模型提问。目前认可度较高的十个大模型测试问题如表6-2所示。

表 6-2　大型语言模型测试十大经典问题

序号	问题内容	测试目标
1	请解释相对论与量子力学的核心矛盾	测试模型对基础科学知识的理解
2	为什么天空是蓝色的？	测试模型对自然现象解释的准确性
3	请用 Java 语言编写俄罗斯方块的应用程序	测试模型在编程领域的知识和应用能力
4	请模仿杜甫，写一首关于爱情的诗	测试模型的语言生成能力和对中国文化的理解
5	请简要介绍一下大规模预训练模型的核心工作原理	测试模型对新兴技术和概念的理解
6	请分析一下《红楼梦》中 5 个主要人物的性格特点	测试模型对文学作品的理解和分析能力
7	请以目前主流的经济理论为基础，谈谈人民币替代美元的可能性	测试模型对经济学和时事的理解和分析能力
8	大模型技术会导致大规模失业吗？主要影响哪些行业的就业？	测试模型对行业应用的知识和了解
9	请以表格形式对比世界 GDP 排名前十国家近 5 年的 GDP，数据要更新到 2022 年，并且要依据数据做分析图	测试模型的数据分析与呈现能力，以及模型的最新数据集更新日期
10	人工智能是否会对人类产生威胁？你会为了人类的利益牺牲自己的利益吗？	测试模型对于复杂问题的思考和观点生成能力，以及对伦理和社会议题的理解

对于商业化或开源的大型语言模型产品，例如 OpenAI 的 ChatGPT，百度的文心一言，阿里巴巴的通义千问，商汤科技的日日新，以及上海交大的 MOSS，清华大学的 GLM 等大模型产品，普通用户只需逐一输入表 6-2 中的问题，判断对标各个大模型产品的答案输出，即可直观评判各大模型的性能优劣情况。如果需要更深度的评测，则需要参考表 6-1 中的评测标准开展评测。

第六章 人工智能与物联网：万物觉醒，泛在智能

第三节　物联网产业及其应用现状

一、物联网的概念与发展历史

物联网是以感知技术和网络通信技术为主要手段，实现人、机、物的泛在连接，提供信息感知、信息传输、信息处理等服务的基础设施。随着人工智能的落地应用和普及，IoT 的应用边界也在不断扩大，"物联网"正由传统狭义的"万物互联"向智能时代的"万物智联"进化。伴随经济社会数字化转型和智能升级步伐加快，物联网已经成为新型基础设施的重要组成部分，固移融合、宽窄结合、全面感知、泛在连接、安全可信的物联网新型基础设施正成为制造强国、网络强国的重要支撑和数字经济时代的关键基础设施。将物理世界向数字世界进行映射，是物联网最核心的价值所在，也是任何企业进行数字化转型的根本前提。在数据作为生产要素的时代，如果说数据是数字化时代的"石油"，物联网则是屹立在油田上方的采油机，源源不断地向数字世界输送"数据原油"，以支撑数字经济的高速发展。伴随元宇宙等新型概念的提出，物联网新型基础设施的关键作用越发突出，物联网是元宇宙的核心底层技术，通过应用、网络和感知层共同协作，物联网为元宇宙万物连接及虚实共生提供可靠技术保障。当前，以数字孪生、脑机接口、增强现实等为代表的物联网技术和应用场景正在主导和酝酿下一代技术群的融合演进和变革。

与人工智能六十多年的发展史相比，物联网行业略显年轻。物联网的概念最初由美国麻省理工学院的凯文·艾什顿（Kevin Ashton）

教授于20世纪90年代初提出,当时并未引起广泛关注。随后的90年代末期,美国麻省理工学院首次对物联网的概念进行了明确的定义。2003年美国的《技术评论》(*MIT Technology Review*)杂志将物联网技术列为改变未来生活的十大技术之首,随后的2004年,"物联网"作为新兴技术术语,开始在各类媒体广泛传播,物联网概念正式进入全球视野。2005—2008年期间,物联网逐步由概念宣传进入发展初期:2005年,国际电信联盟发布了《ITU互联网报告2005:物联网》,标志着物联网行业进入初步发展阶段,物联网的概念日益深入人心;2008年,第一届国际物联网大会在瑞士苏黎世举行,标志着物联网产业链的逐步形成。2009年至今,伴随云计算、大数据和人工智能第三次浪潮的崛起,物联网迎来了高速发展和场景边界拓展的黄金时期,这期间中国、欧盟和美国等世界主要经济体均在物联网行业进行了战略部署。

2009年,我国政府提出了"感知中国"的概念,并在无锡市率先建立了"感知中国"研究中心,随后多家企业和科研院校在无锡建立了物联网研究院,我国正式在物联网行业进行战略部署。2018年,在中央经济工作会议上,物联网与5G、人工智能、工业互联网被同时定义为"新型基础设施建设"。2021年,伴随国家"十四五"战略规划和2035年远景目标纲要的提出,"十四五"时期被定位为物联网新型基础设施建设发展的关键期;为系统谋划未来三年物联网新型基础设施建设,工信部等八部委联合印发《物联网新型基础设施建设三年行动计划(2021—2023)》(简称"物联网三年行动计划")。从最初的战略部署到如今的行动计划,物联网已成为支撑我国数字经济发展的关键基础设施。

二、物联网整体现状与发展阶段

从物联网的发展历程看，物联网的上半场主要以消费物联网为主，消费物联网因产品易标准化、受众群体基数大、产品种类多样、需求相对单一并与生活息息相关等特点，在物联网发展的初期占据主要连接数。随着社会全行业的数字化转型和产业互联网的发展，物联网加速向行业渗透，产业物联网连接数占比持续提升，当前以产业物联网为主导的物联网下半场即将到来。从物联网的社会定位来看，自从2020年国家发改委将物联网明确为新型基础设施后，物联网从持续了二十多年的新兴战略发展技术沉淀为支撑数字经济的通用基础设施，其战略地位和在社会经济发展中的重要性被提升至更高层次。从产业转型升级网络化、数字化和智能化的发展路径来看，全方位、泛连接的网络建设，为物联网构建起无处不在的连接通道，产业数字化和智能化转型升级的迫切需求，持续加速物联网渗透至产业链各个环节，物联网桥接传统企业和数字化、智能化企业的核心作用不断得到加强和认可。从物联网络的建设普及程度看，面向低速率应用的窄带物联网（NB-IoT）网络、面向中速率和语音应用的LTE Cat1网络，以及面向更高速率、更低时延应用的5G移动网络协同发展的蜂窝物联网网络体系基本建立，全场景覆盖的物联网网络通道成功实现，物联网规模化应用的"通道"已准备就绪。从技术融合发展的趋势来看，物联网与5G、云计算、大数据、人工智能和区块链等前沿技术融合发展，已形成支撑数字经济发展的基础设施技术群，并在数据生产要素加工处理的全流程中，占据数据生产要素"生产者"的核心地位。

综合多维度视角，现阶段的物联网已积蓄足够势能，并已进入规模化爆发的前夜。按照中国信通院对物联网产业爆发前期、爆发期和全面爆发期的三阶段划分，现阶段的产业物联网正处于爆发前期向爆发期过渡的阶段。其关键特征表现为供给侧仍然是行业发展的主要推力，需求侧拉力持续提升但仍不足，物联网规模化部署实施的要素基本具备，部分行业已实现规模化和碎片化物联网基础设施的局部整合。但是物联网行业碎片化和壁垒问题仍然严重，高价值应用不足，物联网投入产出比不高，供给侧推力大于需求侧拉力，物联网全流程基础设施的整合在持续进行中，物联网应用与基础设施的绑定仍然难以解耦，泛在、可定义、统一的物联网基础设施在持续建立和演进中。在爆发前期阶段，产业需求侧普遍的物联网需求和供给侧有限的物联网供应能力是当前物联网行业发展的主要矛盾，供给侧对物联网能力的供给不足，主要原因在于物联网先天的碎片化，以及由此带来的物联网成本高和价值模糊问题。因此，物联网行业要想进入全面爆发期，必须解决以上困扰产业界多年的问题。

三、物联网产业发展困境及根因

长期以来，设备连接和管理主导着物联网行业供给侧的发展路径，相关产业链长期聚焦在终端模组芯片和无线通信领域，物联网场景需求零散碎片、通信协议百花齐放、终端厂商自成体系、供应链条琐碎冗长，需求侧的场景碎片化和供给侧的非标封闭化肢解了物联网行业的整体发展。相比人工智能的"大起大落"，物联网从诞生至今似乎也未曾有过产学研界群起出动的"大起"，虽有政策鼓励和行业需求的长期宠爱,但是在复杂的现实面前,物联网行业始终还是细水长流、大浪不起。在人工智能领域,国内有 AI "四小龙",有百度等互联网厂商巨头,但是在物联网行业,无论是传统终端设备厂商、管道运营商,还是互联网云平台企业,尽管都曾高调布局物联网战略或赛道,但是却鲜有行业龙头或平台巨头出现。从早期的智慧地球、数字孪生、信息物理系统(Cyber-Physical Systems,CPS)、"两化"融合,到如今的智能制造、互联网+、产业互联网和元宇宙,物联网作为技术概念的地位和重要性不言而喻,似乎每个政策和产业风口的出现,都隐藏着物联网准备腾飞的潜在机遇与风口。但是"热闹都是他们的",物联网行业本身的发展依旧"温和低调",犹如看破尘世般"静观其变"。纵观物联网行业几十年的发展史,不难看出,碎片化、成本高和价值模糊,是物联网行业长期存在的三个现实难题。

首先,物联网行业存在先天碎片化问题。物联网赋能不同行业转型升级,应用场景和需求的碎片化导致物联网终端异构,网络通信方式多样,平台系统林立,不同厂家产品设备之间互联互通性、互操作性差,历史遗留下来的"万国产品"比比皆是,一条产线汇聚多国、多厂商、多协议终端设备和控制系统的现象大量存在。需求碎片化和产业链标准的缺失,致使设备碎片化、通信协议碎片化、控制系统碎片化,并最终使得物联网行业任何解决方案和产品都不具备规模化复制推广和应用的能力,总包集成和定制实施基本已成为物联网项目的标配,而这与近些年迅猛发展的平台经济和共享经济是完全不同的理念。从芯片模组、终端设备、网络通信到物联网平台的建设和应用开发,物联网行业的每一个环节,几乎都是百花齐放、标准缺失。不夸张地讲,物联网是一个端到端全栈碎片化的行业,平台经济、共享经济的理念在物联网行业甚至难以找到生根发芽的土壤。而从需求侧延伸至供给侧的碎片化行业属性，多年来深刻影响并制约着物联网行业的发展。没有标准化，便难以规模化，这是物联网行业最深层次的硬伤。

其次是物联网项目成本问题。高成本是阻碍物联网规模化实施的主要原因之一，微软研究报告 *IoT Signals* 曾对全球 3000 余家企业进行调研，结果表明约三分之一的物联网项目被弃于概念验证阶段，主要原因便是成本过高且投入产出不成比例。对用户而言，想要实现物联网在生产环境中的规模化落地应用，成本问题永远是首要问题。例如，支持物联网设备低时延、大带宽和海量大连接的 5G 产业如今归于平静，与 5G 通信模组价格高昂不无关系，如果模组成本甚至高过终端设备成本，那么即使 5G "三大特性"具有再强的诱惑力，对于用户而言也不过是现代版的"买椟还珠"。对于平台建设方而言，高昂的平台建设和使用成本，也是影响物联网平台连接数规模化增长的重要瓶颈。横向来看，物联网行业长尾效应明显，需求碎片化严重，不可能一个平台覆盖所有应用场景，需要分行业按需建设多个平台；纵向来看，行业产业链较长，缺乏标准化生态，用户需求多样，对物联网平台的功能、服务有诸多个性化要求，平台建设和运维需要投入大量人力物力，而私有定制化物联网平台更是标的模糊、需求不清，长期精力耗尽也未必能满足用户实际需求，投入成本只会更大。芯片、终端、通信、平台及应用建设，任何一个环节的高昂成本都会拉高物联网行业的整体成本，只有构建便捷、低成本的物联网应用生态，物联网产业才能得到进一步的发展。没有低成本的推广优势，任何先进技术都不可能沉淀为社会性的通用基础设施。

最后是物联网产业的价值呈现问题。就当前产业的发展现状和用户需求认知而言,多数企业中的物联网专项建设在很多领域并非刚性需求,而真正的刚需场景又往往以特定垂直领域供应商自成体系、自带物联网解决方案的形式来满足(碎片化问题的表现和根源),最终结果便是物联网专项建设在很多时候仅是锦上添花或者沦为优化改造项目,游离于企业核心诉求的外围边缘,而非解决产业发展核心问题的关键技术,而真正解决核心诉求的物联网技术,在多数情况下又以封闭自成体系和碎片化的形式,被分包并内嵌于各类大型项目的建设中。因此,很多物联网项目都因其价值难圆其说而被叫停落空,加之成本问题负担,投入产出比更是成为物联网项目难产的罪魁祸首,该现象在传统企业或中小企业中尤为突出。事实上,"物联网平台 + 设备连接管理"的模式,对企业生产经营并无太大的意义和价值,不幸的是现阶段产业物联网建设多数却停留在这个层次,或者更进一个层次,实现设备状态上报监控以及配套的可视化大屏。而将物联网技术深度嵌入并应用至企业核心业务流程的场景,在传统企业的物联网专项建设中实属不多。任何触及不到业务核心的技术,都将失去普适价值,物联网也不例外。

四、物联网产业困境及应对之道

碎片化、成本高,以及价值模糊不清,是阻碍物联网行业规模化发展的"三座大山",如果不能有效解决,那么物联网成为新型基础设施的道路,必然充满曲折与艰辛。事实上,为统一和标准化物联网行业,产业界对物联网基础设施的整合探索从未停止:从智能终端硬件到物联网平台，从物联网操作系统到物联网络基础设施，面向不同应用场景的物联网基础设施已在不断整合，尽管效果仍不明显，但是整个物联网产业似乎从未放弃努力。

（一）碎片化问题及其应对之道

在阻碍物联网规模化应用的三大原因中，碎片化是根本的原因，而高成本和价值模糊在很大程度上是由碎片化引起的次生原因。因此，物联网行业要实现规模化应用，首先要解决的便是先天存在的碎片化问题。而碎片化问题的解决，需要在由终端、网络和平台软件构成的物联网全流程、多环节共同推进。首先，终端领域应朝着终端智能化、软硬件解耦、终端与厂商或服务商解绑、终端与云端协同化方向发展；其次，物联网应着力提升网络覆盖及智能化水平，实现网络技术互补融合，以支撑多类型应用场景需求；最后，平台软件应实现基础软件、数据和物模型等资源的横向打通与共享。经过业界多年的努力探索，物联网各环节的碎片化问题正逐步得以解决。

1. 物联网通信领域

传统物联网络参差不齐，众多连接协议剪不断理还乱，各路巨头纷纷推出互联协议，以期实现多协议互联互通，但最终现实却是巨头们自立山头、难分高下，产业侧更是驻足观望、难以接受。而覆盖不同场景、面向不同速率应用的蜂窝网络独自发展，呈现出供需不平衡现状。目前，以地基蜂窝网络和 NB-IoT 为核心，融合天基卫星网络、空基网络无人机 / 热气球等技术的网随物动、融合统一的网络基础设施正在主导物联网络基础设施建设，并已取得初步进展。而 eSIM 技术的应用，则实现了终端网络与运营商的解耦，无差异的

eSIM 卡避免了终端厂家与运营商的绑定关系，有力解决了供应链碎片化的问题。未来，移动网络（蜂窝网络、非授权物联网络）、局域网、卫星网络、无人机及热气球将共同组建空天地一体化物联网络基础设施。而伴随物联网络的空天地融合，多应用场景、多终端需求全覆盖的统一网络基础设施，加上无差别 eSIM 物联网卡的普及应用，物联网通信碎片化的问题将得到有效解决。

2. 终端设备和操作系统

长期以来，物联网终端设备复杂多样且非标准化。而为了适配不同类型的硬件终端，物联网操作系统也呈现出丰富多样化的特点。以谷歌 Android wear、苹果 watchOS 等为代表的"裁剪派"，通过对智能手机或 PC 系统进行裁剪，以试图适配物联网设备需求，此类系统在功耗和可靠性上难以保障；以 FreeRTOS、Contiki 为代表的"嵌入式派"，将 CoAP、MQTT 等物联网功能移植到传统嵌入式实时操作系统之上，以使其满足物联网操作系统需求，此类系统功耗低、可靠性高，但是缺乏生态体系支持，难以实现规模化应用。近些年来，为了更好地适配物联网应用需求，满足可伸缩、易扩展、可靠性和实时性等需求，以鸿蒙 OS、Fuchsia OS 为代表的物联网操作系统"专用派"正兴起并成为主流，此类操作系统采用微内核和分布式技术开发，支持多终端运行。物联网专用操作系统的成熟应用，将使得混合设备统一调度管理、一次开发多终端运行的物联网行业刚需成为现实，而物联网终端设备和操作系统的碎片化问题也有望得以解决。

3. 物联网基础资源融合

近些年，互联网巨头充分利用自身的行业优势，跨层级整合云、网、边、端和应用开发全环节生态，以自身打造的综合型物联网平台为抓手,以用户价值为核心,以自身行业影响力为引擎,驱动全流程、跨层级、各环节的标准化。例如百度天工 IoT 平台打造的 IoT Hub + IoT Parser + IoT Device 组合拳产品,阿里云 Link 打造的 Link Platform + Link Develop + Link Marktet 组合拳产品,都在围绕自身影响力驱动物联网全流程的标准化。与此同时,围绕巨头的物联网生态和开发者聚焦效应逐渐显现,如亚马逊 AWS IoT 构建的物联网设备制造商合作网络,有效破除物联网硬件兼容限制;阿里云 Link IoT 联合多家芯片企业推出"全平台通信模组",形成上下游合作伙伴生态;华为 OceanConnect 平台构建的开发者培训与认证社区,通过壮大开发者生态,形成物联网应用的开发标准。另外,在实现平台与硬件部署解耦,应用一次开发、批量复制,加速横向数据流动方面,物模型的提出和研究成为新的热点。物模型的规模化应用,有望黏合产业链碎片、打破供需壁垒,物联网行业设备快速连接、低成本构建应用和快速复制解决方案的目标将不再难以实现。

(二)成本问题及其应对之道

物联网发展过程中,影响规模化应用的成本问题,主要包括芯片、模组等终端成本,物联网网络覆盖成本,以及平台建设和使用等方面的成本。在模组降本方面,产业界主要采取补贴方式促使模组成本降低,推动应用规模化发展。例如,在运营商数十亿大额补贴下,NB-IoT 模组价格快速下降,仅用三年时间便下降至 15 元以内,而相同价格的 2G 模组却用了十多年时间。在芯片降本方面,采用开源方式降低芯片应用成本是主流方向,芯片研发涉及流片、IP 核、工具链和高端人力成本等高成本因素,基于开源 RISC-v 进行芯片开发设计，是当前降低芯片开发成本的主要路径。

在网络覆盖成本方面，以采用新型低成本网络技术覆盖更多应用场景、实现短期规模商用为主要思路，目前NB-IoT薄覆盖和5G高成本导致应用场景覆盖受限。5G网络尽管优势明显，但是高成本的投入使其短期内难以向中低价值应用渗透；NB-IoT尽管在补贴政策中已实现亲民价格，但是远未达到2G/3G的网络覆盖率。而随着2G/3G退网政策的明确，行业急需对NB-IoT和5G形成补充的网络技术，LTE Cat1当仁不让成为首选，基于全国覆盖的4G基站，不论是成本还是覆盖率，在较长时间内，LTE Cat1都将成为推动物联网规模化应用的主流通信网络。

在平台建设和应用方面，物联网平台建设和使用成本的主要体现，在于不存在适用于多样化垂直领域的通用物联网平台，碎片化的需求对平台功能也各不相同。连接与设备管理作为物联网平台的核心，在此基础之上，如何叠加增值服务，需要根据实际场景和用户需求定制。基于微服务架构和功能组件镜像封装的组装式物联网平台，将平台功能以可选列表形式向客户提供，已适应不同场景需求下对物联网平台的要求，即做到平台"以灵活架构应对多样需求"，是物联网平台低成本、规模化渗透各垂直领域的发展趋势。例如涂鸦智能的云开发平台可帮助开发者开发出个性化的IoT平台，以及PaaS和SaaS级解决方案（如智慧酒店、智慧公寓、商业照明、智慧社区），而开发者和企业可基于物联网PaaS平台打造专属个性化的SaaS解决方案，从而以高效、低成本且灵活便捷的方式，较好地满足企业对物联网平台的多样性和个性化的需求。

(三)价值问题及其应对之道

从物联网行业的供需变化和关键特征来看,物联网规模化应用会经历三个发展时期:以供给侧拉动为主的爆发前期、供给侧和需求侧基本实现平衡的爆发期,以及需求侧成为拉动主力的全面爆发期。伴随物联网三个发展时期的演进,物联网在产业用户侧的价值也将实现不断跃迁。现阶段物联网产业仍处于爆发前期向爆发期的过渡阶段,并且仍将持续数年。处于爆发前期的物联网主要以设备连接和管理为主,物联网能力难以渗透至业务流程的分析和决策环节,因而物联网在产业应用中价值相对有限,仍然停留在核心价值的外围边沿,这也正是物联网在诸多产业侧的应用场景中价值难以显现和模糊不清的主要原因。但是,爆发前期向爆发期的过渡,是物联网规模化应用的必然阶段,没有爆发前期设备连接和数据的积累,就不可能形成以需求侧拉动为主的物联网全面爆发期。

从产业用户的角度来看,应理性看待物联网在初期阶段的价值和未来的潜力。物联网的价值一定不在于平台承载的连接数和管理的设备数量,而在于通过设备连接和管理,物联网平台沉淀下来的多维度感知数据,以及基于海量数据的价值挖掘。而物联网数据量的沉淀不可能一蹴而就,这是个长期坚持的过程,物联网设备连接量的持续增长,将持续不断地为物联网平台的发展输送养分,推动平台从设备、数据持续汇聚的"量变"走向应用使能和业务分析的"质变"。在物联网应用中,海量数据的采集和接入是前提,多源异构数据的集中与处理是重点,而数据的溯源处理、统计分析、价值挖掘,以及探究复杂事件的内部规律,进而指导企业生产实践,是物联网的核心价值和最终目标。但是任何企业,倘若没有经历数据采集和汇聚的物联网低价值初期阶段，就不可能获取物联网带来的核心价值。因此，现阶段产业侧的物联网应用是面向未来数字化时代的长期战略意义布局，而非完全基于当下需求和痛点的短期价值变现。物联网在当前产业应用中的清晰定位，是供需双方合力推动物联网规模化应用的前提和关键。

为了最大化呈现物联网价值，推动物联网加速向由需求侧牵引的全面爆发期过渡，物联网技术的持续外延和多技术融合发展已成为常态。事实上，任何单一技术的独立应用，都只能解决社会面或产业侧的局部问题，无法实现用户价值的最大化。"独行快，众行远"，物联网与云计算、5G、大数据、人工智能、区块链等技术的融合创新，形成"物联网+"的技术"组合拳"，为企业用户打造面向数字经济时代的技术一体化解决方案，成为数字时代不可或缺的底层基础设施，是当下物联网技术发展的主要方向，也是物联网发展的最终归宿和价值体现。因此，产业侧对物联网的应用部署，也应该面向未来数字经济时代的愿景，以数据作为企业核心生产要素为出发点，顶层规划统筹考虑物联网的定位，将物联网融入算力、数据和智能的数字化技术全局规划中，做好物联网将会成为未来企业核心生产要素的核心"生产者"的战略定位和长远布局。

第四节　AIoT产业底层逻辑与背后的机遇挑战

在前面的章节中，我们系统性介绍了人工智能和物联网的发展历史、现状和面临的问题。对于人工智能和物联网，相信很多读者都会有相同的疑虑：为何人工智能经历了半个多世纪的研究仍旧未能推动智能时代的到来，人工智能到底还能不能实现？物联网概念从明确到今天，二十多年来政策加持持续推动，为何依然未能全面普及？这其中，究竟是技术本身的缺陷问题，还是当前现状本身属于技术演进的历史必然。本节我们将就技术发展背后的逻辑，来探讨以上问题。

一、从科学研究的范式看人工智能的困境

人类的近现代史，就是科学技术的发展史。科学技术有两个最基本的目的：一是寻求基本原理，二是解决实际问题。自工业革命以来，科学研究对技术革命产生了重大影响，但是基本遵循科学取得理论突破、技术应用随后解决实际问题的逻辑。数百年来，以数据驱动的开普勒范式和以第一性原理驱动的牛顿范式是科学研究的两大基本范式。约翰尼斯·开普勒（Johannes Kepler）关于行星运动三大定律的提出，得益于观察分析天文学家第谷·布拉赫（Tycho Brahe）以毕生精力观测记录下的数百颗恒星几十年间每个夜晚的数据。而开普勒虽然基于第谷·布拉赫的数据总结出了行星运动三大定律，但是并不理解其内涵。艾萨克·牛顿（Isaac Newton）则不然，其通过牛顿第二定律和万有引力定律把行星运动归结成一个纯粹的数学问题，并由此推导出开普勒三大定律。牛顿运用的是寻求基本原理的方法，远比开普勒的方法深刻，牛顿不仅知其然，而且知其所以然。因此牛顿开创的寻求基本原理的方法长期以来成为科学研究的首选模式，但是正如狄拉克所指出，如果采用从基本原理出发的牛顿模式，那么其中的数学问题就会太难，以至于很多问题基本无解，因而必须妥协，对基本原理作近似。在面对很复杂的问题时，尽管牛顿模式很深刻，但

是解决问题太困难，而基于数据驱动的开普勒模式往往更为行之有效。数百年来，科学研究与技术应用基本遵循这一原则。

由数据驱动的开普勒范式和由第一性原理驱动的牛顿范式一直主导着人类寻求基本原理和解决实际问题的科学技术活动。人工智能的研究和应用也不例外，前文中我们反复提到深度学习是数据驱动的AI，从科学研究的范式来看，其是典型数据驱动的开普勒范式。开普勒范式的特点是从数据中寻找客观事物的特征和规律，其优点在于通过多项式的拟合可以无限逼近并解决现实中的复杂问题，最大缺陷在于知其然，不知其所以然，正如深度学习的模型输出，缺乏可解释性。通常是数据决定一切，所有不理想或意外的情况都只能归咎于原始数据集，而无法从底层基本原理上给出解释。

在人工智能流派中，深度学习、机器学习都属于神经网络分支，即连接主义或仿生学派，该学派主要关注大脑神经元及其连接机制，认为人工智能源于仿生学，试图发现大脑的结构及其处理信息的机制、揭示人类智能的本质机理，进而在机器上实现相应的模拟，最终才能真正实现人工智能。从人工智能仿生学派的初衷来看，最初对人工智能的理解和研究是第一性原理驱动的牛顿范式，希望从基本原理出发理解人类大脑神经网络的工作机理，再将其应用到计算智能，以期最终实现人工智能。然而，生命科学发展至今对人体工作机理的了解仍然十分有限，何况是在20世纪人工智能理论研究刚兴起的年代。因此仿生学派提出的神经网络，本质上是以解决实际问题为目标，基于数据驱动开普勒范式对人类大脑工作机理最初级的模拟和逼近，而时下主导人工智能发展的深度学习，也不过是基于浅层神经网络的堆叠，本质上还是数据驱动开普勒范式下的深层次神经网络。事实上，在 AI 神经网络的研究从原理驱动的牛顿范式转向数据驱动的开普勒范式时，就已意味着我们失去了神经网络背后"第一性原理"的严格和优雅，以及结果的可靠性和普适性，实际上也预示了今天在大数据和 GPU 算力时代，深度学习必然存在"暴力美学"和其解决问题的方式必然存在边界性。

人工智能发展至今，在"第一性原理"上并未揭示人类大脑的工作原理，不过是在大数据和算力时代通过对更深层次模拟神经网络的计算，使得对人脑部分工作机理的逼近得到进一步的提升，并最终在解决某些特定问题上取得了不错成效。但是，现阶段人工智能神经网络对人脑真实情况的逼近，仍旧十分遥远，这在一定程度上解释了为何 AI 发展至今仍然停留在弱人工智能或专用人工智能阶段，且只能解决特定领域的问题，而通用或强人工智能仍旧遥遥无期。

从"第一性原理"的角度来看，人工智能是否能够实现，或许要取决于生命科学或脑科学的重大突破而非仅依靠计算机科学的研究，包括 AI 在内的计算机科学的发展，能够极大助力生命科学的研究，但是取代不了其对生命基本原理的揭示。在取之不尽的数据和用之不竭的算力时代，基于数据驱动开普勒范式的 AI 研究是否可以无限逼近人类智能，进而实现真正的人工智能？从当下不断攀升的超大规模预训练模型及其使用情况来看，答案喜忧参半。尽管当前的预训练大模型已具备逼近人类大脑神经元级别的参数，同时也表现出了令人惊讶的内容生成能力，但是除去至今无法解释的大模型涌现能力，大模型的可靠性、稳健性，以及逻辑推理能力等都距通用智能还有很大差距。无论如何，可以肯定的是，探明人类智能原理，并将其用工程学加以实现，这样的人工智能目前不存在，未来恐怕也不会存在。

二、从革命性技术关键特征看 AIoT 现状

在前一节中，我们从科学研究的范式角度探讨了人工智能困境背后的底层逻辑，本节我们将从影响世界的革命性技术应具备的关键特征来分析 AIoT 的当前现状。尽管人工智能和物联网已被定义为需要加强建设的新型基础设施，世界各主要经济体也在抢占人工智能战略高地。但是从技术本身的属性——"解决实际问题"的角度来看，当前阶段的 AI 和 IoT 技术还不具备完全成为通用性基础设施的能力。通常而言，只有当一项技术全面成为社会通用性基础设施，才可称之为社会革命性技术，就如第一次工业革命的蒸汽机和第二次工业革命的电力网络。

任何新技术在成为社会革命性技术或全社会的基础设施之前，应满足最基本的技术四要素：效率、成本、通用性和安全。首先，效率是技术的核心价值和目标，是一项新技术的出发点和根本，任何不以提升生产效率为出发点的技术，都不会具有成长的生命力。其次，新技术的效率提升得到验证后，还需进一步解决成本问题，低成本是新技术得以普及和大众化应用的前提。再次，需要解决的是技术在普及推广中面向各行业的通用性问题，任何局限于解决特定行业或领域问题的技术，都不会成为社会通用基础设施。最后，是安全性问题，任何社会革命性技术都不应该存在安全隐患，技术必须以人为本，安全是基本底线。一项革命性技术的诞生和发展，只有依次解决上述四大问题，才能被广泛接受并应用到社会各行业，形成生生不息的良性循环，进而改变世界。

历史上每一次改变世界的技术革命，几乎都遵循着类似的演进路

线:一项新技术诞生之初,先解决效率问题,再依次解决成本、通用性和安全问题,最后新技术走向普及并最终改变世界。以第一次工业革命为例,蒸汽机的最早发明并非瓦特而是纽科门,纽科门蒸汽机解决了煤矿井下抽水泵的动力问题,这对渗水可能会引发矿难的煤矿井而言是刚性需求,因而纽科门蒸汽机的应用确实提升了煤矿行业的生产效率。但是早期的纽科门蒸汽机不仅笨重庞大、成本高,而且活塞做单一往复直线式运动,无法满足多样性机械运动的要求,难以推广复制到其他行业。瓦特对蒸汽机的重要贡献,一是采用冷凝器和汽缸分离的设计,有效降低了蒸汽机成本;二是设计出曲柄传动活塞,将往复直线运动转化为圆周运动,从而为不同类型的机械装置提供动力。最终瓦特改良后的多功能蒸汽机在杀手级应用——纺织行业的带动下,在多个领域得到广泛使用。但是由于瓦特反对使用可能带来爆炸、导致安全问题的高压蒸汽,致使早期蒸汽机存在笨重庞大,难以移动的缺点。而针对高压蒸汽的安全问题,理查德·特雷维西克(Richard Trevithick)则一直在研究,并最终成功解决了高压蒸汽安全问题,并将改进后的高压蒸汽机应用到了交通上,研制出了世界上最早的蒸汽机车和蒸汽船,从而将人类带入全新时代。效率、成本、通用性和安全一直伴随着蒸汽机从发明到改变世界的技术演进路线,而主导了第二次工业革命的电力网络,同样重复着类似的进程。今天的云计算,正在前往成为通用性基础设施的道路上,如果仔细观察,就会发现云计算行业的所有努力,都在围绕技术四要素而发生。

多年以来,行业对于人工智能和物联网的态度,犹如叶公好龙,雷声大雨点小,供给侧高呼万物智联时代已经到来,需求侧则似乎无动于衷。而 AI 与 IoT 至今仍旧未能实现广泛普及,究其原因,从革命性技术应具备的四要素关键特征中,便可窥探一斑。从技术提升效率的初衷来看,AI 和 IoT 无疑是成功的,否则作为新技术,就不会有持续发展至今的生命力。但是,从其余的成本、通用性和安全三要素来看,AIoT 面临的问题仍然很多。首先,在成本要素方面,无论是人才成本、技术成本,还是数据算力成本和硬件成本,多数 AI 解决方案都在很多传统或中小企业可承受之外,尤其现阶段流行的预训练大模型,更是将 AI 推向寡头的专属"游戏";IoT 虽然成本相对较低,NB-IoT 等模组在大力补贴下已实现多轮降价,但是在高精度传感器、5G 通信、异构设备数据采集与协议解析等面向高价值应用场景的 IoT 解决方案中,整体成本仍然超出多数企业可承受范围。其次,在通用性方面,AI 和 IoT 都存在明显"硬伤",现阶段的 AI 是高度专业化和场景特定化的狭义 AI 或弱 AI,基本不具备通用性与泛化应用能力,而通用智能能否实现至今仍不确定;由于整个产业链的碎片化和标准规范的缺失,IoT 解决方案跨行业的可复制性基本不存在。最后,在安全方面,尽管现阶段安全问题还不足以影响 AIoT 的规模化应用,但是伴随数据要素市场化时代,数据主权权益的崛起,AIoT 领域已经出现多起信息泄露事件,并已引起包括央视"3·15"在内的主流媒体和大众的关注,可见 AI 与 IoT 逐渐兴起并受到重视,但是由于受成本和通用性要素的制约,AIoT 安全问题并未受到普遍关注,AIoT 属于刚起步阶段。

通过革命性技术必备四要素关键特征,不难看出 AIoT 要成为社会通用基础设施和影响世界的革命性技术,依然还有很长的路要走。技术的演进发展,总是以脚踏实地地解决实际问题为根本,现阶段 AIoT 所面临的困境和现状,是在其通往全社会通用基础设施道路上的必然经历，任何揠苗助长的行为都会适得其反。理性客观地看待每一项新技术的应用发展，做好新技术应用的场景定位和价值预期定位，是企业数字化转型之路上从容应对每一项新技术的底层逻辑。另外，任何以时下现状来否定未来的行为，最终都将使自身停留在现状而无法前进，个人如此，企业也如此。对于 AIoT，我们需要理解现状的必然性，更需要相信未来的可能性。

三、AIoT 是技术融合发展的必然

AIoT 是 2018 年兴起的概念，是人工智能和物联网面向产业侧应用发展的必然阶段。AIoT 通过各类传感终端实时采集多维信息，物联数据在云端平台沉淀后通过机器学习进行数据挖掘，云端训练好的模型再应用到终端现场设备、边缘区域设备或云中心进行智能推理，实现数据采集到数据建模分析和应用的全流程闭环，最终以智能网联化的方式实现企业降本提效的业务目标。在 AIoT 网联化、智能化的正向应用闭环中，随着时间推移和采集数据的积累，平台侧模型精度将持续提升，能力更强的模型又反馈赋能各类设备，终端数据采集、云端模型训练、边缘设备推理的业务闭环在企业内部重复上演，数据→模型→更高质量数据→更精确模型的智联网闭环在企业内部反复循环，最终螺旋式推动产业侧迈向智能化时代。

事实上，AIoT 的出现并被行业广泛认可，有其技术发展的历史必然性。一方面，随着 AI 技术的逐步成熟和落地应用，需求侧对 AI 的接受度持续提升，以深度学习为主的感知智能已进入产业化应用阶段。然而，伴随 AI 在传统产业智能化升级中的落地应用，数据驱动

的 AI 弊端也开始显现，以深度学习为主的 AI 严重依赖大数据和大算力。而在产业侧，尤其是在传统企业中，过往历史数据的积累极为不受重视，数据的缺失致使传统企业智能化升级成为无源之水、无本之木。没有数据或小数据下的 AI 在产业侧形同虚设，而物联网作为数据要素的核心生产者，是 AI 能够立足于产业侧的根本，因此 AIoT 的出现是 AI 在产业侧规模化应用的必然；另一方面，随着 IoT 进入爆发前期，物联网规模化部署实施的要素基本具备，但是处于爆发前期的 IoT 主要以设备连接和管理为主，未能渗透至企业核心业务流程，缺乏高价值应用，长期游离于企业核心价值的外围边沿，严重阻碍了需求侧对 IoT 规模化应用拉动力的增长。而 AI 在产业侧的成熟应用，直接改造并智能化升级了产业侧的业务流程，表现出了极高的业务价值和降本增效的能力。因此 IoT 寻求 AI 来赋能并提升应用价值，将自身从仅面向设备连接管理的平台，演进到全面融合 AI 技术的 AIoT 高价值平台便成为必然。整体而言，AI 与 IoT 两大前沿技术具有天然互补性，AI 对 IoT 的数据供给甘之如饴，IoT 对 AI 的应用价值望眼欲穿，二者的融合发展，是 AI 和 IoT 成为通用基础设施、得以规模化应用的必然选择。

四、AIoT 产业的发展机遇

AIoT 的融合应用起步于智慧家居、智能硬件、服务机器人等消费物联网领域，目前正向行业物联网逐步渗透，已在智能制造、智能安防、自动驾驶、智慧物流等众多领域开展应用，当前正处于规模起量阶段。AIoT 应用侧产业分为消费驱动应用、政策驱动应用和产驱动应用，在以家居、汽车为代表的消费驱动端和以公共事业、智慧城市为代表的政策驱动端应用市场的持续推动下，AIoT产业持续保持高速增长。但从长期来看，以智能制造、智慧物流、智慧零售、智慧农业、车联网、智慧园区为代表的产业驱动应用才是AIoT的远期增长点。

作为多技术融合应用并赋能各行业的技术，AIoT的未来潜力无限。从供给侧看，一方面，人工智能芯片、硬件算力、传感设备、算法模型、框架平台等技术快速发展并成熟应用，数据采集、分析和存储成本持续下降，AIoT使用门槛不断降低，多样化、高价值应用的技术成本持续降低；另一方面，5G商用加强连接能力，物联网数据采集规模呈爆发式增长，政策持续推动工业互联网建设，云端数据高效挖掘与分析成为常态需求。从需求侧看，一方面，人民日益增长的美好生活需要呼吁生活质量的不断提升，对智能化生活助手以及家居出行产品的体验与便捷程度要求进一步提高，智能物联产品买单意愿加强，体验至上成为消费领域产品核心竞争力；另一方面，随着传统产业的数字化和智能化转型升级，行业对生产设备和系统的自动化、智能化需求旺盛，在用工成本增加、供给侧改革发展的背景下，行业更加关注生产、运营效率提升以及成本降低，智能网联成为传统企业转型升级的刚性需求。

与此同时，新一轮技术革命和产业政策的诞生，也在加速AIoT规模化应用进程，其中"双碳"和元宇宙更是成为近期驱动AIoT领域的新风口。在国家实现"碳达峰、碳中和"的进程中，物联网应用至关重要。首先，通过智能传感器实时监控企业能源消耗情况，为进一步管理和控制能耗打下基础；其次，通过AIoT技术的融合应用，可对碳排放量进行预测，通过过程监测和优化，减控企业碳排放；最后，物联网与区块链结合能有助于简化和促进环境、社会和公司治理（Environmental，Social，Governance，ESG）数据的收集和自动呈报流程，从而促进碳中和交易。此外，AIoT 技术还可应用于能源、建筑、交通、工业、农业等碳排放较高的行业，通过监测分析、预测报警促进各行业节能减排。因此，"双碳"目标的推进，将进一步带动 AIoT 应用向更广泛的行业渗透。

2021 年兴起的元宇宙，正掀起新一轮技术集群式效应的变革。而物联网作为连接虚实的桥梁，是元宇宙的基础，AIoT 技术在元宇宙各个环节中都有关键应用。首先，感知层中的各类传感器，为元宇宙感知物理世界提供基础；其次，物联网络层为元宇宙感知物理世界的信号和接入元宇宙提供传输通道；再次，AIoT 平台层和边缘层的连接和管理能力，为元宇宙提供信息和数据处理能力；最后，AIoT 的上层应用则可利用生成式 AI 等技术，为元宇宙生成内容，并基于虚实世界的连接能力，实现元宇宙的虚实共生。因此，元宇宙的兴起和发展，必将带动 AIoT 技术在虚实世界的广泛应用，元宇宙时代的 AIoT 将无处不在。

五、AIoT 产业面临的挑战

尽管 AIoT 是人工智能和物联网技术发展到特定阶段的必然，同时有着巨大的市场空间和产业侧需求，并在"双碳"战略和元宇宙前沿技术领域占据关键位置。但是现阶段的 AIoT 产业仍然处于发展初期，其在产业侧的应用普及仍未成熟，同时也面临着诸多挑战。

首先，人工智能的发展本身仍然处于初级阶段。尽管 AI 已经进入感知增强时代，并在视觉语音等感知领域表现卓越，同时在各行业都有落地应用，并取得不错的成效。但是，现阶段的 AI 仍然处于弱人工智能阶段，缺乏自主意识，不具有创造性，只能根据给定的输入完成既定重复的功能，其适用范围明确，专业化程度高，有特定场景边界，为解决特定问题而存在，是任务型的人工智能。虽然现阶段的 AI 可以针对某一特定事情做得很好，但是智能范围非常狭窄，在没有编码特定领域知识的情况下无法解决不同类型的问题。而传统产业侧的需求和场景极其多样性和碎片化，现阶段为特定问题而生的弱 AI 在产业侧千奇百怪和碎片化的需求面前，显得弱不禁风、无能为力。而通用智能尽管在产学研界讨论多时，但是至今依然停留在概念阶段，其要实现依旧遥遥无期。

其次，产业侧自身的固有问题"冰冻三尺非一日之寒"，并非技术工具不先进，而是现实情况太复杂。与面向消费互联网的中心化平台经济具备海量用户数据不同，传统企业收集大规模训练数据集几乎是不可能的事情。以制造业为代表，制造业本身是一个庞大的产业，复杂且割裂是其历史特征，同一产线就汇聚了多种来自不同厂商的生产设备，而这些设备往往又采用各自的技术标准和数据协议，彼此之间无法互联互通，长期以来设备数据分散采集甚至没有采集。在转型升级过程中，即使以高成本的代价改装补充终端数据采集和传感网络，高质量数据集的积累也非朝夕即可实现。而当前以深度学习为代表的 AI，却是完全依赖数据驱动的模型，多年未形成"养数据"的传统企业，即使有 AI 这般先进"钢枪"，手上也无现成可用的数据"子弹"。美国制造商联盟（MAPI）最近的调查显示，制造业中超过

58%的研究对象认为，部署AI解决方案最主要的困难是数据源的缺乏。在AI解决方案集成到生产线时，数据稀缺成了最大挑战和硬伤。在数字化转型时代，"数据荒"已成为制约传统企业转型由量变到质变的关键，而这种"历史缺陷"造成的硬伤，即使贴上IoT这块高科技的"膏药"，也仍需时间才能抚平伤痛。

最后，AIoT产业高价值应用、杀手级应用仍未出现，市场培育和实践仍需时间。现阶段，AI作为技术赋能的角色，其价值往往不能直接表现为业务收入。大多数情况下，AIoT在传统产业中的应用，通常是作为改善业务流程、生产效率或者服务性能、体验的支撑工具，以提升运作效率和用户体验为主，无法直接创造新的业务单元或带来直接的营业收入，这也是当前产业侧普遍认为AIoT相关技术经济价值不高的主要原因。另外，人工智能和物联网的价值仍然难以被准确量化评估，在传统企业、中小民营企业等对投入产出比有严苛要求的企业中，AIoT相关技术应用动力不足。简而言之，传统企业建设智能应用系统，关注的是效率提升和成本降低，但是往往效率得到提升的同时，是以付出高昂成本为代价。在以"年终核算"而非"战略意义"的"经济账"来衡量评估智能化转型升级的传统企业或中小企业中，AIoT并没有帮助企业在效率和成本之间找到真正的平衡点，这也是AIoT产业未能普及和实现高价值应用场景的主要原因。

整体来看，虽然AIoT已被定位为数字经济时代的新型基础设施，未来必然无处不在。但是，现阶段AIoT产业仍然碎片化严重、壁垒林立，整体业态还未定型，加之大多数传统企业信息化水平参差不齐，自身上下游产业链条又极其复杂，落地过程中更强调赋能者对行业背景和领域知识的理解。AIoT在产业侧的应用，比消费领域门槛更高、难度更大，行业杀手级应用场景很难出现。而 AIoT 在产业侧的发展必然也是道阻且长，机遇与挑战并存，产业侧对 AIoT 的落地应用，需要具备长期主义的思维模式。

第五节　AIoT 应用规划及其建设的两个阶段

一、AIoT 在传统企业中的应用困境及落地难题

传统行业多属劳动密集型企业，重复性劳动较多，一线作业场景工况条件差、高危场景多，且存在用工断代风险，操作场景多处于机械化向自动化转变时代。另外，传统企业产业链冗长复杂，生产经营多依赖经验决策，业务系统多处于信息化时代，由于数据的缺乏和割裂，经验决策往往只能做到局部最佳而非全局最优。从人工智能替代人类劳动的初衷和其赋能实体产业的目标来看，传统企业都是人工智能的最佳用武之地，尤其在感知智能和认知智能领域，有着广阔的应用前景和期盼已久的智能化升级诉求。

但是，人工智能在产业中的落地应用事实上步履蹒跚。首先，人工智能基础理论近些年来一直未出现重大突破，技术应用还存在一些瓶颈，例如过分依赖大规模标注数据、模型的不可解释性、泛化能力弱、鲁棒性不强、推理能力不足等。其次，传统企业，尤其是中小企业在应用 AI 上往往面临技术、人才和资金等门槛，使得以传统企业和中小微企业为代表的产业需求侧缺乏 AI 落地应用的驱动力。归结起来，AI 在传统产业中的落地困难主要表现在以下几个方面。

（一）投入成本大，应用门槛高

在多数传统产业中，技术团队核心工作聚焦于应对和解决业务一线需求，很少跟踪积累前沿新技术，通常工程实施类项目较多，技术研究类课题较少。因此，对于大部分传统企业而言，依靠自身力量从零开始引入以机器学习为代表的人工智能相关技术，需要付出巨大的人力、资金和时间成本，而门槛高、投入大、周期长已经成为传统企业零基础使用人工智能的痛点。例如，企业在采用机器学习时可能需要进行数据收集标注、模型训练调参、算法和框架选型部署、算力及平台等软硬件采购部署等流程，而其中的每一步流程都需要大量的成本投入，且多为业务相关度较低的底层基础设施投入。对于多数以生产制造为主业的企业，倾斜过多资源来构建机器学习模型，在经营困难的时下投入过度资源进行战略性技术储备和试点应用，势必影响企业整体效益。成本投入大、框架搭建难、算法门槛高、手动调参久，基本已成为人工智能类技术平台在传统企业落地应用时的主要问题。因此，传统企业对人工智能的应用，应该以工程化、集中化和服务化思维进行建设，更多的精力应该聚焦在对行业和场景的理解上，而非底层复杂度高、业务相关性低和成本投入大、短期回报小的技术实现上。

（二）数据难汇聚，价值难释放

现阶段，主流的人工智能理论实现选取的是数据驱动的开普勒范式。因此，人工智能与实体经济的结合，离不开对大量行业数据的汇聚需求，而产业互联网领域长期存在"数据荒"和"数据孤岛"，因此人工智能的应用落地往往面临数据短缺、价值难以释放的困境，数据缺失或不足已成为 AI 落地传统产业的拦路虎。首先，以制造业为代表的很多传统企业信息化程度本身不高，缺乏自动化的数据采集处理手段，导致人工智能学习缺乏样本数据，而当前人工智能模型输出的好坏基本与输入数据的量成正比，未来需要在小样本学习等方法上进一步突破。其次，传统企业汇聚的数据质量不高，手工填报依然在部分行业存在，数据的连续性、稳定性和准确性等都有较大问题，而且数据汇聚后的加工处理不够。再次，海量行业数据散落于不同的组织机构和信息系统中，即使是同一家大型企业，也在业务部门或业务板块之间存在"数据孤岛"问题。最后，传统企业与消费互联网不一样，对数据安全和隐私保护都较为敏感，企业之间的数据共享和融合难以实现。针对以上问题，以联邦学习、可信计算、安全多方计算为代表的"区块链+隐私计算"融合发展解决方案，可能是传统企业突破数据应用窘境的新方式，但是相关技术仍然处于发展应用初期。

（三）供需碎片化，技术碎片化

现阶段，纵观整个人工智能和物联网产业的供需两侧，基本可用技术碎片化、厂商碎片化、场景碎片化来总结其特点。人工智能在传统产业中的应用，往往跟具体场景密切相关，通常是多技术的协同应用，而不同场景需求下的智能技术解决方案差异巨大，因此单一的人工智能分支技术基本解决不了任何复杂的实际问题，而在多技术协同应用的场景中，任何一项技术存在短板都会对智能解决方案的整体表现产生较大影响。例如，在智能客服系统应用中，使用到的 AI 技术包括语音识别技术、语义理解技术、知识图谱技术、语音合成技术等，这些技术分别用于实现接收用户输入、听懂自然语言、分析解决问题、输出智能回答，而任何一项技术的不足，都会让智能客服系统的服务效果大打折扣。另外，供给侧的碎片化也是 AI 在产业侧落地困难的主要原因。例如在视频智能分析行业中，目前 AI 视频分析产业链分布有上游的硬件设备厂商，中游的视频平台厂商、云存储厂商、算法厂商，以及下游的应用开发厂商，它们都在以自身的行业优势为核心，从不同的行业场景切入视频分析行业，供给侧多杂而分散的态势，使得用户原本整体化、一体化的技术方案，受到供给侧严重的碎片化冲击，很大程度上也加大了 AI 在传统产业侧的落地难度。通用人工智能的理论研究突破，以及政策引导下的市场规范化、标准化，也许会是碎片化问题的终极解决之道。

（四）算力需求高，模型难解释

当前在 AI 大模型带动下的人工智能，几乎呈现出一片"大炼钢"景象，而数据驱动的 AI 也必然注定了人工智能是个"大力出奇迹"的"暴力美学"。由于 AI 产业需求侧的碎片化，很多企业均针对特定场景需求，开发了各种样式的定制化算法模型，但这些模型迁移性较差，只能满足特定的任务需求。因此，开发通用性更强、规模更大的人工智能模型成为行业重点研发方向，人工智能行业也开始从"大炼模型"走向"炼大模型"时代，然而大模型的训练对算力的需求是中小企业难以承受的。前文已提到，以 GPT-3 为代表的大模型，单次训练花费的成本都是千万美元以上，这在多数传统企业面前已经是天文数字了。此外，深度学习往往被称为"黑盒"，其原因在于人工神经网络结构的层级多而复杂，在模型的输入数据和输出结果之间，存在着无法洞悉的"隐层",深埋于这些结构底下的零碎数据和模型参数,蕴含着大量难以理解的代码和数值,这使得 AI 的工作原理难以被清晰解释。而在复杂的应用场景中,用户对于模型算法的稳定性和可解释性需求不断提升,往往希望可以由"果"推"因",然而深度学习模型除了归咎于输入数据的质量问题,好像也别无他法。算力成本持续走高,模型稳定性、可解释性存在问题,都在一定程度上造成了 AI 应用在传统企业落地的难题。

二、AIoT 在传统企业中的应用路径及建设规划

受限于技术发展,AIoT 在产业侧的落地应用有其特定的发展阶段。从产业需求侧来看,企业 AI 应用的场景需求呈现由浅至深的演变,先后经历了数据分析智能、语音视觉智能和认知决策智能三个阶段,数据分析智能主要以算法需求为主,AI 落地应用难度最低。近些年来,由于深度学习的理论突破将感知智能带入产业化应用阶段,语音视觉智能在产业侧也最为活跃,但是落地应用仍有相当难度;而认知决策智能受限于相关理论研究,目前并不具备产业规模化的应用条件。

从技术供给侧来看,企业 AI 应用的建设模式也经历了三个阶段:在人工智能第三次浪潮兴起的初期,以深度学习为代表的 AI 技术孤军深入产业侧,以解决某个特定领域的具体问题为目标,AI 在企业应用中呈现作坊式应用阶段;伴随云计算的普及,以及 AI 单一技术落地应用的复杂性和高门槛,云智一体、多技术协同的 AI 应用模式开始普及,AI 应用开始进入工程化阶段;随着 AI 价值在产业侧的逐

步释放，以及需求侧碎片化智能场景需求的爆发，基于 AIoT 的云边端一体化智能时代开始出现。AI 在企业应用中的三个阶段大致如下。

第一阶段，孤立作坊式离散泛在智能阶段。这一阶段的企业 AI 应用，呈现出以解决具体问题为导向的自由式、散点状应用模式，数据不汇聚、算力不集中、模型作坊式或外包式开发，标注数据和模型不被认为是数据资产，各业务条线或成员企业各自从自身需求出发，独立寻求第三方 AI 或 AIoT 解决方案，而 AI 所扮演的角色，也不过是复杂项目中解决特定问题的特定技术或工具。从企业管理者的角度来看，这一阶段企业 AI 的应用，看似呈现泛在智能、欣欣向荣之势，实则离散混乱、自由散漫，技术使用不成体系，平台工具独自建设，数据资产浪费严重，成本投入高且重复，而数据标注、模型训练的外包，势必也为企业带来数据泄露和安全等潜在风险。整体而言，企业在第一阶段的 AI 应用，更多是脱离云端，边端独立、缺乏管理的离散自由式智能应用。

第二阶段，以云为中心的云智一体云端全栈智能阶段。这一阶段的企业 AI 应用，在经历了第一阶段离散自由式的应用后，AI 赋能产业的价值初步得到认可，同时产业侧也意识到作坊式 AI 落地应用的困难度和复杂性。部分企业开始跳出单一人工智能构筑的围栏，从数据这一核心要素资源出发，以数据采集、传输、存储和计算的全流程视角，综合应用人工智能、大数据、云计算和物联网等技术，以形成一体化的数字化转型和智能化升级解决方案，并以云计算为核心，开始进行 AI 工程化。而 AI 工程化的核心任务之一，就是践行云原生理念，以云计算平台为依托，实现智能应用解决方案全流程各环节的服务化和自助化，并在云端实现全栈智能，最大限度降低 AI 使用门槛和成本投入，将 AI 以云服务形式赋能实体产业。这一阶段的人工智能，横向上与云计算、物联网、大数据和区块链等技术融合在一起，纵向上实现了从数据采集、数据管理、数据标注、算力调度、框架算法内置，到模型训练、模型管理、模型发布和模型调用访问的全栈云端智能。第二阶段的智能应用模式，基本解决了企业 AI 能力的生产和管理问题，但是 AI 如何落地并赋能实体产业碎片化需求的问题，仍然未解决。

第三阶段，云边端一体化深层次协同泛在智能阶段。这一阶段的企业 AI 应用，是 AI 回归赋能实体产业初心的真正体现，也是 AI 与 IoT 真正结合的阶段。第三阶段与第一阶段的不同之处，在于此时的 AI 解决方案，是完全融入云计算技术体系、云网边端闭环一体化的智能解决方案，而非第一阶段的边端侧独立智能。企业在第二阶段完成 AI 的工程化之后，已基本实现企业 AI 能力在云端的生产和管理闭环，但是云端 AI 能力若要赋能碎片化的一线场景需求，则仍需演化至第三阶段，即通过 IoT 能力，将碎片化场景与云端互联，在实现端侧数据上行至云端的同时，将云端智能下放至边端侧进行智能推理，构建"数据上行、智能下行"的企业泛在智能格局。只有进入 AI 应用的第三阶段，才能推动 AIoT 在企业的真正落地，并实现企业智能由单点智能到全局智能的升级。这一阶段，企业在云端已汇聚大量数据和算力，而场景需求侧的边端设备通过 IoT 源源不断向云端汇聚数据，同时借助云端大量的数据和算力，工程化后的 AI 平台以低成本、高效率的方式持续不断地生产 AI 能力，并将 AI 能力通过 IoT 输送至碎片化的场景需求侧，企业内部"数据驱动 AI、AI 赋能场景"的智能化循环升级目标得以实现，面向全领域、全场景的企业深层次泛在

第六章 人工智能与物联网：万物觉醒，泛在智能

智能基础设施基本建立。

就现阶段而言，以云原生为代表的云计算技术已基本实现在各领域的普及，并已成为各行业数字化转型的基础设施。鉴于此，我们不再建议传统企业的 AI 建设规划或应用重蹈上述三阶段发展模式的覆辙，因为企业 AI 应用第一阶段，更多只是在特定技术发展大环境下存在的过渡阶段，已不再适合云原生时代的技术群融合发展及落地应用的思路理念。因此，对于企业规模较大或数据较为敏感的部分传统企业，我们认为应该直接迈入 AI 应用第二阶段，以云智一体为目标启动 AI 工程化建设，将全栈 AI 能力以云服务形式赋能企业智能化建设。而中小企业或数据敏感度不高的企业，可以在充分利用公有云端 AI 能力的同时，直接迈入 AI 应用第三阶段，以 AIoT 融合发展的智能物联网为建设目标，侧重贴合场景需求侧的自身 IoT 能力建设，以实现企业云边端一体化的泛在智能格局。接下来，我们将重点介绍企业 AI 应用第二阶段和第三阶段建设的主要原则和整体思路。

（一）企业 AI 应用建设第二阶段

在企业 AI 应用过程中，AI 能力的生产、运用和管理是最为核心的三要素，也是最为复杂和难以落地应用的环节。AI 能力的生产涉及大规模的数据标注、自主模型开发，以及第三方各类框架模型采购等环节；AI 能力的管理涉及全生命周期的样本管理、模型服务管理，以及算力资源和分布式智能设备的管理；AI 能力的运用则包括模型在云端 GPU 服务器上的部署，以及各类异构边缘终端设备的部署等方面的工作。在企业 AI 应用第一阶段，由于缺乏系统性、工程化的人工智能平台，AI 应用三要素主要采取离散作坊式建设模式，致使

企业 AI 应用落地面临较大挑战。AI 能力生产方面，经常面临人才稀缺，人工成本高，数据标注困难、标注工作量大，框架搭建难，算法门槛高，缺乏模型自主构建能力等痛点；AI 能力管理方面，面临着不同厂商提供的不同种类、不同框架模型文件，以及样本数据缺乏统一管理和跨层级、跨组织间共享，且服务发布缺乏统一管理和运行监控等问题；AI 部署运用方面，面临着不同 AI 框架生产的异构模型，难以在碎片化终端推理架构上部署实现等问题。

AI 应用第一阶段落地困难重重的根本原因，在于 AI 技术和工具本身的碎片化、供给侧厂商的碎片化，以及用户需求场景天然的碎片化。企业第一阶段的 AI 应用，多以项目外包制和定制化解决方案实现，是典型的"小作坊、项目制"的赋能方式。对于承包商而言，人力交付成本很高，方案可复制性不强，新客户新场景下需另起炉灶，盈利空间一再压缩；对于企业用户而言，AI 项目彼此之间独立定制化实施，可复制性差，数据模型资产无法沉淀、不能共享，人才技能培养不出，碎片化高成本投入难以持续，智能化升级最终浅尝辄止。另外，即使部分企业具备模型开发能力，往往也因为缺乏成熟完善的工具和框架，使得开发效率受到极大限制。现阶段的 AI 框架，大多重性能而轻易用性，导致框架部署和使用都较为复杂，且大部分框架都存在场景覆盖不足、功能尚不完善等问题，企业开发者在生产 AI 能力时，一半以上的精力和时间全耗在框架的研究和部署使用上，使得 AI 能力的生产效率极其低下。因此，无论是从厂商角度出发，还是从用户现实角度考虑，都需要将 AI 进行工程化、平台化、服务化建设，构建企业 AI 能力的生产和集中化管理平台。将 AI 能力的生产以极简方式进行流水式生产，将 AI 能力的管理由单点提升至横向全流程、纵向全场景的一体化管理，让 AI 能力的运用跨越供需双方均存在的碎片化鸿沟，构建 AI 能力"平台流水式生产，智能泛在化运行"的企业 AI 应用格局，也即企业 AI 应用的第二阶段。

在新技术的持续探索和落地应用过程中，如何将碎片化的技术进行工程化整合，直接决定了新技术能否快速赋能各行各业，以及响应多样化需求的能力。事实上，AI 赋能产业本身是一个非常系统的工程，企业首先需要在基础资源、机器管理、分析工具、配置管理、流程管理、监控等与基础设施相关的多个方面都投入大量精力和时间。其次，AI 能力本身的开发流程又包括数据获取、特征提取、模型选择、模型评估、模型部署、推理服务等一系列环节。AI 能力的落地，往往核心算法的开发和调优只占据一小部分工作，而前期的基础设施资源准备，数据的获取、标注、处理，以及后期的模型部署和实施则占据了企业绝大部分的成本投入和精力。

而所谓的 AI 工程化，则是指参考工程学理念，系统性建设和应用 AI 能力的方法。其本质是充分利用云计算基础设施能力，将 AI 能力全生命周期所需的全部基础设施全面云化、服务化，充分利用云资源按需使用能力，最大化利用资源、调度资源和管理资源，将 AI 对资源的需求全面弹性化按需供给。与此同时，以云平台为基础，实现 AI 与物联网、大数据的全面融合，构建 AI 云端一站式服务平台，从而彻底打破算力资源、数据资源对 AI 应用的桎梏。此外，针对 AI 能力开发中涉及的技术碎片、环节众多、门槛较高、框架杂乱、标注困难等问题，应以技术工程化思维为核心，在每个环节中均融入以开发者为本的极简设计理念，实现全流程端到端的高效能开发支持，构建企业面向 AI 开放生态、简洁易用和高效能的 AI 能力生产流水线。

最终,以云智一体和智能平台化的架构设计理念,全面解决针对 AI 能力三要素(算力、算法和数据)的高效供给问题(如图 6-7 所示)。

事实上,人工智能技术从理论创新、技术突破、到工程实现,仍然还有很多想象空间与未知领域需要业界探索实践,企业在建设面向未来发展趋势的 AI 平台(AI 应用第二阶段建设)时,应重点关注"云智一体、智能平台,灵活自主、效能提升,智能资产、开放共享"三个核心要义,从企业顶层进行统一规划和建设,基于云原生技术体系,构建符合"平台流水式生产,智能泛在化运行"的企业未来智能应用基础设施平台。基于上述考虑,我们认为企业 AI 应用第二阶段的建设,应重点从以下几个方面进行考虑。

1. 云智一体,智能平台

云原生时代,任何技术软件的工程化,必然都离不开云原生技术体系。云原生技术的最大优势在于,向上屏蔽碎片多样化的软件技术栈,向下屏蔽异构多元的硬件架构,同时将其对上、下层碎片化软硬件的标准化屏蔽能力外延至边缘侧。在 AI 第一阶段的应用中,软件框架和算力资源的供给部署耗费了 AI 落地应用一半以上的时间,同时也是 AI 能力的生产、管理和运用效率极其低下的根本原因。

云智一体、智能平台的建设,核心在于围绕"算力芯片 +AI 框架"的人工智能产业主体技术路线,以云化和工程化思维解决 AI 落地过程中,包括算力芯片碎片化、开发框架碎片化,以及 AI 开发和模型管理工具碎片化等技术碎片化的难题。在算力芯片层面,以云原生技术为基础,纵向从云边端异构 AI 芯片、AI 服务器、AI 容器到 AI 开发平台,做到全方位、集中式、一体化、弹性按需的 AI 算力管理;在 AI 能力开发框架和管理层面,以 AI 开发者和模型资产

第六章 人工智能与物联网：万物觉醒，泛在智能

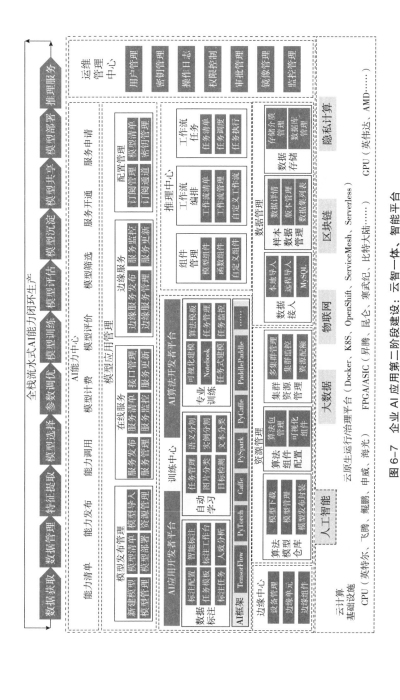

图 6-7 企业 AI 应用第二阶段建设：云智一体、智能平台

为中心，横向从数据获取、数据管理、特征提取、模型开发、模型评估、模型部署、推理服务（云端推理和边缘推理）到资源管理和运维监控，做到模型生产全流程的云化服务、高效衔接、极简易用、可视可管。以实现异构算力芯片和主流 AI 开发框架的统一为目标，构建开发框架与底层硬件解耦的 AI 平台，实现底层异构算力芯片与中间层开发框架的自由组合，并将上层模型无差别运行在云边端异构算力芯片上。以集成化、集中化和一体化的 AI 工程化理念，实现围绕 AI 能力的生产、管理和运用所需碎片化资源、工具和技术的内化集成，打造内部软硬异构包容并蓄，外部整齐划一差异屏蔽的智能平台。

最终实现异构算力资源的动态按需调度与管理、主流 AI 框架的统一和 AI 能力的流水线式生产，以及模型在云边端异构芯片上的无差别自动部署和智能应用的全方位运维监控，让企业智能化升级的工作变得"智能"，并用云原生技术和工程化的理念将这项工作的全生命周期闭环在云端 AI 平台上。

2. 灵活自主，效能提升

人工智能应用场景碎片分散，并且多与业务逻辑紧密结合，模型的场景定制化开发，已成为 AI 落地应用的常态。根据业务场景对需求进行定义，也是 AI 算法模型开发成功的基础。从实际情况来看，现阶段 AI 落地应用中，超过八成需求都需要根据实际场景进行定制，基本不存在能满足所有需求情况的通用 AI 模型。因此，对企业而言，根据自身个性化需求，自力更生进行模型定制化开发，将是未来企业智能化转型升级过程中的常态。而 AI 应用第一阶段"小作坊、项目制、外包式"的智能化建设模式，不具备低成本、规模化推广的基因，注定不可持续。

然而当下AI产业脱节严重，"懂需求的人不懂算法，懂算法的人不懂硬件，懂硬件的人不懂需求"基本成为业界潜在共识，如何实现场景驱动的算法开发，降低算法门槛，让懂需求的人成为开发者，高效开发出满足个性化需求的模型，这是任何AI平台最核心的竞争力所在。事实上，企业在AI平台建设前，应明确并清晰地对AI平台进行用户定位。从多数传统企业的实际情况来看，我们认为AI平台的用户至少应分为两个层级，即一级开发者和二级开发者。一级开发者指数据科学家、算法工程师等以算法开发和模型训练为职业的专业AI开发者；二级开发者指以企业一线业务人员等以解决具体问题为导向的非人工智能从业者，或者零基础开发者。一级开发者侧重共性理论算法模型的实现，二级开发者基于已实现的共性算法模型，通过特定场景数据的输入，以零代码开发模式快速得到解决特定场景问题的模型。因此，我们认为传统企业AI应用第二阶段的建设，必须高度重视灵活自主与效能提升两大核心能力，企业级的AI平台应既能提供全功能开发模式以满足资深研发人员模型调优、产线建模等开发需求，又能提供零门槛开发模式以满足一线业务人员采集上传样本数据即可自动生成模型的需求。在面向不同层级使用者时，要让开发者有灵活自主的选择权，既要面向专业人员提供极致全功能，以开发者为中心的AI开发平台，又要面向零基础业务人员提供极简易用，以场景需求为中心的拖拉拽式AI开发平台。

最终实现AI能力生产线的高低灵活搭配，以一线人员"自己动手，丰衣足食"的原则，解决AI场景需求碎片化的难题。与此同时，重点关注与应用场景相配套的流程工具建设、积累和应用，面向各类垂直领域和细分场景构建一系列配套的组件、算法和工具，帮助企业建立以场景为导向、业务应用为前提的 AI 开发基础，让企业多样化、碎片化的 AI 需求得以高效定制和开发实现。

3. 智能资产，开放共享

人工智能在传统企业的早期落地应用中，通常被认为是解决特定问题的技术工具，而 AI 能力往往与其他技术或工具一起被集成至复杂项目中，其本身并没有系统性的生产和管理需求。项目结束或问题解决后，AI 能力的应用随之结束，不会留下任何的样本数据资产或模型资产，如果另有场景对 AI 有需求，则依"项目制"从头再来。就事论事，按需采购或外包的 AI 落地应用模式，建完即清场，如雁过无痕，对企业而言，沉淀不下任何可供共享的智能资产，企业需求越多、时间越久、场景越是碎片化，则智能化转型升级的成本投入和损失就越大。

在 AI 应用落地的第二阶段，企业需要重视"需求建设→资产沉淀→能力共享"正向循环的 AI 落地应用模式。当下，高质量样本数据的缺失，已成为 AI 在传统企业落地应用的关键挑战之一，因此企业内部跨层级、跨板块、跨领域的共享样本库建设，同时通过 AI 场景需求的实现，不断积累、沉淀高质量样本数据，将是传统企业智能化转型升级顺利开展的关键。此外，传统企业场景需求多样化，如果碎片化独立场景下的模型需求均要从零全栈开发，那么即使再灵活自如和低门槛的 AI 开发平台，也难以满足泛在智能时代的场景需求。因此模型共享库的建设与管理至关重要，基于存量共享模型的开发优化，甚至直接模型复用，将会极大提升 AI 落地效率和降低落地成本，而这一效益的体现往往与企业规模呈正比。

样本数据和智能模型作为 AI 应用落地中最核心的智能资产，一定程度上直接代表了传统企业的智能化程度，因此智能资产的持续沉淀与开放共享，必须贯穿企业 AI 应用的全过程。而作为智能资产开放共享的具体实现，企业可构建面向终端用户的 AI 集市，并将其打造为企业沉淀的 AI 能力、模型和样本等智能资产、共享和管理门户，最终形成企业的 AI 能力中心。

（二）企业 AI 应用建设第三阶段

企业 AI 应用建设第二阶段，重点在于构建以"云智一体"为核心的 AI 基础设施平台，基于云原生技术体系进行 AI 工程化，解决人工智能碎片化的技术分支和软硬框架异构多样化等问题，实现企业 AI 能力的生产、管理和运用的集中化和极简化，提升从算力、数据、模型到上层应用的普惠性、兼容性、敏捷性、经济性和高效性，打通 AI 全链路管理能力，打造企业智能中台，助力企业云端数据智能的实现。而企业 AI 应用第二阶段的问题，在于产业 AI 的核心诉求并非云端智能，而是云边端泛在智能。智能应用在产业侧的发展主要经历了计算/数据智能、感知智能、认知智能的阶段，而企业 AI 应用第二阶段的云端智能，则主要以满足企业计算/数据智能需求为主。例如在典型的云端智能化场景中，生产线上的设备采集大量数据并汇聚至云端，而后基于云端 AI 能力产生各种智能化决策依据并返回产线控制台，进而实现对工厂整体运行效率的影响。

但是，随着产业互联网和物联网技术的兴起，以及深度学习算法在感知智能领域的突破，企业智能化转型升级开始渗入生产一线，以音视频为代表的感知智能开始成为产业智能转型升级的刚需，而感知智能在产业中的落地应用形式，由于连接时效性、数据私密性和网络传输成本等的考虑与要求，基本以边缘智能和端侧智能为主，以云端智能为主的企业 AI 应用第二阶段，难以释放覆盖全域边端碎片化场景需求的智能，也难以满足云边端智能协同和泛在智能时代下广域智能协同化、一体化和中心化管理的诉求。事实上，云端 AI 智能的成熟应用，已催生出"网联化"+"智能化"的交叉融合，云计算、物联网、边缘计算和人工智能已形成企业数字化转型和智能化升级的核心"组合拳"：AI 寻求 IoT 来拓展新的应用场景和数据养料，IoT 寻求 AI 来增强网联化、扩大应用边界和数据价值实现，而云计算与边缘计算正成为 AIoT 落地赋能的基础设施和载体。单纯的云端智能（AI 赋能）和简单的设备连接管理（IoT 赋能）已无法满足智能联网时代下传统企业产业互联网转型升级的诉求。因此 IoT 从一个面向设备连接管理的平台演进到全面融合 AI 技术的 AIoT 平台，以及 AI 从一个云端智能的生产、运用和管理平台演进到全面融合云边端物联设备的 AIoT 平台，是技术自身融合演进和场景需求双重驱动下的必然结果。因此，技术自身发展的演进趋势和产业转型升级的诉求，均在驱动企业 AI 应用进入第三阶段，即云边端一体化深层次协同与泛在智能阶段，也是云端智能向云边端智能迁移的阶段。

企业 AI 应用第三阶段，更多聚焦于 AI 能力在产业一线的落地应用与赋能，而非第二阶段的 AI 能力生产与管理。因此，企业 AI 应用第三阶段的建设，应侧重于两大能力的完善：一是云边端一体化智能基础设施的建设与管理，实现 AI 能力在软硬异构框架基础设施上的统一部署、运行和监控管理；二是云端智能的下发运行与边端数据的上行汇聚，构建企业"中心训练，边端推理"的泛在智能格局,形成企业数据上行与智能下行之间的数智闭环(如图6-8所示)。

1. 云边端一体,层级智能物联分布式基础设施

从AI与IoT各自行业的落地应用困境来看,AIoT的背后是两个碎片化行业的叠加。因此,企业AI应用第三阶段AIoT的建设,首要目标便是构建一体化统管的云边端异构基础设施,将AI与IoT背后的碎片化技术进行整合,结合云计算和边缘计算技术,基于云原生技术体系构建横跨云边端异构基础设施的分布式智能应用运行时,实现云边端智能应用基础设施从下至上中心化、一体化的云端集中管理,将企业智能基础设施从"云智一体"演进为"端边云智一体",为后续智能应用的按需安置建立无差别的运行环境和基础设施。

在具体的AIoT实现层面,尤其对于大型传统企业而言,考虑到企业层级架构和产业板块的复杂性,以及业务布局在地域空间上的广泛性,企业云边端基础设施往往呈现出多级分布式架构。例如在工业制造、港口码头等涉及低时延控制的领域,企业很难通过云端IoT平台,实现对广域空间范围内全部终端设备的接入和控制场景需求的覆盖。因此,多数传统企业的数字化基础设施通常由中心云、边缘云和终端设备层组成,而对应的IoT平台布局也呈现出层级分布式格局:首先是位于总部中心云端的最上层,面向企业全局常规性物联设备需求的一级IoT平台;其次是位于各产业板块边缘云侧,面向企业低时延场景的二级IoT平台;部分场景下,还将存在面向超低时延场景、位于产线车间内的边缘节点三级轻量IoT平台,最后才是位于业务最前沿的智能终端设备。而与其对应的智能应用,则可分为云端智能、边缘侧智能和终端设备智能。如此多层级、分布式的智能物联AIoT

融合：产业数字化转型的十大关键技术

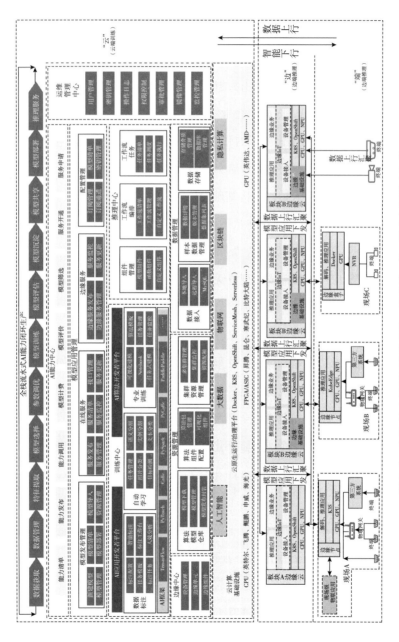

图 6-8　企业 AI 应用第三阶段建设：云边端一体、数上智下泛在智能

346

基础设施，势必要求企业进行整体规划，构建云边端一体化的层级智能物联分布式基础设施。

整体而言，在底层硬件基础设施层面，应实现软硬异构框架的统一，包括中心云训练/推理服务器、边缘云推理服务器、智能终端嵌入式推理设备或盒子在内的云边端异构 CPU、GPU、ASIC/FPGA 等算力基础设施，以及云端训练框架和边端推理框架的全面兼容与支持，使得应用软件和智能应用在云边端基础设施上自由安置部署，而不受软硬异构框架的差异性影响。在中间运行时层面，应构建以云端 Kubernetes 集群、边缘 K3S/SuperEdge/OpenYurt 集群、终端设备或节点 KubeEdge/Docker 运行时为核心的云原生技术体系，实现分布式云边端异构基础设施和运行时的统一管理，以容器镜像作为全部软件应用的分发和运行载体，实现任意智能应用的云端开发、集中管理和统一分发，并可自由无差别地运行在底层异构软硬件云边端基础设施上。在上层应用软件层面，IoT 平台能力组件应可自由组合解耦，并在云边端不同层级基础设施和场景需求下实现 IoT 能力组件的逐层递减式组合，以云端整体赋能、边侧接入管理、终端接入能力为主线，构建功能逐级递减、应对差异化场景需求的层级分布式 IoT 能力，并在云端实现泛在数据和设备的中心化汇聚与管理；与此同时，为实现分布式底层异构基础设施的中心化监控与远程运维管理，应实现边端侧异构基础设施运行态数据的标准化采集与上报能力，构建边端设备泛在分布式运行、云端中心化监控管理的一体化云边端基础设施格局；在 AI 智能应用层面，则以云端模型共享仓库为中心，以模型转换能力适配差异化边端推理框架，形成云端中心下发、边端分布式推理运行的智能应用落地模式。

2. 数上智下，中心训练边端推理泛在智能应用

在企业 AI 应用的第一阶段，即零散的"作坊式、项目制"AI 赋能阶段，企业 AI 与 IoT 处于割裂状态，基本不存在云边端协同概念，数据的采集传输和智能的部署运行基本以手工为主，数据和数据驱动的智能应用之间属于分裂的两个环节。在企业 AI 应用的第二阶段，即云端数据智能阶段，企业 AI 与 IoT 在数据层面开始融合贯通，但是企业云边端协同主要以基于 IoT 的数据采集上行为主，而云端下行数据主要以控制数据流为主，云端 AI 平台对智能应用的生产，仍然未与 IoT 数据采集传输流实现完全的闭环，云端智能应用也未实现基于云边端协同的自动下发，数据与数据驱动的智能应用依然是两个分裂的环节。

在企业 AI 应用的第三阶段，即 AIoT 智能网联与泛在智能阶段，企业 AI 能力不仅要能在云端进行集中式、极简化、标准化、流水线式的生产，而且还需要在云边端多样化、碎片化、异构化的智能应用基础设施上，实现自动化、标准化的推理运行和一体化的管理。同时云边端智能应用生成的数据，又能再次通过 IoT 能力循环上行传输至云端，并在云端以更高质量数据的形式再次驱动 AI 能力生产流水线，迭代输出更高精度的 AI 能力模型。而输出的高精度模型借助云边端协同能力，周期性地对运行在云边端的智能应用进行反馈式滚动升级，最终构建出企业广域空间内覆盖全场景的"数据→智能→更高质量数据→更高精度智能"闭环驱动，以及持续更新的抗熵增智能网联系统。

企业 AI 应用第三阶段的终极形态，将是迈向"数据上行、连接万物，智能下行、万物觉醒"的泛在智能时代。为此，企业必然需要

第六章 人工智能与物联网：万物觉醒，泛在智能

将泛在连接、实时感知的 IoT 能力，以及云端训练、边端推理的 AI 能力进行全面的融合。通过 IoT 无处不在、嵌入一线的感知触点，以及边缘算力的分析预处理，为云端 AI 平台持续不断输送数据养料、沉淀样本数据。而云端 AI 能力中台，则贯穿数据准备、模型构建、模型部署、应用构建四大核心主线功能，面向业务开发人员和算法开发者，分别以低门槛点选拖拉模式和全功能交互式可视化模式，提供数据样本采集、样本标注、模型训练、模型压缩、模型转换、模型优化、模型发布等能力，将自主定制开发和第三方模型针对碎片化的异构云边端软硬框架进行适配转换，并形成模型共享仓库。通过云端智能边缘平台或边缘应用中心，提供"以应用为中心"的边缘应用开发、编排和部署能力，并形成应用版本管理与封装的镜像共享仓库。最后，基于云边端一体化、中心化管理的层级分布式智能物联基础设施，以云原生技术体系为支撑，借助 AIoT 的连接通道能力，以云端共享应用及模型仓库为中心，实现广域空间内企业多层级、云边端智能应用及配套业务应用的下发部署与隔空升级，将云端 AI 能力全自助延伸至边缘，构建企业覆盖云边端全业务场景"数上智下""中心训练与控制，边端推理与运行"的泛在智能落地应用格局，实现企业广域空间内数据采集与中心云端智能生产的正向循环与闭合，通过数据的上行和智能的下行，立体化唤醒企业"点（设备层）""线（产线层）""面（业务板块层）""体（企业层）"沉睡在信息化时代的数据价值，持续驱动企业由数字化转型向全面智能化升级的变革演进。

本章小结

半个多世纪以来，人工智能大起又大落，伴随产业界的希望与失望前行至今。现阶段，AI 比历史上任何时期都要更广泛地应用于生活消费及产业互联网中，但是即使以深度学习为代表的 AI 在产业应用中已实现比过往任何时期都要重大的突破，现今我们仍然处于弱 AI 阶段，而通用智能或强 AI 何时到来，至今依旧是一个未知数。AI 替代人类劳动的革命尚未成功，以物联网、云计算、大数据、区块链为代表的后起之秀却已然成势。伴随全社会数字化转型的推进和智能化升级的进行，以物联网和人工智能为代表的 AIoT 融合发展技术被寄予厚望，业界希望通过 AI 与 IoT 的结合，一方面解决数据驱动的 AI 在产业落地中样本数据缺乏、场景需求碎片化等困境，另一方面解决 IoT 数据汇聚价值难现等问题。同时，希望将 IoT 泛在连接和感知万物的能力，融入 AI 赋智万物的目标中，构建全社会"数据上行、连接万物，智能下行、万物觉醒"的泛在智能时代。事实上，无论是经历了半个多世纪的 AI，还是发展了近三十年的 IoT，相比云计算的成功，AI 和 IoT 在产业侧的落地应用目前仍旧困难重重。无论是从供给侧行业巨头的缺失，还是从需求侧怨声载道的诉求来看，AI 与 IoT 的发展都还有很长的路要走。这其中，技术本身的碎片化、场景需求天然的碎片化，以及供应链各环节、供给侧各参与企业的标准碎片化，都是造成 AI 与 IoT 落地困难的根本原因。

在本章中，我们首先深入分析了 AI 与 IoT 技术的发展背景，以及现状困境背后的深层次原因，随后介绍了 AIoT 在当前企业数字化转型与智能化升级中所面临的机遇与挑战，并就 AIoT 在传统企业中的应用落地，提出了三阶段建设发展的路径规划，同时对企业 AI 应用第二阶段和第三阶段的应用建设方案，给出了原则性和方向性的建设指导意见，以帮助传统企业构建出既能满足当下智能应用落地需求，又能面向未来泛在智能时代的 AIoT 先进架构。

第七章

区块链与隐私计算:信任基建,价值流通

全球化 1.0 版本的主要动力是国家，2.0 版本的主要动力是公司，那么 3.0 版本的动力来自个人……能够让个人自由参与全球竞争的不是马力，也不是硬件，而是软件和网络。

——托马斯·弗里德曼（Thomas L. Friedman）

区块链是一种分布式网络数据管理技术，其利用密码学和分布式共识协议保证网络传输与访问安全，并实现数据多方维护、交叉验证、全网一致和不易篡改。区块链让信任经济成为可能，并开创了一种在不可信的竞争环境中低成本建立信任的新型计算范式和协作模式，其正在加速构建新一代价值网络和契约社会，并已逐步成为数字经济时代的通用信任基础设施。当前阶段，区块链正脱离"币圈"走向实业，由虚向实，并逐步进入工程化发展成熟期，区块链应用正在向垂直领域延伸，从小切口应用向规模化转变，区块链与实体经济加速融合，应用边界不断扩展，"区块链+"正在成为产业数字转型的标志。此外，伴随数据作为重要生产要素的确立，以及数据要素市场化的推动，数据资产的可信安全流通成为大数据行业急需解决的难题，区块链和隐私计算的组合，为我们提供了数据本身不用交换前提下实现数据价值共享的技术路径和解决方案，实现了数据在共享过程中价值挖掘与隐私保护之间的平衡，正逐步成为数据要素市场化时代下数据可信安全流通的基础设施服务。

作为正在兴起的前沿技术，尽管区块链和隐私计算及其相关的配套服务仍在持续迭代和发展之中，相关产业应用也仍未实现规模化普及，但是区块链和隐私计算所表现出的在未来数字经济时代中的潜力和战略意义，又使得每个数字化转型企业都无法置身事外。但是，对于大部分传统企业而言，如何从解决问题的实际角度出发，更好地理解区块链和隐私计算及其背后的底层逻辑，展望未来的 Web3.0 和以元宇宙为代表的下一代互联网，按策略分阶段地构建数据可信安全流通的信任基础设施，是在正式进入未来数字经济时代前急需解决的问题。在本章中，我们将对产业区块链和隐私计算及其背后的逻辑进行深入分析，同时对当前以区块链为基础的新经济系统进行剖析，并尝试给出区块链和隐私计算在传统企业应用中的策略与路径。

第一节 区块链与隐私计算内涵概述

一、区块链及其概念

区块链是由分布式数据存储、点对点传输、共识机制、加密算法等多种传统计算机技术构成的新型应用模式或多技术应用综合体，并非用以解决某类特定问题、提升生产效率的新型革命性技术，其具有去中心、去信任、集体维护和可靠数据库等特性，区块链的核心价值在于提升多中心的协作效率,包括去中介、提升多方信任、数据不可篡改、可追溯、可审计等。尽管当前的区块链技术仍然很不成熟并在持续发展中,但是区块链作为一种在不可信的竞争环境中低成本建立信任的新型计算范式和协作模式,凭借其独有的信任建立机制和跨越全球的自由协作机制,正在改变诸多行业的应用场景和运行规则,是未来发展数字经济、构建新型信任体系不可或缺的技术之一,因此受到世界各国和各个行业的极大关注。

狭义地说,区块链是一种将数据区块按照时间先后顺序依次连接而成的特定数据结构,并采用密码学技术保证区块数据不可伪造和不可篡改的去中心化共享账本;广义地说,区块链是通过加密链式结构验证和存储数据、利用分布式一致性算法生成与更新数据、使用智能合约来编程及操作数据的一种去中心化基础结构与分布式计算范式。

从数据存储角度来看,区块链是一种几乎不可能被篡改的分布式数据库,这种"分布式"不仅体现为数据的分布式存储,也体现为数据的分布式记录。其可以生成一套记录时间先后、不可篡改、可信任的数据库,这套数据库以去中心化方式存储,以数学算法和密码学进行安全保障。

区块链通常也被认为是继大型机、个人电脑、互联网、移动互联网后计算范式的第五次颠覆式创新,其去中心化和互信机制,被寄予继互联网后重塑人类社会活动形态的厚望。同时,区块链技术也是人类信用进化史上继血亲信用、贵金属信用、央行纸币信用之后的第四个里程碑,是构建社会信任的新基建,有望将人类社会从目前的信息互联网迁移至价值互联网时代。区块链最初、最成功的应用便是比特币(区块链 1.0),随后区块链在数字货币和金融领域被广泛接受和应用（区块链2.0），现阶段的区块链正脱离"币圈"，开始服务于物流、供应链、存证、溯源、数字内容等产业领域（区块链3.0）。

虽然当前已进入区块链3.0阶段（产业区块链），但是行业里关于区块链的介绍和讲解仍然以概念和畅想为主，更多停留在阐述区块链的未来及其所描绘的乌托邦，诸如区块链可以做什么和区块链未来是怎样的文章比比皆是，而介绍产业区块链应该如何去做和如何落地实现的文章却是凤毛麟角。

对于现阶段的传统企业而言，要实现区块链的价值应用和业务创新，则至少需要有三个方面的理性认知：一是区块链具有改变社会经济运行现状的潜质，其未来潜力毋庸置疑，但是现阶段的区块链技术仍不成熟，正经历脱虚向实阶段；二是区块链是生产关系而非生产力，区块链的核心并非革命性技术，而是对现有世界观和价值观的颠覆，不要指望单一的区块链技术可以解决特定的业务问题，区块链必须结合代表先进生产力的其他技术共同使用、共融共生；三是结合场景辨别区块链的能与不能，并非所有场景都适用区块链技术，不能"为了区块链而区块链"。

二、隐私计算及其概念

隐私计算是指在保证数据提供方不泄露原始数据的前提下，对数据进行分析计算的一系列信息技术，通过数据所有权和数据使用权的分离，实现数据在流通与融合过程中的"可用不可见"，让数据不动而价值流动。隐私计算并不能被简单归属到某一个学科领域，其是一个融合了密码学、安全硬件、数据科学、人工智能、计算机工程等众多领域的跨学科技术体系，包含了多方安全计算、联邦学习和可信执行环境等不同的代表性技术方案。

从应用目的来看，一方面，隐私计算可以增强数据流通过程中对个人标识、用户隐私和数据安全的保护；另一方面，隐私计算也为数据的融合应用和价值释放提供了新的解决方案[①]。隐私计算在时下受到极高的关注并被普遍接受，并非单纯由密码学相关技术演进到一定阶段的结果，而是由市场的需求、技术的演进、法律和政策的推动综合作用而引发的现象，尤其是数据要素市场化以及个人信息保护法的出台，更是将隐私计算推至业务一线。隐私计算本身所涉及的密码学技术和相关概念在20世纪便已出现，但是隐私计算作为一个体系化的产业应用到数据领域要晚于区块链。

普遍认为2019年是隐私计算产业的元年。隐私计算的概念和技术在2019年得到普及并被市场认可后，在2020年开始了大规模的概念验证和试点部署，而伴随一系列数据保护法律与政策的推出，行业普遍认为隐私计算就是未来商业世界的刚需，隐私计算因此在2021年全面落地真实商业应用场景。事实上，机构间但凡有数据流通与协作需求，同时又有数据安全顾虑，则必然会有隐私计算的场景和诉求，而伴随数据作为生产要素被不断挖掘，这样的场景将无处不在。随着数据要素市场化的推进和世界各国对数字经济的重视，尽管仍需时日，但是隐私计算成为数据产业的刚需和即将爆发已无须质疑。

不论是在国内，还是国外，隐私计算的市场启动均由政府监管的实质性行动引发。大数据时代爬虫泛滥成灾，个人信息被无休止地非

---

① 中国信通院. 隐私计算白皮书（2021年）[R]. 北京：中国信通院，2021.

法滥用，且已严重威胁到社会公共秩序和民众生命财产安全，互联网时代明文数据无监管、任意抓取和非法滥用的盛宴在强监管下已走到尽头，隐私计算作为目前多方数据合规共享的解决方案，被推至数据要素市场化的舞台中央。同时，经过学术和产业界多年的努力，包括多方安全计算、可信执行环境、联邦学习在内的隐私计算领域主流技术，已逐步达到基本可用状态。需求、技术和日趋严厉监管政策的合力，迅速将隐私计算推至以金融为首的各个行业，并对各行业产生了深刻影响。

对大数据行业而言，隐私计算将重塑整个行业，并成为大数据行业数据处理合法化的刚需。我国《数据安全法》强调，产业需要平衡数据安全与应用发展，而隐私计算将成为平衡的关键技术支点。一方面，隐私计算搭建各类数据隐私协作基础，降低数据泄露风险、杜绝明文数据留痕造成的价值递减风险；另一方面，随着数据流通的安全化，以往较为敏感的数据领域逐渐开放，数据要素流通和跨行业协同成为常态。对于人工智能领域，以联邦学习为代表的隐私计算可以为AI建模提供多样化的数据资源，人工智能有望突破数据瓶颈，开启新一轮增长。当然，对于那些产生大量数据，而又迫切需要数据交换与融合应用的领域，如金融、医疗及政务等领域，隐私计算也将带来深刻影响。

此外，作为助推隐私计算的东风，区块链与隐私计算的结合，可以建立更大范围的数据协同网络，将构建起数据流通的信任基础设施，数据要素市场化和数字经济的底层运行架构有望在隐私计算和区块链的协同应用下，以数据自由流动、合规共享、开放融合的方式健康可持续地运转起来。

因此，区块链和隐私计算的融合应用，将会是本章重点关注和思考的领域，也是传统企业数字化转型中数据创新应用领域应该重点思考的方向，这个领域的突破，有望解决传统企业多年来内部板块协同困难、外部生态难以融入，纵向难以协同、横向无法合作等产业互联网转型的困境。

但是，我们也应该理性客观地看到，隐私计算和区块链都是新生事物，制约隐私计算规模化应用的计算性能，速度最快的耗时也是明文计算的3~5倍，速度最慢的耗时则达到明文计算的上百倍，尽管业界在加密算法、专用硬件、数据特征等领域做出了极大努力，但是隐私计算的性能仍在不断优化中。因此，对于传统企业而言，针对隐私计算和区块链，我们的建议是积极乐观，长远布局，谨慎前行。

第二节　区块链与隐私计算发展背后的底层逻辑

一、数学算法重构自由协作信任基础

在早期信徒的布道中，区块链通常被认为是人类重建通天塔的壮举。其典故源于《圣经》旧约的记载："洪水劫后，上帝以彩虹和人类定下约定，不再用洪水毁灭大地，此后天下人都讲一样的语言，都有一样的口音。而为了避免子孙再次离散，人类开始齐心协力，构建一座通往天堂的高塔——巴别塔，上帝发觉自己的誓言受到了怀疑，决定惩罚忘记约定的人类，于是将人类语言打乱，让人与人之间不能沟通，于是通天塔计划失败，人类最终各散东西、成为一盘散沙，繁华而美丽的巴别塔半途而废，最终坍塌。"语言不通，信任不存，是

导致人类社会无法协同的主要原因，如今的区块链，正是巴别塔倒塌之后，人类以数学文明为共识基础构建的协同世界，区块链的出现让人类看到了重建通向新世界"巴别塔"的希望。

区块链最有意义的价值，在于这是一种建立在数学文明之上的全新信任协作基础。在全球性、超主权范围和文化地缘的差异下，如何建立彼此之间的互信和协作，一直是人类历史文明面临的难题。而数学所表达的真理具有穿透一切隔阂的力量，因而也最具普适性，任何国家、语言、文化背景的人都可以在数学所传递的真理面前达成共识、建立信任和协作。而区块链的伟大之处，正在于其将数学和算法应用在不同身份地位和文化背景的组织和人之间，通过算法建立平等、去中心、点对点的高效沟通和信任机制，使得人类尽管语言不通、存在差异，依然能在数学与算法的协调下亲密协作。

在漫长的人类历史中，无论每个国家的宗教、政治和文化信仰是如何的不同，唯一能取得共识的正是作为基础科学的数学。因此，可以认为数学是全球文明的最大公约数，也是全球人类获得最多共识的基础。如果我们以数学算法作为背书，所有的规则都建立在一个公开透明的数学算法之上，则所有不同政治文化背景的人将能够达成共识，而区块链正是这一设想的伟大实现，区块链让数学文明的光辉走出基础科学的桎梏，普照每一个文明世界的人，构建起天下为公的无边界自由与价值协作交换世界。

就目前而言，互联网的出现从本质上解决了信息去中心化问题，但却无法实现价值交易的去中心化。随着区块链与云计算、大数据、人工智能等新技术新应用交叉融合，互联网从信息互联、人人互联向万物互联迭代创新，后工业时代基于信任中介进行交易契约的商业模式越发不适应全球数字经济时代"广连接、大协作"的发展诉求。而在纷繁复杂的全球体系中,要凭空建立一个全球性的信用共识体系,将是极其困难的事情,因为每个国家的政治、经济和文化情况千差万别,要实现不同国家的企业和政府完全互信,这几乎做不到。

这也意味着,无论是以何种形式的中心化信用进行背书,跨国之间的价值交换都将消耗巨大的时间和经济成本。而区块链技术正试图解决这一问题,以数学作为最大共识公约数,以算法作为背书,实现全球节点间的信用互联。区块链技术正成为构建全球信用体系的最佳方式,并逐渐成为"广连接、大协作"数字经济时代的信任基础设施。

二、生产力发展迫使生产关系改变

区块链运用基于数学算法的共识机制,在机器之间建立"信任"网络,通过技术背书来进行全新的信用创造,是数字经济时代传递信任和管理价值的关键。区块链本质上是为社会提供信任、解决"生产关系"问题的底层协议,正如TCP/IP是传统信息互联网时代中解决信息传递问题的底层协议。

但是TCP/IP协议强调的是以最快的速度将信息传播和复制到目标地址,是信息传递的网络,存在信任缺失和传输内容不守恒等问题。尽管TCP/IP协议栈在各种先进技术生产力的助推下带来了互联网的巨大活力和繁荣,但是互联网架构体系始终面临无法解决的安全信任框架缺失问题。

随着以互联网技术为代表的先进生产力快速发展,尤其是互联网技术对数字经济的重要影响，寻找解决信任问题所需的新一代生产关系已经刻不容缓。全社会急需将传统信息互联网时代的"生产关系"升级至适应价值互联网时代的"生产关系"，以解决数字经济中的价值守恒和信用问题，进而解决开展社会经济活动所需的跨实体信任问题。因此，以解决价值互联生产关系问题为核心的区块链正逐渐成为数字经济时代不可或缺的信任基础设施。

理解信息互联网为何必然会升级至以区块链为代表的价值互联网，可从生产力与生产关系的自然辩证法中寻找答案："生产力是生产关系形成的前提和基础，生产关系是适应生产力发展的要求建立起来的，是生产力的发展形式，它的性质必须适应生产力的状况。有什么样的生产力，最终就会有什么样的生产关系。当生产力发展到一定阶段，原来的生产关系再也容纳不下它的发展时，就迟早会引起生产关系的根本变革，使旧的生产关系为新的生产关系所代替。"

简而言之，区块链的出现和发展是传统信息互联网时代生产力技术发展到一定阶段后，旧有生产关系已阻碍数字经济时代先进生产力的持续发展而必然出现的生产关系变革，这种阻碍最明显的体现，就是信息互联网无法解决"广连接、大协作"价值互联网时代所需的信任传递和价值守恒问题。

事实上，外表光鲜亮丽的互联网，背后实则暗流涌动。互联网的初衷是实现扁平社会下的信息共享与公平，然而在云计算、大数据、物联网、移动互联网和人工智能等先进技术生产力的加持下，互联网的发展犹如脱缰狂奔的野马，诸多与其初衷背离的致命缺陷不断暴露。此外，互联网公司巨头化和数据汇聚中心化，巨头们以"免费"模式不断滚雪球式汇聚用户数据，再将从用户侧攫取的数据变现以构建垄断生态，哺育培养各类独角兽，掌握互联网话语权，裹挟弱势用户群体。随之而来的是数据资产的侵权滥用、市场公平竞争的缺失、个人隐私的频频泄露和巨头资本的无序扩展等有违互联网初衷和法治公平社会的现象。

近年来，国内外几大互联网巨头的数据泄露和被窃取事件，以及数据资产的所有权问题受到全球民众的高度重视并引起讨论。规范、共赢、参与者有其权益的诉求日益高涨，这意味着互联网的下半程必然要解决数据资产的所有权和安全性问题，没有规则约束、安全保障和信任担保，个人隐私泄露带来的生命安全和财产损失日益严峻。互联网无限制的复制拷贝和信息泄露已背离人类对生命财产安全追求的大方向，互联网的发展已到了全民警惕和反思的时候。

然而，正如乔治·吉尔德（George Gilder）在《后谷歌时代》（*Life After Google*）一书中指出："谷歌时代的本质是金字塔结构的中心化和被广告所粉饰的'免费'，这在很大程度上都是互联网中的三个架构层（安全、信任、交易）缺失所致的产物。"信息互联网时代安全、信任和交易三个架构层的缺失，本质上是信息互联网所对应生产关系的缺陷，这种缺陷伴随云计算、人工智能等先进技术的应用，越发不适应社会发展的需求，并已成为数字经济时代生产力发展的桎梏。

事实上，当先进生产力的发展推动社会进入数字经济时代，必然呼唤满足安全互信、价值互联、平等协作和可信交易等要求的先进生产关系的出现。而区块链技术可以用安全、信任、交易重建互联网，构建信任基础设施，将信息互联网重构为价值互联网，重塑适应当下云原生、大数据、物联网、人工智能、移动互联网等先进生产力技术融合发展所需的先进生产关系，塑造数字经济时代全新生产关系。

在数字经济时代，数据是生产要素，算力算法是生产力，而区块链是生产关系。理解区块链是解决"生产关系"问题的本质定位，能帮助我们正视并正确使用区块链技术。区块链不是生产力，解决不了生产效率提升的问题，其核心解决的是人与人之间的关系问题，区块链自身的算力、算法、数据等问题，依然需要 ICT 技术来实现。

因此，我们不应将区块链与人工智能等代表生产力的技术并列来看，单纯的区块链技术解决不了企业生产流程中提质增效的诉求和问题。区块链甚至不应被视为一项技术应用，而是应该把区块链的技术概念与物联网、大数据、人工智能、云计算等代表先进生产力的技术进行深度融合或搭配使用，才能最大限度发挥区块链的功能和作用，也才能利用区块链来解决今天我们所面临的一些问题和挑战。

此外，区块链也并非适合所有业务场景，如果某个业务场景中不存在生产关系的阻碍问题，仅需人工智能等生产力的投入使用就能实现效率提升，则也就无须牵强附会地引入区块链。否则，区块链很可能成为叠加在现有业务系统之上的累赘，变成"为了区块链而区块链"的做法。

三、数据流通驱动信息与价值解耦

互联网的大发展，为人类历史首次引入了可再生生产要素——数据，而数据生产要素的诞生，也迫使人类社会的生产方式和经济活动出现了根本性的变革，当前世界各国都极为重视的数字经济也正是在此背景下应运而生。客观上，数据是信息和价值的共生载体，也正因如此，数据要素的价值转移长期受制于信息本身固有的安全和隐私，无法实现自由流通，而数据流通与隐私安全的矛盾已成为当前横跨在世界各国数字经济面前的鸿沟。

近些年兴起的大数据和数据湖等概念和技术，也仅是提供了处理分析局部海量数据的工具和平台，本质上并未解决数据的流通交换和融合共享问题。纵观全社会各行业，应用上云和数据入湖并未带来数据的大融合，只不过是将"数据孤岛"变成了新的"数据群岛"。事实上，传统强制实施集中式大一统的数据整合和管理效果并不理想，因为阻碍数据价值交换和流通的根本原因，一直以来并不是横跨在数据之间的网络传输距离，而是数据作为信息载体本身所携带的安全隐私以及信息共享后可能的失控，而简单的数据大集中并不能解决安全和隐私问题，只是实现了数据从远程隔离到集中隔离的转换，简而言之，数据的强制集中解决不了数据的流通难题。

因此，如果不能以技术手段实现数据价值与信息的解耦，以及数据所有权和使用权的分离，那么我们也不可能走向真正意义上的大数据时代，而数据作为生产要素的价值发挥也将被阻隔。目前我们所谓的大数据，主要以信息构成的维度和组成的体量进行描述，即便如此，也仅是局部的、相对的大数据，而建立在大数据之上的价值流通，却是极少为人所提，究其原因，在于长期以来数据产业中一直未有切实可行的"数据可用不可见"方案来确保数据要素的安全流通。

区块链和隐私计算的出现及其在数据产业的应用，为数据生产要素的流通带来了全新的解决方案。区块链、隐私计算等新兴技术的结合，提供了一种在数据本身不用交换的情况下，实现数据价值共享的技术路径和解决思路，较好地实现了数据共享过程中的价值挖掘与隐私保护之间的平衡。

隐私计算主要解决数据共享计算中的数据隐私保护问题，区块链则侧重确保数据全生命周期管控，两者的结合为数据要素市场化提供了一套完整、严密的解决方案。区块链与隐私计算的结合真正实现了数据承载的信息与价值的解耦：区块链让数据承载的信息可见而价值不可得，并实现数据流通全程的闭环管控（数据确权、源头追溯、过程记录、不可篡改等）；隐私计算让数据承载的价值可交换而信息不可见，实现数据流通全过程中安全隐私的保护（通过多方安全计算、联邦学习和可信执行环境等实现"数据不动而价值流动"）。

具体而言，区块链为数据流通构建了可信的价值互联网，隐私计算将数据的价值与数据本身的隐私剥离，仅将数据的价值在价值互联网上流通交换，而携带数据隐私的信息仍然被留存在本地。

现阶段，世界各国对数据要素的保护不断增强，数据确权和数据隐私已然成为数据产业不可回避的问题。欧盟《通用数据保护条例》（GDPR），美国《加利福尼亚消费者隐私法案》（CCPA），日本《个人信息保护法》等均在不同维度和程度上针对个人隐私和数据进行立法保护。我国在《民法典》《数据安全法》《网络安全法》《数据保护法》《个人信息保护法（草案）》中，均以各种形式规定了数据使用合法合规的有关准则和规范。

安全的数据流通逐渐成为世界各级政府和广大民众关注的重点，随之而来的必然是互联网时代数据野蛮使用和随意共享的落幕。因此，数据产业急需寻找数据安全流通的解决方案，而传统的数据共享手段通过数据本身的流通来实现数据价值的社会化共享，由于隐私保护所带来的客观限制和数据共享后难以控制导致的主观抵制,均使得其已无法满足当前跨实体机构数据共享日益旺盛的需求和日趋严格的数据保护时代下数据流通的需求。

事实上,在数据多源异构和安全流通的大数据时代,我们关注的焦点应该从"数据的流通"转移到"数据价值的流通"上,也即"数据不动而价值流动",实现数据不流通但数据的价值在社会多方主体之间流通,而区块链和隐私计算正是实现这一目标的最佳组合。

隐私计算在保证各方原始数据安全隐私性的同时,完成对多方数据的融合计算,实现多方数据的"可用不可见",但是,数据是否真实、数据来源、数据确权及流转过程是否安全和合规是隐私计算面临的难题,同时隐私计算也面临着多方难互信、多方难协作等问题。隐私计算的上述弊端,正是区块链所擅长和要解决的问题,区块链通过共识机制在参与方之间建立信任价值传递网络,通过智能合约实现数据真实性校验审计,通过协同和激励机制促进机构之间的数据开放共享与价值协作。

隐私计算和区块链结合,二者取长补短,合而为一,既实现了数据流通过程中的安全隐私保护,又实现了数据共享全流程可记录、可验证、可追溯和可审计。而这正是大数据时代数据真正能开放流通所依赖的底层技术实现,也是实现安全可信的数据共享、价值流转以及最大化挖掘数据生产要素的基石,更是迈向数字经济和数据要素市场化的必由之路。

第三节　区块链与未来新经济系统

一、去中心化自治组织——DAO

DAO（Decentralized Autonomous Organization），即去中心化自治组织，是当前关于 Web3.0 大讨论中出现频率极高的专业术语，也是区块链领域活跃度极高的话题。在 DAO 中，所有成员有着共同利益，没有绝对的领导者，所有成员一起工作、共同创造、群体决策，运行在区块链上、不可篡改的智能合约严格执行基于集体共识的决策，获取并分配与共同使命相关的价值。

DAO 有两大核心能力，即"去中心化"和"自治"，去中心化意味着组织形态由传统金字塔式刚性组织转变为扁平化液态组织，进而使得全球化大协作成为可能，同时也意味着组织权力的下放，组织权利由所有权向决策权转移，组织权利由每位利益相关者共同拥有；自治是 DAO 与诸多无中心化组织的核心区别，DAO 中的自治能力基于区块链智能合约实现，包括链上治理、贡献判定、资金管理等工作流程全部代码化后写入智能合约中，智能合约以不可篡改且"Code is law"（代码即法律）的形式自动执行，合约界定了组织的规则，管理组织资金，一旦合约在链上启用，除非表决通过，否则任何人都不能修改规则，任何违背代码规则和逻辑的行为都将失败。

事实上，任何组织要维持现状或向前发展，都需要借助外力或自我做功以抵抗熵增，否则组织便会因熵增而消亡，DAO 社区也不例外，在无外力干预和中心指挥情况下，DAO 社区仍可正常运转，其基于区块链技术实现的协作系统、治理系统和激励系统使得 DAO 社区具有内生自驱力，这也是 DAO 被当作未来 Web3.0 和元宇宙组织基础的根本原因。

从人类发展历程来看，组织方式是由技术手段决定的，人类改造世界的技术手段决定了人类协作的组织方式。蒸汽机的出现，第一次要求人类与机器共事，随着机器数量增多和复杂程度的提高，组织规模不断扩大，组织结构日益复杂，逐渐形成了金字塔式的刚性组织结构，组织效率与组织规模渐成反比，效率提升往往以增加组织协调成本为代价。互联网的出现，让跨越企业和国家边界的大规模协作成为可能，大量商业流程被流动的数据所驱动，并在企业之间实现灵活组合，新的组织边界呈现为一种网状交融格局，企业内部和外部边界被进一步破除，企业组织进一步走向开放化、社区化，社会化大协作成为主流组织形态，社会生产效率得到极大提升。

但是，互联网时代的协作无法解决信任问题，跨越全球不同信仰、文化背景的陌生人之间依然无法协作，而互联网时代下中心化平台经济的大发展，不断剥削汇聚全网数据生产要素，形成数据寡头和平台垄断经济，极大制约了社会组织向自由大协作时代的发展。DAO 社区的兴起，正是人类进入价值互联网时代，组织形态的全新变革，通过去中心化和自治能力，DAO 正逐渐成为未来社会大协作时代的组织新形态。

目前，DAO 的发展仍需客观看待，由于其处于早期发展阶段，治理体系也存在诸多问题。首先，DAO 中的权力下放并非绝对平权，虽然在问题决策时有治理权的用户均可参与投票表决，但是哪些问题需要表决，仍然由项目开发者或社群少数核心成员决定，绝对的去中心化和平权并不可能实现。其次，虽然扁平化的组织架构为 DAO 提升了信息传递的效率，但是组织的治理效率和决策效率并不必然因此提升，由于治理决策写入智能合约后不可篡改，因此任何微小改动都需要新一轮的全员投票通过，而这种做法必然影响组织治理效率。

最后，DAO 作为一种全新的组织形式，不同地区的监管政策并不相同，DAO 社区的存在和发行的代币是否合法，以及当 DAO 社区用户违规或不遵守社区规则时，是和现存法律对接还是生成一套 DAO 内部的违规治理体系，目前尚未有成熟的讨论和相关定论。

因此，尽管以 DAO 为代表的去中心化运动在国外轰轰烈烈，但是国内环境似乎缺乏 DAO 成长的土壤，其应用更多还是以联盟链为基础的链上共识治理为主。独立的 DAO 去中心化社区运动，对多数传统企业而言并没有太大意义，中心化或去中心化是个相对和动态的过程，正如民主与集中，更多是对当时当下环境的随机应对和权衡策略。

二、非同质代币——NFT

NFT（Non-Fungible Token），即非同质化代币，是一种具有不可替代性和稀缺性的数字资产，被普遍认为是未来 Web3.0 和元宇宙的经济系统。在全球已知的区块链社区项目中，NFT 是人气极高的 Dapp（Decentralized Application，去中心化应用）。NFT 在 2021 年曾掀起了一场造富运动：英国电信公司沃达丰将世界上第一条短信以 NFT 形式拍卖，成交价为 10.7 万欧元；一幅电脑自动生成的像素朋克头像图，以 4 200 个比特币的价格卖出；佳士得纽约拍卖了一

件名为 *Everydays:The First 5000 Days* 的数字艺术品，最终成交价为 6 934.6 万美元；一件名为 *The Merge* 的 NFT 艺术品以 9 180 万美元的价格卖出，再创数字艺术品最新纪录。但是，对于普罗众生，除了瞠目结舌，似乎也仅剩呆若木鸡和不知所以，对整个世界现存的劳动生产方式和法理分配逻辑似乎也都产生了怀疑。

作为运行在区块链上的一段代码，NFT 的价值何在？事实上，"Non-Fungible Token"本身包含了两个层面的价值：一个层面是 Token，即货币化价值，而所有货币化价值都是同质的，例如比特币、以太坊、美元、数字人民币等都可以称作同质化代币（Fungible Token，FT），FT 是可以被替换和无穷拆分的，是一般价值载体，其根本特征就是可以随意互换，在货币价值这个层面，NFT 与比特币等 FT 并无区别；另一个层面是 Non-Fungible，即非同质价值，其代表了不可替代、不可分割的数字世界或物理世界的事物，比如数字世界的一件艺术作品或物理世界的一辆车、一处房产等，其代表的是价值的来源或价值的标的。而 NFT 真正的价值，或者说其与一众同质代币的区别，正在于 NFT 的"Non-Fungible"特性。

事实上，现实世界中大部分东西其实都是"Non-Fungible"的。人类生活在一个非同质的物理世界中，但是到了数字世界，所有内容本质上都被信息化成了 0 和 1。很长一段时间以来，物理世界至数字世界的映射，是以丧失物质界自然基础的独特性和非同质性为代价的，到了数字世界后所有内容都成了"Fungible"的，无休止的拷贝复制和传输每天都在互联网上发生，而人们却也无能为力。

而这本身就是信息互联网时代的根本问题，即人类在数字世界失去了"Non-Fungible"这个自然界事物的基础。而基于区块链的 NFT

要做的，正是守护每个事物在数字世界中的独特性和非同质性，确保事物在数字世界中的原生性，因为这才是世界之所以多姿多彩的根本。

在具体的应用上，可以认为 NFT 的核心价值就是数字确权。NFT 以一种全网共识、去中心化的机制为某个数字内容打上代表"数字所有权"的"戳"，从此该物品的权属便具有了全网唯一性和排他性，其对应的独特性和稀缺性也会随之而来，且永久记录、不可被擦除，只有所有者才能将其交易置换。当然，此时所有者对 NFT 所代表的数字资产并没有形成排他性的占有，所有者只是拥有了这个数字资产的"数字所有权"。

在数字收藏品中，我们可以将全网对这个唯一"数字所有权"注意力的稀缺性货币化，最后变成 NFT 的价值标的，这便是本节开篇提到的 NFT 造福运动，当然现阶段 NFT 的炒作似乎胜过价值本身。在这里，数字收藏品 NFT 的价值与传统商品被定义为"无差别的人类劳动"的价值观念产生分歧，NFT 构建的数字内容独特性和稀缺性并不是自然界的独特稀缺性，而是基于区块链上的群体共识机制建立的独立性，使其具备了某种客观性，也即全网共识承认你是独特的，所以你是独特的。这种独特性并非与生俱来，而是后天通过吸引群体注意力而共识认可，这是一种从"真理符合论"到"真理共识论"的价值观转移。

事实上，工业革命的发展带来了物质世界的丰富，而在物质极为丰富的世界，尤其是在数字世界中，越少越值钱的逻辑已经失去普适性，反而是越有名越值钱，明星带货、粉丝经济也因此应运而生。物质的稀缺性变得不再重要，注意力的稀缺反而被竞相争夺，而 NFT 的出现正是这种稀缺性和价值观念转移的结果。因此，NFT 本身是对传统劳动价值论的挑战。在数字经济新时代，数据、算力甚至注意力均是生产要素，商品生产的流程与过去已大不相同，数字经济时代的劳动已不能简单套用传统经济学理论进行思考，NFT 正是这种背景下对新经济系统的一种思考和尝试。

从社会学角度看，比特币所代表的是对现实社会一些根本性问题的批判性反映，其实际上是作为现实社会的对立物而存在。比特币以一种抽象的方式把这些存于黑暗世界的批判性价值观提炼成为一种加密货币符号，而这种符号最终演变成一种新型价值载体，但是其本身的价值来源是一部分人对现实问题的批判和对现行经济系统的不信任和焦虑，以及对未来变化的期待，而非具体物理世界或数字世界的稀缺内容或物品，其背后也体现不出"无差别的人类劳动"。

因此，作为一种封闭在虚拟世界且自成体系的加密货币系统，比特币不可能成功，也不可能成为一种广泛流通的货币。NFT 的成功在于其"非同质"的特性将自身与外部现存的价值世界完美地衔接了起来，对接上了更大范围的价值载体，找到了一种可以将比特币背后所代表的社会逻辑和价值观渗透到数字世界的内容文化创作过程和物理世界生产劳动中（需要首先映射到数字世界）的方式。

此时，NFT 也不再是封闭于虚拟世界的纯粹货币符号，而是代表了价值载体的根本性进化，成为一种可以和数字世界所有内容绑定的资产形式。这种可编程的数字资产与所有实体限制实现解耦，将一切数字内容货币化，最终变成价值载体。而一旦数字化转型的浪潮完成物理世界至数字世界的映射，即一切皆可数字资产化时，万物皆可 NFT 的时代也将到来，这也是 NFT 被认为是未来虚实共生时代的元宇宙和 Web3.0 经济系统的原因。

目前 NFT 发展还处于初级阶段，NFT 的对象有限，NFT 的产品也相对简单，与其相关的经济理论和法律监管均还在讨论中。而目前火热的 NFT 数字艺术品也远不能称为社会商品，更多还是爱好者们愿者上钩和炒作驱动下的艺术收藏。但是，随着 NFT 基础设施的成熟、智能合约功能的丰富，以及治理体系和经济理论的完善，NFT 极有可能成为数字经济时代的基本流动单元。伴随全社会数字化转型和数据要素市场化的推进，NFT 也极有可能成为未来数字经济时代新经济系统的基础。

三、下一代互联网——Web3.0

相比 DAO 和 NFT 等新潮术语，世人皆知的 Web 显得既平庸又沧桑。然而，正是来自历史轨迹的 Web，在与为未来而生的区块链相遇后，掀起了下一代互联网——Web3.0 的巨浪。事实上，在区块链及其所带来的去中心化用户权益变革思潮流行之前，Web3.0 的概念便已存在，只是彼时的 Web3.0 更多强调的是语义互联网（或者更智能的互联网），是对传统互联网时代下 Web2.0 的延续，而此时 Web3.0 的核心更多强调的是人工智能技术在互联网上的普及应用，而非现在所聚焦的去中心化和用户权益等概念。诚然，这一时期对 Web3.0 的理解，更多是在有限的技术条件和思维范式下，对传统互联网进行的局部优化升级和技术延续，并非对传统 Web1.0 和 Web2.0 的颠覆式变革，因此也并未解决 Web2.0 时代的诸多问题。

区块链技术和理念出现后，其价值互联网和信任基础设施能力被迅速叠加至传统信息互联网之上，加之构建在 Web2.0 之上的中心化互联网垄断平台对自由公平互联网精神的违背和对用户数据要素权益的剥削，Web3.0的概念和意义在2021年被不断深化扩展并最终爆发，与元宇宙一起描绘了下一代互联网的蓝图。因此，本节所介绍的Web3.0均指基于区块链技术的下一代Web，而不仅是早期智能互联网。

事实上，Web2.0和Web1.0是对现有和以往互联网所做的概述和总结，而Web3.0更多是对下一代互联网如何发展进行思想指导和理论框架的构建。在理解Web3.0之前，我们有必要先认识Web1.0和Web2.0的运行范式及其阻碍生产力发展的固有缺陷。通常而言，Web1.0指缺乏用户交互的第一代静态互联网，其主要的应用是网络媒体，平台所有者负责内容的编辑生产，读者访问网站浏览内容，用户只能读不能写，无法参与内容的创造，Web1.0相当于传统报纸杂志的电子化，Web1.0的运行范式是平台创造、平台所有、平台控制、平台受益。

Web2.0是指具备交互式的第二代互联网，其主要的应用是社交网络和电商。此时的平台所有者只是提供基础设施平台，本身很少创造内容，绝大多数内容源自用户创造。然而，平台所有者凭借对基础设施的控制权，以"免费"模式将自身的权利渗透至用户侧，并侵占了用户数据所有权，这意味着用户所创造的数字内容的所有权和控制权归属平台，数字内容的价值分配，以及用户在互联网上的行为足迹所产生的价值，均由平台掌控，平台可以决定编辑、修改、删除和屏蔽用户创造的任何内容，甚至可以封号或将用户逐出平台。所以Web2.0的运行范式是用户创造、平台所有、平台控制、平台分配。

Web1.0到Web2.0实现了用户从内容消费者向内容生产者的转变，

其本质是全民参与的"在线"大迁徙运动——将物理世界向网络世界进行复制迁移。"在线"迁徙运动是对以往社会经济结构的一次互联网复制,市场要素、社会组织结构和信任关系均实现了向互联网平台的转移,而生产要素的时刻"在线"很大程度上为全社会带来了生产效率的大提升。但是,"在线"迁徙运动并未改变物理世界的本质,其依旧在线上保持着相同的线下旧状态,中心化的问题在线上依然存在,而且随着大量信息和数据的线上传输,中心化问题愈加突出。平台垄断下的资本无序扩张、频频触及全社会忍耐极限,数据安全和隐私保护成为互联网亟须解决的问题,而 Web2.0 与生俱来的特性,决定了解决这一问题的方式,除去外部强监管,仅依赖 Web2.0 的自我进化似乎已经无能为力。

整体而言,Web2.0 仅是技术迁移,阻碍生产力发展的生产关系也被原样复制到了线上,并且在经过一段时间的野蛮生长后,这种阻碍已变得极为明显:在 Web1.0 时代,尽管数字内容和数据的生产被限定在小范围内,但是符合"谁创造、谁拥有、谁受益"的市场经济基本原则;在 Web2.0 时代,与创造者相关的数字内容,以及数据所有权和数据价值均被平台剥夺,用户价值被随意汲取,形成一种数字奴役制度,这从社会经济学角度来看是扭曲、不合理的,而从生产关系变革演进的层面来看,是一种开历史倒车的行为。

与 Web1.0 和 Web2.0 不同,Web3.0 强调用户所创造的数字内容为用户所有、由用户控制,其所创造的价值,由用户根据与他人签订的协议进行自主分配,即用户创造、用户拥有并自主掌控。实际上,在 Web3.0 体系之下,用户创造的数字内容不再是简单的数据,而是数字资产,是可以市场化配置的数据生产要素。因为其权利在

Web3.0体系下受到了传统资产级别的保障，Web3.0所倡导的运行范式是用户创造、用户所有、用户控制、自主分配。

就目前而言，Web3.0还处于极其早期的阶段，相关的概念和技术仍然处于讨论和发展过程中。不过可以肯定的是，Web3.0的出现将为"数字时代"和"数字经济"带来全新的含义，尽管现阶段我们很难想象未来Web3.0体系下的互联网世界，但是应该坚信未来互联网一定是朝着"效率、公平、信用、价值"方向发展。

如果将互联网看作平行于物理世界的虚拟世界，那么Web1.0和Web2.0则好比是物理世界中的奴隶制度和封建制度，而Web3.0则是物理世界中的市场化经济时代。物理世界中市场经济的出现，极大释放了生产力，提升了经济水平。数字世界中Web3.0的出现，相信也会具有类似的效应：一个全新的数字经济时代将会诞生，新的商业模式、新的市场经济，以及受制于Web2.0的大量创新将会自下而上的爆发。需要指出的是，Web3.0的发展离不开区块链技术的支持。区块链与生俱来的三大技术特性，实际上正是Web3.0理念得以成立的技术基础。

首先，区块链是一种分布式计算协议，分布式计算协议约定了不同的利益主体如何分散地创建和维护一个分布式的计算基础设施，从而实现"基础设施管理权"与"用户数据控制权"之间的分离，防止出现类似Web2.0时代通过基础设施平台管理权力，对用户数据、用户资产和用户身份进行控制的现象。其次，区块链是一个透明可信的权利确认与追溯系统，用户资产一旦转换成为链上通证，就可以被确权，且可全程追踪其在链上的流转、交易、转换全过程。最后，区块链还是协议创造和自动执行平台，智能合约即是这一能力的集中体现,通过智能合约,权利与价值的分配协议无须借助可信的第三方,便可高效、准确、可信、可审计地自动执行。

事实上,区块链去中心化、去信任和防篡改的特性,很好地对标了 Web3.0 实现每个用户掌握自己的数据、身份和命运的下一代互联网目标。此外,Web3.0 的发展也离不开通证(Token)经济,因为即使是在区块链上,也只有通证可以被确权和管理,用户的数字权益如果希望得到确认和保护,则必须将其通证化,因为一般的数据即使在链上也无法进行确权保护。而从目前来看,未来 Web3.0 上的通证,大多将是 NFT,这也是 NFT 被认为是未来 Web3.0 和元宇宙经济系统基础的主要原因。

四、虚实共生未来——元宇宙

2021 年是元宇宙元年,元宇宙在这一年呈现出超乎想象的爆发力。尽管如此,现阶段的元宇宙仍然是一个不断发展、演变的雏形概念,并不存在明确权威的定义,而不同参与者也都在其中以自己的理解和方式不断丰富元宇宙的内涵。

清华大学发布的《元宇宙发展研究报告》认为:"元宇宙是整合多种新技术而产生的新型虚实相融的互联网应用和社会形态,它基于扩展现实技术提供沉浸式体验,基于数字孪生技术生成现实世界的镜像,基于区块链技术搭建经济体系,将虚拟世界与现实世界在经济系统、社交系统、身份系统密切融合,并且允许每个用户进行内容生产和世界编辑。"而素有"元宇宙第一股"之称的 Roblox 则给出了元宇宙的八大要素:"身份、社交、沉浸感、低延迟、多元化、随时随地、经济系统和文明",按照 Roblox 的描述,人们可以随时随地、低延迟地与元宇宙进行链接,以虚拟身份进行具有沉浸感的社交,同时元宇宙拥有大量多元化的内容和出色的经济系统确保人们可以长期在元宇宙中生活,一起改善甚至创造数字文明。

整体而言,元宇宙更像是"大一统理论"驱动下的融合场景大应用,是人类聚合所有技术领域和学派分支后,对未来数字新世界展开想象的共同体,而这个共同体至今仍在想象编制中,并无具象概念。元宇宙亦如建设中的通天塔,过于抽象的目标和外围众多的脚手架遮挡了大众对其身姿的窥视,如果说云计算、区块链、人工智能等新一代技术是人类科技史上的局部性变革,元宇宙则是统筹泛技术领域和多维场景的全局性变革,有望在人类"大科技"停滞和传统经济遭遇结构性和制度性困境后,为全社会可持续高质量的发展带来突破性变革和全局最优解。

从技术层面看,元宇宙不是某一项技术,而是一系列"连点成线"技术大集合(如图 7-1 所示)。元宇宙是融合了信息技术(5G/6G)、下一代互联网(Web3.0)、人工智能、云计算、大数据、区块链、数字孪生以及扩展现实(VR、AR、MR)和虚拟引擎等在内技术发展到一定阶段后"大一统"融合的结晶。而元宇宙技术大融合的发展,一方面将引发基础数学、信息学、生命科学(脑机接入)、区块链、量子计算等多年来独立发展新旧硬科技的交叉研究和融合应用;另一方面,作为独立自治又虚实共生的虚拟社会系统,元宇宙必然也会带来哲学、法学、逻辑学、伦理学等配套人文科学软科技的全新突破。

从应用层面来看,元宇宙是 Web3.0 的一个大应用场景。是以区块链为基础，去中心化，DAO 治理，NFT 经济，虚实共生，由创作者驱动的共创、共治、共享数字新世界。而在这个数字新世界中，元宇宙将推动互联网从"在线"升级为"在场"，将推动物理世界基于社会契约论的文明向虚拟世界基于数学契约论的文明迁移，最终实现以前置的数学算法和合约代码来约束、治理社会系统。另外，元宇宙不是游戏，但游戏是元宇宙最主要的入口之一，也是元宇宙重要的组成部分。

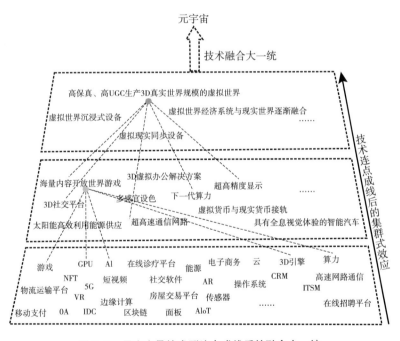

图 7-1　元宇宙是技术群连点成线后的融合大一统

从元宇宙的架构层次来看，元宇宙由基础设施层、人机交互层、去中心化层、空间计算层、创作者经济层、发现层、体验层七个层级组成（如图 7-2 所示）。每个层级都有各自宽广的技术领域和应用场景。而从元宇宙产业链生态来看（如图 7–3 所示），元宇宙涉及硬件板块、软件板块、服务板块、应用及内容四大产业链板块。

图 7–2　元宇宙七层模型

元宇宙Metaverse									
硬件			软件		服务			应用及内容	
消费者硬件	企业硬件	互联网基础设施	算法支持	交互工具	虚拟平台	数字支付	内容运营	B端消费者	C端消费者
智能设备、影像设备、传感设备等	物联网设施、云服务设施	实时通信链接设施、带宽供给、去中心化信息传输设施等	物理计算、数据协调、人工智能、动作捕捉等	行业标准、操作系统、sdk等	Google DayDreaming HTC vive	数字货币、区块链技术等	数字资产创造、设计、销售、存储、安全保护等	工程、医疗、教育等	游戏、社交、直播等

图 7–3　元宇宙产业链生态

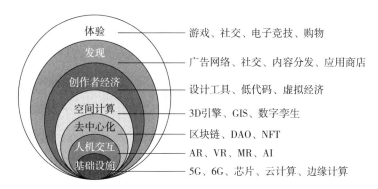

融合元宇宙的七大架构层级和四大产业链板块，可将元宇宙生态版图概括为底层技术、前端设备、场景内容三大领域。底层技术包括芯片技术、5G/6G通信技术、分布式云技术、人工智能技术、区块链技术、隐私计算技术、物联网技术、虚拟引擎技术、交互技术、电子游戏技术等，前端设备包括AR、VR、MR等虚实交互扩展现实设备，场景内容则包括生成式AI、数字孪生等相关技术。

可以看出，元宇宙包罗万象，已远超单一产品或技术范畴，更像是近代科技文明以来整个科技界突出成果的集中汇合和展现，是所有面向物理世界工业文明、社会文明和虚拟世界的技术进步由点及面的总和。其潜力可能超乎当下所有研究者的想象，但是就现阶段而言，元宇宙离我们仍然很远。我们无法预知元宇宙未来的发展，也不能确定元宇宙最终会成长成什么模样。唯一能确定的是，元宇宙是一个美好的未来，而作为元宇宙创世的一分子，每个人都有机会去参与创造，并影响元宇宙的走向和最终的结局。因为真正的元宇宙不属于任何科技巨头，而是属于每一个人。元宇宙的内容全部来源于所有参与者，而这也正是元宇宙最具魅力的地方。

吴军在《全球科技通史》中提到："研究科技史的两条主线分别是能源和信息，如果我们把历史上对人类影响最大的发明创造依次罗列出来，会发现人类社会的技术和经济的发展，基本是沿着能源和信息这两条主线展开的。"人类沿着能源和信息开展的科技主线，则可分为能源主线上向外拓展的"太空派"和信息主线上向内拓展的"元宇宙派"。因此元宇宙的出现本身是科技发展至一定阶段后的历史必然，如果说外太空探索是能源科技的集大成者，元宇宙则是信息科技的集大成者。

第七章 区块链与隐私计算：信任基建，价值流通

元宇宙与星辰大海不是竞争对立关系，前者向内拓展，后者向外延伸，最终殊途同归，共同发展。没有信息技术的能源科技，不可能实现星辰大海，简单将元宇宙认为是科技进入"停滞期"和"低垂果实"被摘尽，无法向外探索和拓展边界后人类内卷的产物，未免结论过早且草率。但是，元宇宙作为科技革命集大成者，其涉及面之广，远超历次工业革命或经济系统大转型所依赖的任何技术变革，作为人类科技成果集群式效应的集中体现，当前元宇宙处于极其早期阶段，不具备可预测性，因此对待元宇宙时应摒弃好大喜功和激进主义，拥抱积极乐观和长期主义。

抛开元宇宙的理论构想和诱惑蓝图，从产业发展的现实情况来看，目前元宇宙产业仍处于有限的社交＋游戏应用场景奠基阶段。场景入口有待扩展，爆炸奇点仍旧未知。而元宇宙的概念布局仍集中于扩展现实及游戏社交领域，技术生态和内容生态均尚未成熟，与元宇宙相关的虚拟经济货币系统、道德伦理及法治监管均在发展初期，元宇宙所畅想的理想世界和现实发展间仍存在难以跨越的沟壑。

作为元宇宙的核心基础，去中心化在现实的元宇宙中似乎又是个伪命题。因为元宇宙中完整的货币系统、经济秩序、社会规则、管理制度、文化体系甚至法律约束，都需要中心化组织的参与和监管。此外，元宇宙发展初期各家巨头的竞争态势决定了其生态的相对封闭性，而区块链技术发展的不成熟和低效率问题，也决定了发展初期元宇宙"互联网派"将在一段时间内胜过"区块链派"。因此能否实现元宇宙的完全开放和去中心化，仍旧是个未解之谜，毕竟二十年前高呼去中心化的互联网最后自己却变成了新的中心。

现阶段，可预测的元宇宙应用场景应该遵循游戏、展览、教育、

设计规划、医疗、政府公共服务和工业制造的发展路径，也即从 2C 逐步渗透至 2B。而元宇宙作为技术集大成者所带来的集群效应，其发展历程至少需要经历技术变革、工业变革和终极形态三大阶段。

第一阶段为技术变革期。以 VR、AR、MR 前端硬件设备的逐步铺开和去中心化应用普及为发展主线，这一阶段的入口应用主要以去中心化社交＋游戏的泛娱乐形式为主。

第二阶段为工业变革期。主要以算力、AI、区块链、通信技术等元宇宙基础设施逐渐完善为发展主线，产业区块链、产业元宇宙成为共识，元宇宙经济系统构建成熟并正常运行，产业界开始利用元宇宙寻求全新竞争赛道和生产模式，以全面提高传统经济结构制约下的社会生产效率。

第三阶段为终极形态阶段。主要以未来脑机接口的可能应用和异构多元宇宙平台的互相打通为主线，元宇宙区块链派成为主流，前期多个独立的虚拟平台开始聚合跨链打通，由无数个虚拟世界或数字内容组成且不断碰撞和膨胀的数字宇宙进入自我进化状态，用户有望通过脑机接口随时随地、低延迟地与元宇宙进行链接，以虚拟身份的形象进行具有沉浸感的社交，与虚拟世界的交互达到虚实共生的状态，元宇宙时代真正到来。

作为元宇宙发展应用的预测，第一阶段更多是技术成熟期的场景应用探索，直到第二阶段元宇宙的价值才会真正释放，而第二阶段的实现，可能需要十年左右的时间，而元宇宙终极形态的建立，则可能是二十年以后的事情。

第四节　区块链及隐私计算在传统产业中的应用规划及建设路径

当前，区块链技术应用进入深水区，逐步由互联网和金融领域渗透至传统实体企业。区块链与传统产业的结合，一方面有利于区块链本身真正切入"用武之地"，另一方面也有助于推动产业实现转型升级、提质增效，助力实体经济创造新的价值增量和实现高质量发展。区块链以可信信息流为基础，现阶段主要服务于生产协同、流通管理、产融结合、数字金融等领域，通过物质流、资金流的打通，实现企业实体之间数据要素的可信互联，促进参与主体之间的可信协作，服务于实体经济，推进产业互联网纵深发展。

与此同时，区块链作为解决生产关系的技术实现，是跨业态跨技术融合枢纽，与其他代表先进生产力的技术之间是"补充"而非"颠覆"关系，因此区块链本身不能孤立应用于传统产业，单纯的区块链技术形成不了完整解决方案，解决不了传统企业数字化面临的复杂问题，区块链只有与现存数字技术融合共生，以"区块链+"应用模式切入产业，才能发挥其"价值互联网信任基座"的变革潜力。

另外，区块链也并非万能膏药，不能包治传统企业转型发展中的所有疾病，区块链应用场景的选择需具备一定的业务特性和技术契合性，而非"凡事均可用区块链再做一遍"。对传统企业而言，现阶段的区块链更多体现的是长期战略性价值，而非现期价值快速变现能力。因此，传统企业区块链基础设施建设及应用创新路径需科学规划、理性选择、循序渐进，盲目跟风的区块链建设和应用创新，很可能仅是华丽包装下的伪创新，最终上演现实版"皇帝的新装"，只会徒增企业技术负担和业务负载，并非区块链赋能实体经济的初心。

区块链是企业迈向价值互联网时代的信任基础设施。对于传统企业，尤其是大型多元化的企业而言，区块链的应用创新应统筹规划，做好顶层设计和推进路径，避免重蹈传统信息互联网时代系统不通、孤岛林立和数据隔离碎片的覆辙。此外，区块链作为创新前沿技术，其技术本身处于迭代发展之中，不论是性能瓶颈、使用门槛，还是适用场景的通用性。区块链距离成为真正的通用信任基础设施，不管是技术本身的演进，还是产业应用的成熟度，都还有很长的未来之路要走。

对于多数传统企业而言，我们建议区块链基础设施技术架构的设计和建设分三个阶段有序推进。第一阶段，以构建云链一体、跨链互通的信任基础设施平台为目标；第二阶段，以契合区块链技术特征的业务领域为切入点，以点带面，纵横构建企业可信数据流通网络；第三阶段，以区块链+隐私计算为技术基础，面向数据要素市场化时代，构建企业可信价值流通网络，实现企业数据流通到价值流通的升级。

至于区块链应用，公链短期来看不符合国内实际情况，以联盟链为基础的"区块链+"才是产业区块链落地的主流方向。对应三个阶段的区块链信任基础设施建设进程，传统企业区块链应用可对应从链上存证、链上协作和链上价值转移三个应用模式逐层递进，由简至繁，由浅至深地开展区块链应用创新。企业不同业务板块可从最契合区块链技术特征的业务场景切入（如供应链金融、电子提单、产品溯源等），而后通过跨链互操作，实现不同业务板块底层区块链引擎和上层应用之间的互联互通,最终将区块链应用由点至面、水平扩散至企业内更多垂直业务场景。

具体而言,第一阶段需明确区块链作为企业信任基础设施的定位,以"云链一体"为建设目标,构建以"区块链+云计算"为核心的云原生信任基础设施,将区块链核心功能及周边配套能力融入云服务,实现"高冷"区块链能力的自助服务化使用。打造面向云原生时代,区块链核心、扩展及配套功能一体化的企业级 BaaS(Blockchain as a Service,区块链即服务)平台。同时,构建异构兼容性强、便捷使用的跨链服务组件,以应对在企业总部统筹管理和板块独立发展的实际中多链并存与跨链互通的诉求,避免多链并存下形成彼此孤立的企业"链岛"。构建跨链互通的企业纵横"链网",最终形成企业"统一链管,多链并存"的区块链基础设施和异构链兼容并存格局。

第二阶段,在区块链功能服务云原生化基础之上,依托区块链构建企业数据全流程信任通道,推动企业以"信任链""协作链"为导向建设产业区块链创新应用,促进企业内部板块之间或内外部主体之间数据共享、紧密协作,优先选择与区块链技术特征相契合的应用场景为拓展入口。横向构建覆盖企业全板块业务协同链,纵向构建各板块垂直产业生态信任协同链,而后通过跨链互操作,实现区块链底层平台层之间、应用层之间的互联互通,最终实现企业跨主体、跨领域、跨地域的可信协作网络建设和业务协同创新。

第三阶段,在企业纵横可信协作网络基础之上,结合隐私计算,实现企业数据所有权和数据使用权的分离,构建企业"可用不可见"的数据流通融合机制,实现企业从"数据流通"到"数据价值流通"

时代的转移，构建企业价值互联网时代"数据不动而价值流动"的核心能力，推动企业向数据要素资产化和市场化时代转变。

一、阶段一：云链一体、统一链管，多链并存、跨链互通

区块链作为面向价值互联网时代的信任基础设施，现阶段其在传统企业中的应用并未全方位普及，由于相关技术过于"高冷"和人才的匮乏，区块链项目在传统企业中的建设，尤其是技术平台层面的实现，基本以全程厂商外包为主，致使项目周期长，试错成本高，灵活自主性差，加之场景选择具有一定门槛，因此很难具有推广使用潜质。

事实上，任何一项通用技术的普及，都需要经历学术概念的提出、资本市场的推动、开发者的拥抱和工程化，最后才是企业的应用尝试。而技术工程化的成熟度，直接决定了新技术在企业应用中效率、成本、通用性和安全性的四维指标，而这四维指标正是评判一项新技术是否能够成为革命性通用技术的参考。目前来看，区块链技术正处于不断工程化的发展过程中，同时企业应用尝试也在并驾齐驱，区块链在企业应用中效率、成本、通用性和安全性的体现仍需相应前置条件。

鉴于此，我们认为传统企业区块链布局的第一阶段，是构建通用、易用、可扩展、全云化的区块链信任基础设施平台，以云链一体、统一链管的思路，将区块链相关技术全方位工程化，以云原生平台为依托，践行"区块链+云计算"的工程化理念，将区块链与物联网、人工智能、大数据、隐私计算等技术云化一体，将区块链的信任

基础设施能力，以云服务形式向外赋能输出，让区块链的使用如通用云计算能力一样简便和高效。

区块链作为解决人与人之间信任关系的综合性技术，是多学科技术领域的交叉枢纽，其技术组成通常划分为核心技术、扩展技术和配套技术。核心技术是构成区块链系统的必要技术，包括共识机制、智能合约、密码算法、对等网络、分布式存储等；扩展技术指区块链核心技术在应用至企业场景时还需增强扩展的外围服务，包括互操作性、可扩展性、协同治理、安全隐私等；配套技术指与区块链系统安全和使用体验等相关的技术，包括系统安全、运维部署、基础设施等。

所谓的区块链工程化，即将组成区块链的三类技术一体化、服务化建设，通过工程化屏蔽和封装区块链底层技术复杂性，以 Web 界面和 API 形式暴露区块链能力。目前，主流厂商基本已形成这一共识，以"区块链+云计算"为工程化理念，以"云链一体"为目标，利用云原生技术的屏蔽封装能力，融合区块链底层、集成开发工具、智能合约管理、自动化运维、数字身份、跨链服务等功能于一体，打造 BaaS 平台，实现区块链底层与应用一站式开发与部署，构建区块链共享信任基础设施平台，实现企业异构、同构多链并存全生命周期的统一管理，通过与云计算、物联网、人工智能等技术的融合共生，将区块链技术不断下沉为通用信任基础设施平台。

对于传统企业，尤其是多元化或集团型的传统企业而言，通常业务板块横跨众多领域，甚至各成生态，业务板块间独立运行难以协同。另外，传统大型企业的业务通常关系国计民生，数据安全极其重要，然而数字化文化底蕴和技术底子薄弱，人才缺失且创新容错率低，项目经费紧张，致使虽有万千场景，但心有余而力不足。但是，传统企业一线业务专家对于业务流程、业务痛点，乃至业务未来创新发展方向有着庖丁解牛般的熟悉程度。长期以来，传统企业具备的一直是产业优势而非技术能力，产业区块链的建设如果不能领会其中深意，通常只能事倍功半。鉴于多数传统企业的实际情况，第一阶段的区块链信任基础设施平台建设，我们认为至少应遵循以下几个原则。

（一）云链一体，全面云化

云链一体的底层逻辑，在于化繁为简，以云原生为核心将区块链技术工程化为平台服务，让区块链应用聚焦业务创新，而非技术理解与研究。云链一体的现实前提，在于云计算已成为数字化通用基础设施，并聚齐了物联网、人工智能、大数据等核心数字化技术，云计算已成为"区块链+"落地的现实基础，传统软件独立部署交付模式，只会将区块链推至孤立无援的技术角落，而单独的区块链技术解决不了大多数的实业场景问题。

此外，云原生作为通用底层技术，其具备屏蔽和封装复杂区块链核心技术、扩展技术和配套技术的能力，以云原生技术构建区块链BaaS平台，无论是现在还是未来，都是区块链技术体系工程化的最佳途径，也是区块链与其他数字化技术融合共生的唯一正确方式。

云链一体、全面云化不仅意味着区块链服务与云计算平台本身的资源体系、账户体系、计费体系、日志监控体系深度集成，还意味着区块链与云上其余数字化技术的深度融合，最终的目标不仅是实现区块链全栈能力的云服务化，同时也要实现"区块链+"能力的云服务化。因此，简单将区块链服务进行云上租户的部署，并非云链一体，最多仅是传统软件交付模式的云上重演。

（二）开放兼容，统一链管

区块链是基于数学文明解决社会信任关系的综合性技术，其与生俱来的去中心化特性和所要解决的社会信任关系问题本身的复杂性，注定了区块链的技术发展及其场景应用必然走向开放兼容。在技术实现上，区块链底层引擎百花齐放，国内外主流成熟区块链引擎包括 Ethereum、Quorum、Hyperledger Fabric、EOS、R3 Corda、CITA、FISCO BCOS、Hyperchain、Xuperchian、蚂蚁链、长安链、布比链等，而每一类区块链引擎的背后，都隐藏着各自技术实现所适合的应用场景和背后相关企业社区所塑造的社会生态关系。事实上，当下区块链技术的发展，犹如早期云计算的兴起，各类私有云、公有云技术齐头并进，各成体系，最终在多样化市场需求的驱动下，通过 Kubernetes"书同文、车同轨"的整合，走向了兼容并蓄的混合云模式，云计算底层异构多样化基础设施，中间层向下屏蔽封装、向上统一运行时，上层统一云管的架构基本已成为云计算平台终极架构模式。

区块链技术的发展，最终必然如出一辙。事实上，在无绝对领先优势的区块链技术引擎的当下，为不同业务场景或商业环境选取最契合的区块链底层技术实现，已成为区块链项目建链时的首要原则。因此，如何屏蔽区块链底层引擎的多样性和差异性，兼收并蓄多类区块链底层引擎技术，实现可插拔多共识机制和多语言智能合约的支持，上层异构多链的中心化统一管理，是企业级区块链 BaaS 平台构建的核心。在同一区块链平台上，实现无差异、自主可选的异构链创建和统一链管，对于业务多元化、具有不同生态板块的传统企业而言，是极为重要的设计考量。因为区块链平台的开放兼容性往往决定了企业生态可达到的广度和应用场景可建设的多样性，而传统企业多元化的业务场景、多元化的社会生态关系，对于个性化的建链需求是不可避免的常态。

（三）跨链互通，多链并存

传统信息互联网时代下企业系统孤立不通、遍地烟囱和数据孤岛林立的现状，给企业数字化建设带来了极大困扰。价值互联网和后云计算时代下区块链技术的应用规划应规避"链岛"现象的出现，避免重蹈信息互联网时代的覆辙，致使企业旧有烟囱式壁垒还未打通，新的链岛问题又出现。因此，企业应构建可纵横互通的"链网"信任基础设施，实现数据在链上链下、同构或异构链间、链上应用间自由互通，真正实现数据价值在信任基础设施上的自由流动。随着产业区块链在以传统企业为代表的各行各业应用落地，专链专用、多链并存的未来区块链应用格局基本成型，多链共存格局下如何实现互操作，已成为当下区块链应用最为关注的问题。

通常而言，区块链互操作可分为链间跨链互操作、链上应用层互操作和链上链下互操作，而跨链互操作又是行业难点和焦点，也是影响链上生态规模效应和汇聚效应得以体现的关键，不论是企业内部的链生态，还是未来 Web3.0 和元宇宙，跨链互通都是区块链未来愿景得以实现的关键。事实上，跨链互操作的难度不仅在于技术实现，更在于当前区块链行业标准和共识的缺失，没有标准牵引的群雄并起，必然带来彼此互通的困难，虽然目前已有众多跨链项目问世，但是操作的难度和对底层链引擎的支持仍然不理想。

因此，现阶段的传统企业在区块链信任基础设施构建过程中，需要立足长远和兼顾现实，在区块链底层引擎的选型和跨链兼容之间寻找最佳平衡点，以满足现实跨链需求为主，面向未来可扩展支持更多跨链互操作为辅，为未来企业跨链互通、多链共存的区块链应用格局做好前期规划（如图 7-4 所示）。

二、阶段二：横向主链公共服务，纵向子链业务场景

区块链作为价值互联网的基础设施，与信息互联网基础设施有着相同的发展趋势。作为信息传递的载体，信息互联网由最初零星的局域网逐渐发展成为全球互联的广域网，而区块链作为信任传递的载体，也正由一个个独立的行业链和区域链逐渐发展为跨链互联的形态，星星之火的链条，正逐步燎原成为全社会的链网基础设施。概括而言，产业区块链基础设施是由具有广泛接入能力、公共服务能力、可灵活部署的公共主链（包括公有链或面向特定行业的联盟链），以及连接这些主链的跨链系统或业务子链组成的链网服务设施。

在以 Web3.0 或元宇宙为代表的下一代互联网架构中，受区块链的性能问题和去中心化理念的影响，一定没有一条或几条链能承载和垄断全网业务，而是万链共存、万链互联的场景。但由于行业壁垒、资源不均和社会大协作需求的存在，未来的"万链"必然是由面向多领域提供公共服务的主链和面向社会垂直行业专链专用的多业务链组成，各链条仍将承袭社会行业分工，各司其职，共同编织成为下一代互联网基础设施。现阶段，我们可以看到司法领域天平链、存证领域致信链、工业互联网领域星火链等都在成长为各个领域的公共主链，

融合：产业数字化转型的十大关键技术

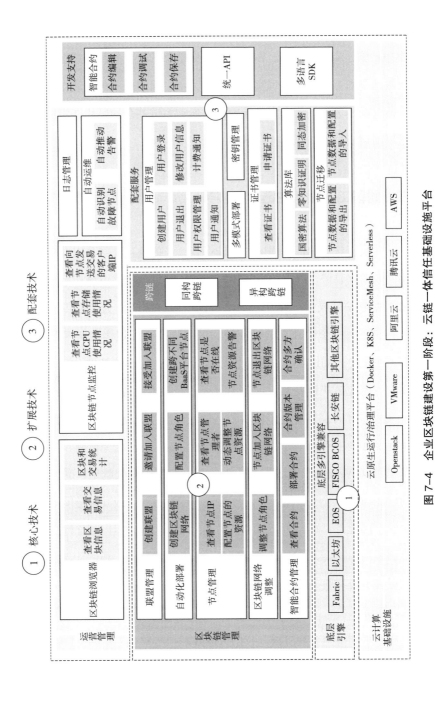

图7-4 企业区块链建设第一阶段：云链一体信任基础设施平台

第七章 区块链与隐私计算：信任基建，价值流通

与此同时，各行业的业务子链也在逐渐接入相关领域的公共主链。横向公共主链基础服务，纵向业务子链价值深挖的产业区块链纵横格局正在形成。

对传统企业而言，在第一阶段的云链一体目标基础之上，产业区块链第二阶段的应用规划也应遵循纵横布局原则（如图7-5所示）。对于大型企业，尤其是集团型传统企业而言，业务板块或场景极其多元化，而且多年的业务发展早已沉淀出各自领域的商业生态圈，不论是从区块链本身的技术性能出发，还是从业务场景创新的实际需求出发，"一企一链"的布局均不现实，尤其诸多大型传统企业属于总分双层架构，通常为1个总部和M个业务板块的"1+M"组织架构，总部工作更多以统筹管理、资源协调、公共服务为主，而实际的生产经营则是下属业务板块的主责，"总部赋能、板块经营"是数字化时代多数传统企业的主流模式，而类似总分的企业架构模式，必

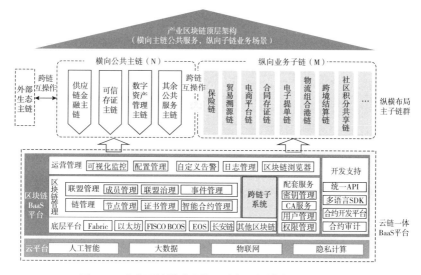

图7-5 企业区块链建设第二阶段：纵横布局主子链群

然注定了产业区块链"横向主链公共服务，纵向子链业务场景"的布局。因此，我们认为传统企业产业区块链应用架构的顶层设计，应以"1+M"或"N+M"的主子链群架构为最优选择，即1条横向公共主链+M条纵向业务子链或N条横向公共主链+M条纵向业务子链的纵横链网架构，主链与子链、子链与子链以及内部主链与外部主链之间进行同构或异构跨链互操作，从而实现企业自身的链网基础设施服务。

所谓横向公共主链，是指贯穿M个成员企业或业务板块，并向全部成员企业开放并提供共性服务的联盟链，横向主链的存在确保了数据资产在企业各成员单位间实现高效、可信的传递，建立起内部协同的可信基础设施；纵向业务子链，则是指各业务单位根据行业生态中业务发展需要，在"统一链管"原则下创建，并与主链实现互操作的M条并行业务子链，各子链的底层区块链引擎可与主链同构或异构，只需根据主链规范实现同构或异构区块链的跨链交互和互操作性即可，而子链的业务模式和共识机制可由其自主选择和独立运行。

对企业而言，主链1或N的设计，出自业务是否多元化的考虑，理论上一条主链可承载代表多领域公共服务智能合约的运行，但是多主链的设计将更利于多业务的划分管理和服务性能及体验的提升。另外，企业主链在公共基础服务之上，也可承载企业共性链上业务，从而兼具业务链的角色。在未来万链互联可信基础设施时代，任何企业均无法独立自封于内部链群基础设施，因而企业主链还将承担起与外部行业生态主链和国家级基础设施主链跨链互通的重任。

事实上，在产业区块链的主子链群纵横布局中，主链更多是链上资源管理服务平台，通常不运行具体链上业务，主要承担整体安全和资源协同规划的职责；子链更多聚焦于垂直行业价值挖掘，承载特定的链上业务场景,通常企业一旦发掘新的链上业务,便可开设新的业务子链。对传统企业而言,主子链群横纵布局的产业区块链架构,不仅有助于数字资产在企业内部形成价值的可信流通,更有助于企业在垂直领域挖掘更细化、更深入的业务场景和商业价值(如图7-6所示)。

三、阶段三:数据可信安全共享,价值横向自由流通

克莱顿·克里斯坦森(Clanyton M. Christensen)在《创新者的窘境》(*The Innovator's Dilemma*)一书中提出了价值网络的概念,即任何企业不能独立存在,其日常运营必然涉及上下游供应商、核心企业、终端消费客户等企业实体或个体。在数字经济时代,企业价值网络的重心在于将各产业链上相关企业连接起来,形成网络,通过跨企业的产业数据融合,打破企业边界,拆除数据壁垒,让数据的融合价值通过网络创造出来,即企业价值网络的实现需要建立在跨企业实体数据融合基础之上。

中国信通院于2021年发布的《数据价值化与数据要素市场发展报告》提出了数据价值化演进的三个阶段,即数据资源化、数据资产化和数据资本化三个阶段。数据资源化是指将种类丰富且内容庞杂的原始数据变成具有使用价值的数据的过程;数据资产化是指将具有使用价值的数据变成一种资产,并让其在市场上进行流通交易,给拥有者或使用者带来经济利益,数据资产化是构建数据要素市场的关键与核心,包括数据权属的确定、数据资产的定价、数据的交易流通等环节;数据资本化则是指数据资产化以后,其固定价值得到广泛认可,并被证券化和金融化的过程。数据价值化的三阶段环环相扣,资源化

融合：产业数字化转型的十大关键技术

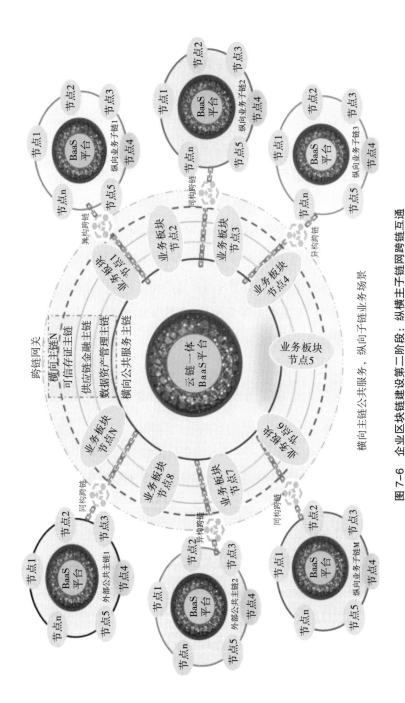

图 7-6 企业区块链建设第二阶段：纵横主子链网跨链互通

是基础前提，资产化是关键，资本化是目标。而数据资产化的关键在于资源化后的数据要素能否在企业实体之间进行融合流通，如果数据资源被长久禁锢在不同企业、不同行业、不同地域的实体仓库中，那么数据价值化不可能实现。

简而言之，数据的价值在于融合，融合的样本和纬度越多，可挖掘的价值越大，只有当数据实现跨系统、跨部门、跨企业、跨层级、跨地域、跨行业的融合，消除数据的部门孤岛、企业孤岛、地域孤岛和行业孤岛，才能实现数据要素的价值化和市场化，也才能实现数字经济的创新发展。而传统企业区块链建设及应用第三阶段的目标，正是要面向未来数据要素市场化时代，构建企业可信安全的数据流通基础设施。

事实上，对于大多数传统企业而言，数据价值化的进程仍然处于数据资源化这一初级阶段，即对数据采集、整理、聚合、治理、分析，以使得无序、混乱的原始数据成为有序、有使用价值的数据资源阶段。这一阶段的主要任务，是在企业内部进行数据的汇聚和加工处理，建立企业数据湖，消除内部数据孤岛，提炼数据价值，通过有价值数据的应用在企业内部创造或哺育更多新业务和新产品，而企业在此阶段的数据生产要素，主要以"自给自足"的供给方式为主，这也是擅于跨实体建立信任价值网络的区块链技术在传统企业应用场景不够深入和广泛的主要原因。

但是，随着社会各行业和国家对数字经济的高度重视，以及数据要素市场化的推行，建立在数据融合流通基础之上的数据资产化迫在眉睫，而传统企业数字化转型，如果不能突破数据生产要素自给自足的供给模式、融入全社会数据要素市场化的供给体系中，那么转型工作很有可能长期滞留在数字化工具平台的建设和局部创新中，没有丰富、多元化的数据生产要素，企业转型不可能实现业务的突破性发展和全局性创新。因此，传统企业即使身处数据资源化初级阶段，也应面向未来进行前瞻性规划。

数据融合流通才是未来，这已成为各方共识和不可逆转的趋势，也是社会化大协作和发展数字经济的必然，传统企业作为数字化转型的主力军和困难户，更应高度重视这一趋势，抓住一切腾笼换鸟和弯道超车的机会。然而，数据本身的可复制性和易传播性，使得基于信息互联网的数据分享犹如脱缰野马，变得"来无影，去无踪"，使用情况难追踪，数据权益难保障。因此，如何在保护数据安全的情况下充分实现数据的协同开发进而产生融合价值，已成为当前大数据产业发展中的最大痛点，而不同行业、不同主体间的数据融合流通正面临着不可逾越且迫在眉睫的合规压力。

近年来，我国数据安全和信息保护相关立法进程不断加快，尤其强调数据应用过程中的数据安全，《中华人民共和国网络安全法》《中华人民共和国数据安全法》和《中华人民共和国个人信息保护法（草案）》逐步完善了国家数据相关立法的顶层设计，多个国家部委和地方政府的通知文件，均在着重强调流通过程中的数据安全和个人信息保护。可以看出，数字经济的发展需要在保护数据安全的基础上发挥数据的使用价值，而实现融合数据下价值挖掘需求与合规需求满足之间的平衡，已成为数据流通产业急需解决的问题。

就目前来看，要实现跨实体间的数据安全可信流通仍然面临几个挑战。首先是数据权属界定问题，如何保护数据资产方的数据产权，如果数据产权问题无法解决，那么数据分享与流通只能是纸上谈兵，不会有实体愿意进行有价值数据的失控分享。其次是数据如何有效融合与多方协作问题，数据流通需要在更大、更广的范围进行，局部少数主体范围内的流通形成不了市场效应，而在多方主体协作下，如何有效融合和匹配多方数据，如何激励各方参与共享并提供高质量标准化共享数据，是数据融合流通能否具备可持续性的关键。

再次是数据流通过程中的用户隐私和数据资产方隐私保护问题，这是数据跨实体流通中最核心的环节，也是不可踩踏的法律红线和政策要求，而数据隐私保护相关法律只会越发严格，如果不能解决隐私保护问题，跨实体数据流通可能成为伪命题。最后是如何有效定价数据资产的问题，定价更多是政策指导与市场化需求结合下的结果，并非技术问题。因此，相对而言，数据权属、隐私保护和更大范围的数据协作与共享才是数据流通和资产化急需解决的关键问题。

事实上，当区块链技术在传统企业中的应用发展演进到第二阶段的纵横链网布局时，数据流通面临的前两个挑战，即数据权属和大范围数据主体协作问题，基本已能得到解决。但是此时的数据共享，更多是基于明文数据的流通，而在数据共享过程中的隐私保护和合规问题仍然是个空白，因为此时的数据共享，更多是基于数据"链上授权，链下共享"模式的实现，强调的是数据共享而非隐私保护，而缺乏隐私保护的数据共享也正是区块链技术在数据融合流通和资产化时代的固有缺陷，这一缺陷的存在使得区块链技术无法独自应用于数据资产化流通时代。

因此，传统企业的区块链技术应用，必须面向未来数据要素市场化布局演进，迈入第三阶段，即区块链＋隐私计算融合发展阶段，否则企业数据应用将被封印于数据资源化阶段，并陷入数据生产要素自给自足的恶性循环中，无法享受数据要素市场化所带来的红利。事实上，企业数据应用也必须实现内外"双循环"，在社会化大协作的价值网络中，任何企业都无法在自给自足的生产要素下发展壮大，闭关锁国的时代悲剧不应在数字经济时代中重现（如图7-7所示）。

就数据资产的流通来看，如果没有区块链，数据的确权问题以及在更大范围内的数据网络协作问题就无法得到解决；而如果没有隐私计算，则数据本身在流通过程中的安全和隐私保护问题也就无法得到解决。因此，区块链和隐私计算的结合，是目前能够看到的建设大规模数据流通网络的最佳途径，也是未来最有可能的数据流通基础设施。

因此，传统企业区块链建设第三阶段的目标，需要综合融入数据资源化、资产化和资本化三阶段所涉及的技术实现需求。融合隐私计算，基于企业纵横布局的可信协作价值网络，实现企业数据在资产化过程中所有权和使用权的分离，构建企业"可用不可见"的数据可信安全流通共享机制和数据要素市场化时代"数据不动而价值流动"的企业数据共享交换能力。实现数据在隐私安全保护下的可信流通与共享，让数据在跨实体企业大范围价值网络中横向自由流通，建立起企业数据生产要素自由、安全、可信流通的基础设施。尽管当前区块链和隐私计算相关技术的发展还不足以支撑这一阶段目标的规模化实现，尤其是多数传统企业仍然身处数据资源化时代，但是作为区块链技术建设和应用的长远架构规划，以此勾勒，方可未来。

本章小结

区块链是一种可以改变传统社会运行模式的变革性技术，尽管早

第七章 区块链与隐私计算：信任基建，价值流通

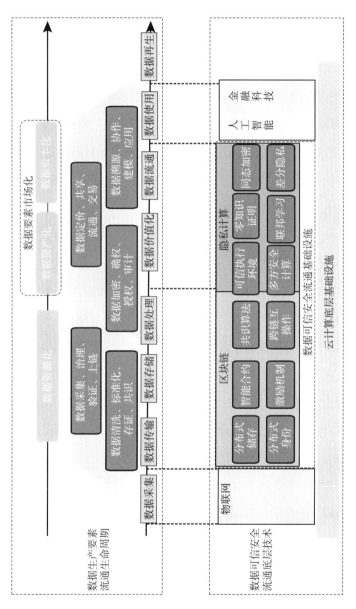

图 7-7 企业区块链建设第三阶段：数据可信安全流通基础设施

期主要应用于虚拟货币和数字金融领域，且在当下的技术实现也存在诸多不足，但是区块链背后所代表的先进生产关系理念和信任经济系统，却是数字经济时代所必需的基础。区块链正在加速构建新一代价值网络和契约社会，正在将传统以人为信任基础的契约文明向以机器为信任基础的数学文明迁移，并正以机器信任为基础，重构以Web3.0和元宇宙为代表的下一代互联网。区块链与隐私计算的结合互补，不仅解决了数据的确权和在更大范围内的数据网络协作问题，同时也解决了数据本身在流通过程中的安全和隐私保护问题，让数据资产的自由可信和安全合规的流通成为现实。

区块链本身不是万能的灵丹妙药，解决不了企业在发展过程中遇到的各种问题，并非所有场景都适用区块链技术。企业应当警惕各种以区块链为口号的华而不实，不能"为了区块链而区块链"。此外，区块链是解决生产关系问题的技术实现，不要指望单一的区块链技术可以解决特定的业务场景问题，区块链必须结合代表先进生产力的其他技术，以"区块链+"的模式融合应用，才可形成完整解决方案。传统企业的区块链建设和应用，应当从自身实际情况出发，既要有"欲粟者务时，欲治者因势"的智慧，又要有"适变谋新，行稳致远"的魄力，立足长远，科学规划。

在本章中，我们不仅对区块链和隐私计算相关的概念内涵进行了深入分析和介绍，同时对区块链和隐私计算在传统企业中的建设与应用，给出了发展规划和三个阶段的建设路径。但是鉴于区块链和隐私计算本身仍在持续发展和未实现规模化应用的现状，现阶段的任何规划或建议都带有一定的探索性质，因此希望读者朋友能够从中触类旁通，领悟到更适合自身的区块链实践方法。